O HOMEM REVOLTADO

OBRAS DO AUTOR PUBLICADAS PELA EDITORA RECORD

Romance
O estrangeiro
A morte feliz
A peste
O primeiro homem
A queda

Contos
O exílio e o reino

Teatro
Estado de sítio

Ensaio
O avesso e o direito
Bodas em Tipasa
Conferências e discursos – 1937 -1958
O homem revoltado
A inteligência e o cadafalso
O mito de Sísifo
Reflexões sobre a guilhotina

Memórias
Diário de viagem

Correspondência
Caro professor Germain: cartas e escritos
Escreva muito e sem medo: uma história de amor em cartas (1944-1959)

Coletânea
Camus, o viajante

ALBERT CAMUS
O HOMEM REVOLTADO

TRADUÇÃO DE
VALERIE RUMJANEK

19ª edição

EDITORA RECORD
RIO DE JANEIRO • SÃO PAULO
2025

CIP-BRASIL. CATALOGAÇÃO NA FONTE
SINDICATO NACIONAL DOS EDITORES DE LIVROS, RJ.

C218h
19ª ed.

Camus, Albert, 1913-1960
O homem revoltado / Albert Camus; tradução de
Valerie Rumjanek. – 19ª ed. – Rio de Janeiro: Record, 2025.
400p.

Tradução de: L'homme révolté
ISBN 978-85-01-11125-8

1. Ensaio francês. I. Rumjanek, Valerie. II. Título.

17-42611

CDD: 844
CDU: 821.133.1-4

Título original:
L'homme révolté

Copyright © Éditions Gallimard 1951

Texto revisado segundo o Acordo Ortográfico da Língua Portuguesa de 1990.

Todos os direitos reservados. Proibida a reprodução, no todo ou em parte, através de quaisquer meios. Os direitos morais do autor foram assegurados.

Direitos exclusivos de publicação em língua portuguesa para o Brasil adquiridos pela
EDITORA RECORD LTDA.
Rua Argentina, 171 – Rio de Janeiro, RJ – 20921-380 – Tel.: (21) 2585-2000, que se reserva a propriedade literária desta tradução.

Impresso no Brasil

ISBN 978-85-01-11125-8

Seja um leitor preferencial Record.
Cadastre-se no site www.record.com.br e receba informações sobre nossos lançamentos e nossas promoções.

Atendimento e venda direta ao leitor:
sac@record.com.br

A Jean Grenier

"E abertamente entreguei meu coração à terra séria e doente, e muitas vezes, na noite sagrada, prometi amá-la fielmente até a morte, sem medo, com a sua pesada carga de fatalidade, e não desprezar nenhum de seus enigmas. Dessa forma, liguei-me à fatalidade por um elo mortal."

Hölderli
A morte de Empédocles

Sumário

INTRODUÇÃO: *O absurdo e o assassinato*   13

I. O HOMEM REVOLTADO   25

II. A REVOLTA METAFÍSICA   39

Os filhos de Caim   45

A Negação Absoluta   57
  Um Homem de Letras   58
  A Revolta dos Dândis   71

A Recusa da Salvação   80

A Afirmação Absoluta   89
  O Único   89
  Nietzsche e o Niilismo   93

A POESIA REVOLTADA 112

Lautréamont e a Banalidade 113
Surrealismo e Revolução 121

NIILISMO E HISTÓRIA 136

III. A REVOLTA HISTÓRICA 143

OS REGICIDAS 153

O Novo Evangelho 156
A Execução do Rei 160
A Religião da Virtude 164
O Terror 169

OS DEICÍDIOS 179

O TERRORISMO INDIVIDUAL 199

A Renúncia à Virtude 201
Três Possessos 205
Os Assassinos Delicados 218
O Chigalevismo 229

O TERRORISMO DE ESTADO E O TERROR
IRRACIONAL 234

O TERRORISMO DE ESTADO E O TERROR
RACIONAL 247

A Profecia Burguesa 249
A Profecia Revolucionária 259
O Malogro da Profecia 275
O Reino dos Fins 295
Totalidade e Julgamento 303

Revolta e Revolução 318

IV. REVOLTA E ARTE 327

Romance e Revolta 336
Revolta e Estilo 347
Criação e Revolução 353

V. O PENSAMENTO MEDITERRÂNEO 361

Revolta e Assassinato 363

O Assassinato Niilista 367
O Assassinato Histórico 372

Medida e Desmedida 382
O Pensamento Mediterrâneo 386

Além do Niilismo 393

Introdução

Há crimes de paixão e crimes de lógica. O código penal distingue um do outro, bastante comodamente, pela premeditação. Estamos na época da premeditação e do crime perfeito. Nossos criminosos não são mais aquelas crianças desarmadas que invocavam a desculpa do amor. São, ao contrário, adultos, e seu álibi é irrefutável: a filosofia pode servir para tudo, até mesmo para transformar assassinos em juízes.

Heathcliff, em *O morro dos ventos uivantes*, seria capaz de matar a terra inteira para possuir Kathie, mas não teria a ideia de dizer que esse assassinato é racional ou justificado por um sistema. Ele o cometeria, aí termina toda a sua crença. Isso implica a força do amor e caráter. Sendo rara a força do amor, o crime continua excepcional, conservando desse modo o seu aspecto de transgressão. Mas a partir do momento em que, na falta do caráter, o homem corre para refugiar-se em uma doutrina, a partir do instante em que o crime é racionalizado, ele prolifera como a própria razão, assumindo todas as figuras do silogismo. Ele, que era solitário como o grito, ei-lo universal como a ciência. Ontem julgado, hoje faz a lei.

Não nos indignaremos contra isso. O propósito deste ensaio é, uma vez mais, aceitar a realidade do momento, que é o crime lógico, e examinar cuidadosamente suas justificações: trata-se de uma tentativa de compreender o meu tempo. Pode-se achar que uma época que em cinquenta anos desterra, escraviza ou mata setenta milhões de seres humanos deve apenas, e antes de tudo, ser julgada. Mas, também é necessário que a sua culpabilidade seja entendida. Nos tempos ingênuos em que o tirano arrasava as cidades para sua maior glória; em que o escravo acorrentado à biga do vencedor era arrastado pelas ruas em festa; em que o inimigo era atirado às feras diante do povo reunido, diante de crimes tão cândidos, a consciência conseguia ser firme, e o julgamento, claro. Mas os campos de escravos sob a flâmula da liberdade, os massacres justificados pelo amor ao homem, pelo desejo de super-humanidade anuviam, em certo sentido, o julgamento. No momento em que o crime se enfeita com os despojos da inocência, por uma curiosa inversão peculiar ao nosso tempo, a própria inocência é intimada a justificar-se. Este ensaio pretende aceitar e examinar esse estranho desafio.

Trata-se de saber se a inocência, a partir do momento em que age, não pode deixar de matar. Só conseguimos agir no nosso próprio tempo, entre os homens que nos cercam. Nada saberemos, enquanto não soubermos se temos o direito de matar este outro que se acha diante de nós ou de consentir que seja morto. Já que atualmente qualquer ação conduz ao assassinato, direto ou indireto, não podemos agir antes de saber se, e por quê, devemos ocasionar a morte.

O essencial, portanto, não é ainda remontar às origens das coisas, mas, sendo o mundo o que é, saber como conduzir-se nele. No tempo da negação, podia ser útil examinar o problema do suicídio. No tempo das ideologias, é preciso decidir-se quanto ao assassinato. Se o assassinato tem suas razões, nossa época e nós mesmos estamos dentro da consequência. Se não as tem, estamos loucos, e não há outra saída senão encontrar uma consequência ou desistir. É nossa tarefa, em todo o caso, responder claramente à questão que nos é formulada, no sangue e nos clamores do século. Pois fazemos parte da questão. Há trinta anos, antes de se tomar a decisão de matar, tinha-se negado muito, a ponto de se negar a si mesmo pelo suicídio. Deus trapaceia, todos são trapaceiros como ele, inclusive eu, logo, resolvo morrer: o suicídio era a questão. Atualmente, a ideologia nega apenas os outros, só eles são trapaceiros. É então que se mata. A cada amanhecer, assassinos engalanados se esgueiram para dentro de uma cela: o crime de morte é a questão.

Os dois raciocínios se sustentam. Ou melhor, eles nos sustentam, e de maneira tão urgente que não podemos mais escolher nossos problemas. São eles que, um após outro, nos escolhem. Aceitemos essa escolha. Este ensaio se propõe a prosseguir, diante do assassinato e da revolta, uma reflexão começada em torno do suicídio e da noção de absurdo.

Mas, por ora, esta reflexão só nos oferece uma única noção, a do absurdo. Esta, por sua vez, só nos traz uma contradição no que se refere ao assassinato. O sentimento do absurdo, quando dele se pretende, em primeiro lugar, tirar uma regra de ação, torna o crime de morte pelo menos indiferente e, por conseguinte, possível. Se não se acredita em nada, se nada faz sentido e se não podemos afirmar nenhum valor, tudo é possível e nada tem importância. Não há pró nem contra, o assassino não está certo nem errado. Podemos atiçar o fogo dos crematórios, assim como também podemos nos dedicar ao cuidado dos leprosos. Malícia e virtude tornam-se acaso ou capricho.

Decidir-se-á então não agir, o que implica no mínimo aceitar o assassinato dos outros, apenas deplorando coerentemente a imperfeição dos homens. Pode-se ainda imaginar a substituição da ação pelo diletantismo trágico, e, neste caso, a vida humana não passa de uma parada no jogo. Neste último caso, na falta de um valor mais alto que oriente a ação, dirigir-se-á para a eficácia imediata. Se nada é verdadeiro nem falso, bom ou mau, a regra será mostrar-se o mais eficaz, quer dizer, o mais forte. O mundo não estará mais dividido em justos e injustos, mas em senhores e escravos. Desta forma, não importa para que lado nos voltemos, no âmago da negação e do niilismo, o assassinato tem um lugar privilegiado. Se, portanto, pretendemos nos instalar na atitude absurda, devemos estar preparados para matar, dando assim mais peso à lógica do que a escrúpulos que consideraremos ilusórios. Certamente, seriam necessários alguns arranjos. Mas, em suma, menos do que se pode imaginar, se levarmos em conta a experiência. Além disso, é sempre possível, como se vê todos os dias, deixar que os outros matem por nós. Assim, tudo seria acertado em nome da lógica, se a lógica fosse realmente satisfeita.

Mas a lógica não pode encontrar satisfação numa atitude que deixa perceber que o assassinato ora é possível, ora impossível. Isso porque a análise absurda, após ter tornado no mínimo indiferente o ato de matar, na mais importante de suas consequências, acaba por condená-lo. A conclusão última do raciocínio absurdo é, na verdade, a rejeição do suicídio e a manutenção desse confronto desesperado entre a interrogação humana e o silêncio do mundo.[1] O suicídio significaria o fim desse confronto, e o raciocínio absurdo considera que ele não poderia endossá-lo sem negar suas próprias premissas. Tal conclusão, segundo ele, seria fuga ou liberação. Mas fica claro que, ao mesmo tempo, esse raciocínio admite a vida como o único bem necessário porque permite justamente esse confronto, sem o qual a aposta absurda não encontraria respaldo. Para dizer que a vida é absurda, a consciência tem necessidade de estar viva. Sem uma notável concessão ao gosto pelo conforto, como conservar para si o benefício exclusivo de tal raciocínio? A partir do instante em que se reconhece esse bem como tal, ele é de toda a humanidade. Não se pode dar uma coerência ao assassinato, se a recusamos ao suicídio. A mente imbuída da ideia de absurdo admite, sem dúvida, o crime por fatalidade; mas não saberia aceitar o crime por raciocínio. Diante do confronto, assassinato e suicídio são a mesma coisa: ou se aceitam ambos ou se rejeitam ambos.

Da mesma forma, o niilismo absoluto, aquele que aceita legitimar o suicídio, corre mais facilmente ainda para o assassinato lógico. Se o nosso tempo admite tranquilamente que o assassinato tenha suas justificações, é devido a essa indiferença pela vida que é a marca do niilismo. Sem dúvida, houve épocas em que a paixão pela vida era tão forte que também acabava em excessos criminosos. Mas esses excessos eram como o ardor de um gozo terrível, e não essa ordem monótona, instaurada por uma lógica mesquinha, a cujos olhos tudo se iguala. Esta lógica levou os valores de

---

1. Ver *O mito de Sísifo*.

suicídio, dos quais nosso tempo se alimentou, às suas últimas consequências, ou seja, ao assassinato legitimado. Do mesmo modo, ela culmina no suicídio coletivo. A demonstração mais notável foi fornecida pelo apocalipse hitlerista de 1945. A autodestruição não era nada para os loucos que se preparavam nos covis para uma morte apoteótica. O essencial era não se destruir sozinho, arrastando consigo um mundo inteiro. De certa maneira, o homem que se mata na solidão preserva ainda um valor, já que aparentemente ele não reivindica para si nenhum direito sobre a vida dos outros. Prova é que ele nunca utiliza, para dominar o outro, a terrível força e a liberdade que a sua decisão de morrer lhe dá; todo suicídio solitário, quando não há ressentimento, é generoso ou desdenhoso. Mas desdenha-se em nome de alguma coisa. Se o mundo é indiferente ao suicida, é porque este tem uma ideia daquilo que não lhe é ou poderia não lhe ser indiferente. Acredita-se tudo destruir e levar tudo consigo, mas dessa própria morte renasce um valor que talvez tivesse justificado a vida. A negação absoluta, portanto, não se esgota com o suicídio. Isto só poderia ocorrer com a destruição absoluta, de si mesmo e dos outros. Só se pode vivê-la, pelo menos, tendendo para esse deleitável limite. Suicídio e assassinato são, nesse caso, as duas faces de uma mesma ordem — a de uma inteligência infeliz, que prefere ao sofrimento de uma condição limitada a negra exaltação em que o céu e a terra se aniquilam.

De forma idêntica, se recusamos ao suicídio as suas razões, não é possível conferi-las ao assassinato. Não se é niilista pela metade. O raciocínio absurdo não pode ao mesmo tempo preservar a vida daquele que fala e aceitar o sacrifício dos outros. A partir do momento em que se reconhece a impossibilidade da negação absoluta, e é reconhecê-la o fato de viver de algum modo, a primeira coisa que não se pode negar é a vida de outrem. Assim, a mesma noção que nos permitia crer que o assassinato era indiferente agora retira-lhe suas justificações; voltamos à condição ilegítima da qual tentamos sair. Na prática, esse raciocínio nos garante ao mesmo tempo que se pode e que não se pode matar. Ele nos abandona à contradição, sem nada que possa impedir o assassinato ou legitimá-lo, ameaçadores e ameaçados, seduzidos por toda uma época inebriada de niilismo, e, no entanto, mergulhados na solidão, de armas na mão e com um nó na garganta.

*

Mas essa contradição essencial não pode deixar de se apresentar com uma série de outras, a partir do momento em que pretendemos manter-nos no absurdo, menosprezando o seu verdadeiro caráter, que é o de ser uma passagem vivida, um ponto de partida, o equivalente, na existência, à dúvida metódica de Descartes. O absurdo é, em si, contradição.

Ele o é em seu conteúdo, porque exclui os juízos de valor ao querer manter a vida, enquanto o próprio viver não passa de um juízo de valor. Respirar é julgar. Certamente, é falso dizer que a vida é uma perpétua escolha. Mas é verdade que não se consegue imaginar uma vida privada de qualquer escolha. Desse simples ponto de vista, a posição absurda é, em ato, inimaginável. Ela é também inimaginável em sua expressão. Qualquer filosofia da não significação vive em uma contradição pelo próprio fato de se exprimir. Com isso, ela confere um mínimo de coerência à incoerência, achando sentido naquilo que provavelmente não tem nexo. Falar repara. A única atitude coerente baseada na não significação seria o silêncio, se o silêncio, por sua vez, não tivesse o seu significado. A absurdidade perfeita tenta ser muda. Se ela fala, é porque se compraz ou, como veremos, porque se julga provisória. Esta complacência, esta autoestima marca efetivamente o equívoco profundo da posição absurda. De certa maneira, o absurdo que pretende exprimir o homem em sua solidão faz com que ele viva diante de um espelho. O dilaceramento inicial corre, então, o risco de se tornar confortável. A ferida que se coça com tanta solicitude acaba dando prazer.

Não nos faltaram grandes aventureiros do absurdo. Mas, afinal, sua grandeza se mede pelo fato de terem recusado as complacências do absurdo para dele só guardarem as exigências. Eles destroem pelo mais, não pelo menos. "São meus inimigos", diz Nietzsche, "que desejam destruir, não criarem a si próprios." Ele destrói, mas para tentar criar. E exalta a probidade, fustigando os hedonistas com os "seus focinhos de porco". Para escapar da complacência, o raciocínio absurdo encontra, então, a renúncia. Ele recusa a dispersão e desemboca em um despojamento arbitrário, um *parti pris* de silêncio, a estranha ascese da revolta. Rimbaud, que canta "o belo crime choramingando na lama da rua", corre para o deserto do Harrar, onde se queixa apenas de viver ali sem família. Para ele, a vida era "uma farsa a ser desempenhada por todos". Na hora da morte, porém, grita para a irmã: "Eu irei para debaixo da terra, e você, você caminhará ao sol!"

*

O absurdo, visto como regra de vida, é, portanto, contraditório. Que há de espantoso em que não nos forneça os valores que decidiriam por nós quanto à legitimidade do assassinato? Aliás, não é possível fundamentar uma atitude em uma emoção privilegiada. O sentimento do absurdo é um sentimento entre outros. O fato de ter emprestado suas cores a tantos pensamentos e ações no período entre as duas guerras prova apenas a sua força e a sua legitimidade. Mas a intensidade de um sentimento não implica que ele seja universal. O erro de toda uma época foi o de enunciar, ou de supor enunciadas, regras gerais de ação, a partir de uma emoção desesperada cujo movimento próprio, na qualidade de emoção, era o de se superar. Os grandes sofrimentos, assim como as grandes alegrias, podem estar no início de um raciocínio. São intercessores. Mas não se saberia como encontrá-los e mantê-los ao longo desses raciocínios. Se, portanto, era legítimo levar em conta a sensibilidade absurda, fazer o diagnóstico de um mal tal como se encontra em si e nos outros, é impossível ver nesta sensibilidade, e no niilismo que ela supõe, mais do que um ponto de partida, uma crítica vivida, o equivalente, no plano da existência, à dúvida sistemática. Em seguida, é preciso quebrar os jogos fixos do espelho e entrar no movimento pelo qual o absurdo supera a si próprio.

Quebrado o espelho, não resta nada que nos possa servir para responder às questões do século. O absurdo, assim como a dúvida metódica, fez tábula rasa. Ele nos deixa sem saída. Mas, como a dúvida, ao desdizer-se, ele pode orientar uma nova busca. Com o raciocínio acontece o mesmo. Proclamo que não creio em nada e que tudo é absurdo, mas não posso duvidar de minha própria proclamação e tenho de, no mínimo, acreditar em meu protesto. A primeira e única evidência que assim me é dada, no âmbito da experiência absurda, é a revolta. Privado de qualquer conhecimento, impelido a matar ou a consentir que se mate, só disponho dessa evidência, que é reforçada pelo dilaceramento em que me encontro. A revolta nasce do espetáculo da desrazão diante de uma condição injusta e incompreensível. Mas seu ímpeto cego reivindica a ordem no meio do caos e a unidade no próprio seio daquilo que foge e desaparece. A revolta clama, ela exige, ela quer que o escândalo termine e que se fixe finalmente aquilo que até então se escrevia sem trégua sobre o mar. Sua preocupação é transformar. Mas transformar é agir, e agir, amanhã, será matar, enquanto ela ainda não sabe se matar é legítimo. Ela engendra justamente as ações cuja legitimação lhe pedimos. É preciso, portanto, que a revolta tire as suas razões de si mesma, já que não consegue tirá-las de mais nada. É preciso que ela consinta em examinar-se para aprender a conduzir-se.

Dois séculos de revolta, metafísica ou histórica, se oferecem justamente à nossa reflexão. Só um historiador poderia pretender expor, com detalhes, as doutrinas e os movimentos que se sucederam nesse período. Deve ser possível, pelo menos, buscar nele o fio da meada. As páginas que se seguem propõem apenas alguns marcos históricos, e uma hipótese não é a única possível; aliás, ela está longe de tudo esclarecer. Mas explica em parte o rumo e, quase inteiramente, os excessos de nosso tempo. A história prodigiosa que aqui se evoca é a história do orgulho europeu.

A revolta, em todo o caso, só podia fornecer-nos as suas razões ao cabo de uma pesquisa sobre as suas atitudes, pretensões e conquistas. Em suas realizações talvez se encontrem a regra de ação que o absurdo não conseguiu nos oferecer, uma indicação pelo menos sobre o direito ou o dever de matar, a esperança, enfim, de uma criação. O homem é a única criatura que se recusa a ser o que é. A questão é saber se esta recusa não pode levá-lo senão à destruição dos outros e de si próprio, se toda revolta deve acabar em justificação do assassinato universal ou se, pelo contrário, sem pretensão a uma impossível inocência, ela pode descobrir o princípio de uma culpabilidade racional.

I

O homem revoltado

Que é um homem revoltado? Um homem que diz não. Mas, se ele recusa, não renuncia: é também um homem que diz sim, desde o seu primeiro movimento. Um escravo, que recebeu ordens durante toda a sua vida, julga subitamente inaceitável um novo comando. Qual é o significado deste "não"?

Significa, por exemplo, "as coisas já duraram demais", "até aí, sim; a partir daí, não"; "assim já é demais", e, ainda, "há um limite que você não vai ultrapassar". Em suma, este não afirma a existência de uma fronteira. Encontra-se a mesma ideia de limite no sentimento do revoltado de que o outro "exagera", que estende o seu direito além de uma fronteira a partir da qual um outro direito o enfrenta e o delimita. Desta forma, o movimento de revolta apoia-se ao mesmo tempo na recusa categórica de uma intromissão julgada intolerável e na certeza confusa de um direito efetivo ou, mais exatamente, na impressão do revoltado de que ele "tem o direito de...". A revolta não ocorre sem o sentimento de que, de alguma forma e em algum lugar, se tem razão. É por isso que o escravo revoltado diz simultaneamente sim e não. Ele afirma, ao mesmo tempo em que afirma a fronteira, tudo que suspeita e que deseja preservar aquém da fronteira. Ele demonstra, com obstinação, que traz em si algo que "vale a pena..." e que deve ser levado em conta. De certa maneira, ele contrapõe à ordem que o oprime uma espécie de direito a não ser oprimido além daquilo que pode admitir.

Ao mesmo tempo em que repulsa em relação ao intruso, há em toda revolta uma adesão integral e instantânea do homem a uma certa parte de si mesmo. Ele faz com que intervenha, portanto, implicitamente, um juízo de valor, e tão pouco gratuito que o sustenta em meio aos perigos. Até então, pelo menos ele se calava, entregue a esse desespero em que uma condição, mesmo quando julgada injusta, é aceita. Calar-se é deixar que acreditem que não se julga nem se deseja nada, e em certos casos é, na realidade, nada desejar. O desespero, como o absurdo, julga e deseja tudo, em geral, e nada, em particular. O silêncio bem o traduz. Mas, a partir do momento em que fala, mesmo dizendo não, ele deseja e julga. O revoltado, no sentido etimológico, é alguém que se rebela. Caminhava sob o chicote do senhor, agora o enfrenta. Contrapõe o que é preferível ao que não o é. Nem todo valor acarreta a revolta, mas todo movimento de revolta invoca tacitamente um valor. Trata-se realmente de um valor?

Por mais confusa que seja, uma tomada de consciência nasce do movimento de revolta: a percepção, subitamente reveladora, de que há no homem algo com o qual pode identificar-se, mesmo que só por algum tempo. Até então, essa identificação não era realmente sentida. O escravo aceitava todas as exações anteriores ao movimento de insurreição. Muito frequentemente havia recebido, sem reagir, ordens mais revoltantes do que aquela que desencadeia a sua recusa. Usava de paciência, rejeitando-as talvez dentro de si, mas, já que se calava, mais preocupado com seu interesse imediato do que consciente de seu direito. Com a perda da paciência, com a impaciência, começa ao contrário um movimento que se pode estender a tudo o que antes era aceito. Esse ímpeto é quase sempre retroativo. O escravo, no instante em que rejeita a ordem humilhante de seu superior, rejeita ao mesmo tempo a própria condição de escravo. O movimento de revolta leva-o além do ponto em que estava com a simples recusa. Ultrapassa até mesmo o limite que fixava para o adversário, exigindo agora ser tratado como igual. O que era no início uma resistência irredutível do homem transforma-se no homem que, por inteiro, se identifica com ela e a ela se resume. Coloca esta parte de si próprio, que ele queria fazer respeitar, acima do resto e a proclama preferível a tudo, mesmo à vida. Torna-se para ele o bem supremo. Instalado anteriormente num compromisso, o escravo lança-se, de uma vez ("já que é assim..."), ao Tudo ou Nada. A consciência vem à tona com a revolta.

Mas vê-se que ela é consciência, ao mesmo tempo, de um tudo, ainda bastante obscuro, e de um "nada" que anuncia a possibilidade de sacrifício do homem a esse tudo. O revoltado quer ser tudo, identificar-se totalmente com esse bem do qual subitamente tomou consciência, e que deseja ver, em sua pessoa, reconhecido e saudado — ou nada, quer dizer, ver-se definitivamente derrotado pela força que o domina. Em última instância, ele aceitará a derradeira derrota, que é a morte, se tiver que ser privado desta consagração exclusiva a que chamará, por exemplo, de sua liberdade. Antes morrer de pé do que viver de joelhos.

Segundo os bons autores, o valor "representa, na maioria das vezes, uma passagem do fato ao direito, do desejado ao desejável (em geral, por meio do geralmente desejado)".[2] A transição para o direito é manifesta, como vimos, na revolta. Da mesma forma, ela passa do "seria necessário que assim fosse" ao "quero que assim seja", mas talvez mais ainda, a essa noção da superação do indivíduo para um bem doravante comum. O surgimento do Tudo ou Nada mostra que a revolta, contrariamente à voz corrente, e apesar de oriunda daquilo que o homem tem de mais estritamente individual, questiona a própria noção de indivíduo. Se com efeito o indivíduo aceita morrer, e morre quando surge a ocasião, no movimento de sua revolta, ele mostra com isso que se sacrifica em prol de um bem que julga transcender o seu próprio destino. Se prefere a eventualidade da morte à negação desse direito que ele defende, é porque o coloca acima de si próprio. Age, portanto, em nome de um valor, ainda confuso, mas que pelo menos sente ser comum a si próprio e a todos os homens. Vê-se que a afirmação implícita em todo ato de revolta estende-se a algo que transcende o indivíduo, na medida em que o retira de sua suposta solidão, fornecendo-lhe uma razão para agir. Mas cabe observar que esse valor que preexiste a qualquer ação contradiz as filosofias puramente históricas, nas quais o valor é conquistado (se é que um valor se conquista) no final da ação. A análise da revolta nos leva pelo menos à suspeita de que há uma natureza humana, como pensavam os gregos, e contrariamente aos postulados do pensamento contemporâneo. Por que se revoltar, se, em si, nada há de permanente a ser preservado? O escravo se insurge, por todos os seres ao mesmo tempo, quando julga que, em face de uma determinada ordem, algo dentro dele é

---

2. Lalande. *Vocabulário filosófico.*

negado, algo que não pertence apenas a ele, mas que é comum a todos os homens, mesmo àquele que o insulta e o oprime, pertencentes a uma comunidade preparada.[3]

Duas observações irão apoiar este raciocínio. Observa-se, em primeiro lugar, que o movimento de revolta não é, em sua essência, um movimento egoísta. Certamente, ele pode ter determinações egoístas. Mas o homem se revolta tanto contra a mentira quanto contra a opressão. Além disso, a partir dessas determinações, e no seu mais profundo entusiasmo, o revoltado nada preserva, já que coloca tudo em jogo. Sem dúvida, ele exige para si o respeito, mas apenas na medida em que se identifica com uma comunidade natural.

Observemos, a seguir, que a revolta não nasce, única e obrigatoriamente, entre os oprimidos, podendo também nascer do espetáculo da opressão cuja vítima é um outro. Existe, portanto, neste caso, identificação com outro indivíduo. E é necessário deixar claro que não se trata de uma identificação psicológica, subterfúgio pelo qual o indivíduo sentiria na imaginação que é a ele que se dirige a ofensa. Pode ocorrer, pelo contrário, que não se consiga ver infligir a outros ofensas que nós mesmos temos sofrido sem revolta. Os suicídios de protesto, no cárcere, entre os terroristas russos cujos companheiros eram chicoteados, ilustram esse grande movimento. Não se trata tampouco do sentimento da comunhão de interesses. Na verdade, podemos achar revoltante a injustiça imposta a homens que consideramos adversários. Existem apenas identificação de destinos e tomada de partido. Portanto, o indivíduo não é, por si só,

---

3. A comunidade das vítimas é a mesma que une a vítima ao carrasco. Mas o carrasco não sabe disso.

esse valor que ele se dispõe a defender. São necessários pelo menos todos os homens para abranger esse valor. Na revolta, o homem se transcende no outro, e, desse ponto de vista, a solidariedade humana é metafísica. Trata-se simplesmente, por ora, dessa espécie de solidariedade que nasce nas prisões.

Pode-se ainda precisar o aspecto positivo do valor que toda revolta pressupõe, comparando-a com uma noção totalmente negativa como a do ressentimento, tal como a definiu Scheler.[4] Na verdade, o movimento de revolta é mais do que um ato de reivindicação, no sentido mais forte da palavra. O ressentimento foi muito bem definido por Scheler como uma autointoxicação, a secreção nefasta, em um vaso lacrado, de uma impotência prolongada. A revolta, ao contrário, fragmenta o ser e ajuda-o a transcender. Ela liberta ondas que, estagnadas, se tornam violentas. O próprio Scheler enfatiza o aspecto passivo do ressentimento ao observar o lugar destacado que ocupa na psicologia das mulheres, dedicadas ao desejo e à possessão. Na origem da revolta, há, pelo contrário, um princípio de atividade superabundante e de energia. Scheler tem também razão quando diz que a inveja sempre dá um colorido forte ao ressentimento. Mas inveja-se aquilo que não se tem, enquanto o revoltado defende aquilo que ele é. Ele não reclama apenas um bem que não possui ou do qual teria sido privado. Visa fazer com que se reconheça algo que ele tem e que já foi por ele reconhecido, em quase todos os casos, como mais importante do que qualquer coisa que ele pudesse invejar. A revolta não é realista. Ainda de acordo com Scheler, o ressentimento, segundo cresça em

---

4. *L' Homme du ressentiment (O homem do ressentimento).*

uma alma forte ou fraca, transforma-se em arrivismo ou em amargura. Mas, em ambos os casos, a pessoa quer ser algo que não é. O ressentimento é sempre ressentimento contra si mesmo. O revoltado, por outro lado, em seu primeiro movimento recusa-se a deixar que toquem naquilo que ele é. Ele luta pela integridade de uma parte de seu ser. Não busca conquistar, mas impor.

Parece, afinal, que o ressentimento deleita-se por antecipação, com uma dor que ele gostaria de ver sentida pelo objeto de seu rancor. Nietzsche e Scheler têm razão quando veem uma bela ilustração dessa sensibilidade no trecho em que Tertuliano informa a seus leitores que no céu a maior fonte de felicidade, entre os bem-aventurados, será o espetáculo dos imperadores romanos consumidos no fogo do inferno. Esta é também a felicidade da plebe que ia assistir às execuções capitais. A revolta, pelo contrário, em seu princípio, limita-se a recusar a humilhação sem exigi-la para os outros. Aceita inclusive o sofrimento para si mesma, desde que sua integridade seja respeitada.

Não se compreende, portanto, por que Scheler identifica de forma absoluta o espírito da revolta com o ressentimento. Sua crítica do ressentimento no humanitarismo (que ele trata como a forma não cristã do amor humano) aplicar-se-ia talvez a certas formas vagas de idealismo humanitário ou às técnicas do terror. Mas pisa em falso no que se refere à revolta do homem contra a sua condição, o movimento que compele o indivíduo à defesa de uma dignidade comum a todos os homens. Scheler quer demonstrar que o humanitarismo se faz acompanhar do ódio ao mundo. Ama-se a humanidade em geral para que não se tenha que amar os seres em particular. Isso funciona em alguns casos, e fica mais fácil compreender Scheler quando se sabe que para ele o humanitarismo está representado por Bentham e Rousseau. Mas a paixão do homem pelo homem pode nascer de algo mais que o cálculo aritmético dos interesses ou de uma confiança, aliás teórica, na natureza humana. Diante dos utilitaristas e do preceptor de Emílio, existe a lógica, encarnada por Dostoievski em Ivan Karamazov, que passa do movimento de revolta à insurreição metafísica. Ciente disso, Scheler assim resume o conceito: "Não há no mundo amor suficiente para ser desperdiçado em algo que não o ser humano." Mesmo que esta proposição fosse verdadeira, o desespero vertiginoso que ela pressupõe mereceria algo mais do que o desdém. Na verdade, ela desconhece o caráter dilacerado da revolta de Karamazov. O drama de Ivan, pelo contrário, nasce do fato de existir amor demais sem objeto. Esse amor que não tem aplicação, por ter negado Deus, decide-se então a transferi-lo para o homem em nome de uma generosa cumplicidade.

De resto, no movimento da revolta, tal como o focalizamos até aqui, não se elege um ideal abstrato, por falta de sentimento, e com um objetivo de reivindicação estéril. Exige-se que seja levado em conta aquilo que, no homem, não pode ficar limitado a uma ideia, esta parte ardorosa que não serve para nada a não ser para existir. Isso quer dizer que nenhuma revolta é carregada de ressentimento? Não, e sabemos bastante sobre isso, no século dos rancores. Mas devemos entender essa noção em seu sentido mais abrangente, sob pena de traí-la, e, sob este aspecto, a revolta transcende o ressentimento. Quando, em *O morro dos ventos uivantes*, Heathcliff prefere seu amor a Deus e clama pelo inferno para que possa juntar-se à amada, não é apenas sua juventude humilhada que fala, mas a experiência de toda uma vida.

O mesmo movimento faz com que Mestre Eckhart, em um surpreendente acesso de heresia, diga que prefere o inferno com Jesus ao céu sem ele. É o próprio movimento do amor. Contrariamente a Scheler, nunca é demais insistir na afirmação apaixonada subjacente ao movimento de revolta e que o distingue do ressentimento. Aparentemente negativa, já que nada cria, a revolta é profundamente positiva, porque revela aquilo que no homem sempre deve ser defendido.

Mas, afinal, essa revolta e o valor que ela veicula não serão questões relativas? As razões por que a revolta ocorre parecem mudar, na verdade, de acordo com as épocas e as civilizações. É evidente que um pária hindu, um guerreiro do império inca, um aborígine da África central ou um membro das primeiras comunidades cristãs não têm as mesmas ideias sobre a revolta. Poder-se-ia afirmar, até mesmo com uma probabilidade muito grande de acerto, que a noção de revolta não tem sentido nesses casos precisos. Entretanto, um escravo grego, um vassalo, um *condottiere* do Renascimento, um burguês parisiense da Regência, um intelectual russo de 1900 e um operário contemporâneo, mesmo divergindo quanto às razões da revolta, concordariam, sem dúvida, quanto à sua legitimidade. Em outras palavras, o problema da revolta só parece assumir um sentido preciso no âmbito do pensamento ocidental. Poder-se-ia ainda ser mais explícito ao observar, com Scheler, que o espírito de revolta dificilmente se exprime nas sociedades em que as desigualdades são muito grandes (regime hindu de castas) ou, pelo contrário, naquelas em que a igualdade é absoluta (certas sociedades primitivas). Em sociedade, o espírito de revolta só é possível em grupos nos quais uma igualdade teórica encobre grandes desigualdades de fato. O problema da revolta, portanto, só faz sentido no interior de nossa sociedade ocidental. Seria tentador, então, afirmar que ele é relativo ao desenvolvimento do individualismo, caso as observações precedentes não nos tivessem alertado contra esta conclusão.

No plano da evidência, tudo o que se pode realmente extrair da observação de Scheler é que, de acordo com a teoria da liberdade política, existem em nossas sociedades um crescimento no homem da noção de homem e, pela prática dessa mesma liberdade, a insatisfação correspondente. A liberdade de fato não aumentou proporcionalmente à tomada de consciência do homem. Desta observação só se pode deduzir o seguinte: a revolta é o ato do homem informado, que tem consciência de seus direitos. Mas nada nos autoriza a dizer que se trata apenas dos direitos do indivíduo. Pelo contrário, parece efetivamente, pela solidariedade já assinalada, que se trata de uma consciência cada vez mais ampla que a espécie humana toma de si mesma ao longo de sua aventura. Na verdade, o súdito inca ou o pária não se colocam o problema da revolta, porque este foi resolvido para eles dentro de uma tradição, antes que tivessem podido colocá-los, sendo a resposta o sagrado. Se no mundo sagrado não se encontra o problema da revolta, é porque, na verdade, nele não se encontra nenhuma problemática real, já que todas as respostas são dadas de uma só vez. A metafísica é substituída pelo mito. Não há mais interrogações, só há respostas e comentários eternos, que podem ser, então, metafísicos. Mas, antes que o homem aceite o sagrado, e também a fim de que seja capaz de aceitá-lo, ou, antes que dele escape, e a fim de que seja capaz de escapar dele, há sempre questionamento e revolta. O homem revoltado é o homem situado antes ou depois do sagrado e dedicado a reivindicar uma ordem humana em que todas as respostas sejam humanas, isto é, formuladas racionalmente. A partir desse momento, qualquer pergunta, qualquer palavra é revolta, enquanto, no mundo do sagrado, toda palavra é ação de graças. Seria possível mostrar, dessa forma, que nele só pode haver para a mente humana dois universos possíveis: o do sagrado (ou, em linguagem cristã, o da graça)[5] e o da revolta. O desaparecimento de um equivale ao surgimento do outro, embora este aparecimento possa ocorrer sob formas desconcertantes. Ainda nesse caso, encontramos o Tudo ou Nada. A atualidade do problema da revolta depende apenas do fato de sociedades inteiras desejarem manter hoje em dia uma distância com relação ao sagrado. Vivemos em uma sociedade dessacralizada. Sem dúvida, o homem não se resume à insurreição. Mas a história atual, por suas contestações, obriga-nos a dizer que a revolta é uma das dimensões essenciais do homem. Ela é a nossa realidade histórica. A menos que se fuja à realidade, seria necessário que nela encontrássemos nossos valores. Longe do sagrado e de seus valores absolutos, pode-se encontrar uma regra de conduta? Esta é a pergunta formulada pela revolta.

Já tivemos a ocasião de assinalar o valor confuso que nasce nesse limite em que se mantém a revolta. Precisamos agora perguntar se esse valor é encontrado nas formas contemporâneas da ação e do pensamento revoltados e, em caso afirmativo, definir o seu conteúdo. Mas, antes de prosseguir, observemos que o fundamento desse valor é a própria revolta. A solidariedade dos homens se fundamenta no movimento

---

5. É preciso ficar claro que há uma revolta metafísica no início do cristianismo, mas a ressurreição de Cristo, o anúncio da parúsia e o reino de Deus interpretado como uma promessa de vida eterna são as respostas que a tornam inútil.

de revolta e esta, por sua vez, só encontra justificação nessa cumplicidade. Isso nos dá o direito de dizer, portanto, que toda revolta que se permite negar ou destruir a solidariedade perde, ao mesmo tempo, o nome de revolta e coincide, na realidade, com um consentimento assassino. Da mesma forma, fora do sagrado, esta solidariedade só passa a ter vida como revolta. O verdadeiro drama do pensamento revoltado finalmente se revela. Para existir, o homem deve revoltar-se, mas sua revolta deve respeitar o limite que ela descobre em si própria e no qual os homens, ao se unirem, começam a existir. O pensamento revoltado não pode, portanto, privar-se da memória: ele é uma tensão perpétua. Ao segui-lo em suas obras e nos seus atos, teremos que dizer, a cada vez, se ele continua fiel à sua nobreza primeira ou se, por cansaço e loucura, esquece-a, pelo contrário, em uma embriaguez de tirania ou de servidão.

Enquanto isso, eis o primeiro progresso que o espírito de revolta provoca numa reflexão inicialmente permeada pelo absurdo e pela aparente esterilidade do mundo. Na experiência do absurdo, o sofrimento é individual. A partir do movimento de revolta, ele ganha a consciência de ser coletivo, é a aventura de todos. O primeiro avanço da mente que se sente estranha é, portanto, reconhecer que ela compartilha esse sentimento com todos os homens, e que a realidade humana, em sua totalidade, sofre com esse distanciamento em relação a si mesma e ao mundo. O mal que apenas um homem sentia torna-se peste coletiva. Na nossa provação diária, a revolta desempenha o mesmo papel que o cogito na ordem do pensamento: ela é a primeira evidência. Mas essa evidência tira o indivíduo de sua solidão. Ela é um território comum que fundamenta o primeiro valor dos homens. Eu me revolto, logo existimos.

II

A revolta metafísica

A revolta metafísica é o movimento pelo qual um homem se insurge contra a sua condição e contra a criação. Ela é metafísica porque contesta os fins do homem e da criação. O escravo protesta contra sua condição no interior de seu estado de escravidão; o revoltado metafísico, contra sua condição na qualidade de homem. O escravo rebelde afirma que nele há algo que não aceita a maneira como o seu senhor o trata; o revoltado metafísico declara-se frustrado pela criação. Tanto para um como para outro, não se trata apenas de uma negação pura e simples. Em ambos os casos, na verdade, encontramos um juízo de valor em nome do qual o revoltado se recusa a aprovar a sua condição.

O escravo que se insurge contra o seu senhor não se preocupa, é bom observá-lo, em negar este senhor na qualidade de ser humano. Ele o nega como senhor. Nega que tenha o direito de negar a ele, escravo, na qualidade de exigência. O senhor fracassa na própria medida em que não atende a uma exigência que menospreza. Se os homens não conseguem referir-se a um valor comum, reconhecido por todos em cada um deles, então o homem se torna incompreensível para o próprio homem. O rebelde exige que esse valor seja claramente reconhecido em si mesmo, porque suspeita ou sabe que, sem ele, a desordem e o crime reinariam no mundo. O movimento de revolta surge nele como uma reivindicação de clareza e de unidade. A mais elementar rebelião exprime, paradoxalmente, a aspiração a uma ordem.

Linha por linha, essa descrição convém ao revoltado metafísico. Este se insurge contra um mundo fragmentado para dele reclamar a unidade. Contrapõe o princípio de justiça que nele existe ao princípio de injustiça que vê no mundo. Primitivamente, nada mais quer senão resolver essa contradição, instaurar o reino unitário da justiça, se puder, ou o da injustiça, se a isso for compelido. Enquanto espera, denuncia a contradição. Ao protestar contra a condição naquilo que tem de inacabado, pela morte, e de disperso, pelo mal, a revolta metafísica é a reivindicação motivada de uma unidade feliz contra o sofrimento de viver e de morrer. Se a dor da morte generalizada define a condição humana, a revolta, de certa forma, lhe é contemporânea. Ao mesmo tempo em que recusa sua condição mortal, o revoltado recusa-se a reconhecer o poder que o faria viver nessa condição. O revoltado metafísico, portanto, certamente não é ateu, como se poderia pensar, e sim obrigatoriamente blasfemo. Ele blasfema, simplesmente em nome da ordem, denunciando Deus como o pai da morte e o supremo escândalo.

Voltemos ao escravo revoltado para esclarecer a questão. Em seu protesto, ele estabelecia a existência do senhor contra o qual se revoltava. No entanto, demonstrava simultaneamente que o poder do senhor dependia de sua própria subordinação e afirmava o seu próprio poder: o de questionar permanentemente a superioridade que até então o dominava. Nesse sentido, senhor e escravo estão realmente no mesmo barco: a realeza temporária de um é tão relativa quanto a submissão do outro. As duas forças afirmam-se alternativamente, no instante da rebelião, até o momento em que se confrontarão para se destruírem, e uma das duas então desaparecerá provisoriamente.

Da mesma forma, se o revoltado metafísico volta-se contra um poder, cuja existência simultaneamente afirma, ele só reconhece essa existência no próprio instante em que a contesta. Arrasta então esse ser superior para a mesma aventura humilhante do homem, com o seu vão poder equivalendo à nossa vã condição. Submete-o à nossa força de recusa, inclina-o por sua vez diante da parte do homem que não se inclina, integra-o à força em uma existência para nós absurda, retirando-o, enfim, de seu refúgio intemporal para engajá-lo na história, muito longe de uma estabilidade eterna que só poderia encontrar no consentimento unânime dos homens. A revolta afirma desse modo que no seu nível qualquer existência superior é, pelo menos, contraditória.

A história da revolta metafísica não pode, portanto, ser confundida com a do ateísmo. Sob uma certa ótica, ela chega a confundir-se até com a história contemporânea do sentimento religioso. O revoltado desafia mais do que nega. Pelo menos no início, ele não elimina Deus: simplesmente, fala-lhe de igual para igual. Mas não se trata de um diálogo cortês. Trata-se de uma polêmica animada pelo desejo de vencer. O escravo começa reclamando justiça e termina querendo a realeza. Ele também precisa ter a sua vez de dominar. Insurgir-se contra a condição humana transforma-se em uma incursão desmedida contra o céu para capturar um rei, que será primeiro destronado, para em seguida ser condenado à morte. A rebelião humana acaba em revolução metafísica. Ela evolui do parecer para o fazer, do dândi ao revolucionário. Derrubado o trono de Deus, o rebelde reconhecerá essa justiça, essa ordem, essa unidade que em vão buscava no âmbito de sua condição, cabendo-lhe agora criá-las com as próprias mãos e, com isso, justificar a perda da autoridade divina. Começa então o esforço desesperado para fundar, ainda que ao preço do crime, se for o caso, o império dos homens. Isso não se fará sem consequências terríveis, das quais só conhecemos ainda algumas. Mas essas consequências não se devem absolutamente à revolta em si ou, pelo menos, elas só vêm à tona na medida em que o revoltado esquece as suas origens, cansa-se da dura tensão entre o sim e o não, entregando-se por fim à negação de todas as coisas ou à submissão total. A insurreição metafísica nos oferece, em seu primeiro movimento, o mesmo conteúdo positivo da rebelião do escravo. Nossa tarefa será examinar o que acontece com o conteúdo da revolta nas ações que acarreta e apontar o rumo a que leva a infidelidade ou a fidelidade do revoltado às suas origens.

Os Filhos de Caim

A revolta metafísica propriamente dita só aparece na história das ideias, de maneira coerente, no final do século XVIII. Os tempos modernos começam então ao som de muralhas derrubadas. Mas, a partir desse momento, suas consequências se desenrolam de forma ininterrupta, e não há exagero em pensar que elas moldaram a história de nosso tempo. Isso quer dizer que a revolta metafísica não tinha sentido antes dessa data? Seus modelos, no entanto, são bem longínquos, já que o nosso tempo gosta de se dizer prometeico. Será que é mesmo?

As primeiras teogonias nos mostram Prometeu acorrentado a uma coluna, nos confins do mundo, mártir eterno, excluído para sempre de um perdão que ele se recusa a solicitar. Ésquilo torna ainda maior a estatura do herói, cria-o lúcido ("nenhuma desgraça que eu não tenha previsto recairá sobre mim"), faz com que ele grite bem alto o seu ódio a todos os deuses e, mergulhando-o em "um tempestuoso mar de desespero fatal", oferece-o finalmente aos raios e ao trovão: "Ah! vejam a injustiça que suporto!"

Não se pode dizer, portanto, que os antigos desconhecessem a revolta metafísica. Bem antes de Satã, eles haviam erigido uma dolorosa e nobre imagem do Rebelde e nos legaram o maior mito da inteligência revoltada. O inesgotável gênio grego, que tanto contribuiu para os mitos da adesão e da modéstia, soube dar, contudo, o seu modelo à insurreição. Indubitavelmente, alguns dos traços prometeicos podem ainda ser encontrados na história revoltada que vivemos: a luta contra a morte ("Libertei os homens da obsessão da morte"), o messianismo ("Neles instalei as cegas esperanças"), a filantropia ("Inimigo de Zeus... por ter amado demais os homens").

Mas não se pode esquecer que o "Prometeu portador do fogo", último termo da trilogia esquiliana, anunciava o reino do revoltado perdoado. Os gregos não são vingativos. Em suas audácias mais extremas, continuam fiéis a essa medida, que haviam deificado. O seu rebelde não se volta contra toda a criação, e sim contra Zeus, que é sempre apenas um dos deuses, e cujos dias estão contados. O próprio Prometeu é um semideus. Trata-se de um acerto de contas particular, de uma contestação sobre o bem, e não de uma luta universal entre o mal e o bem.

É que os antigos, se acreditavam no destino, acreditavam em primeiro lugar na natureza, da qual faziam parte. Revoltar-se contra a natureza corresponde a revoltar-se contra si mesmo. É bater com a cabeça na parede. A única revolta coerente, então, é a do suicídio. O próprio destino grego é um poder cego, que se suporta como se suportam as forças naturais. O cúmulo da desproporção para um grego é chicotear o mar com açoites, loucura de bárbaro. O grego pinta, sem dúvida, a desproporção, já que ela existe, mas atribui-lhe um lugar e, assim, um limite. O desafio de Aquiles após a morte de Pátroclo, as imprecações dos heróis trágicos maldizendo o seu destino não acarretam a condenação total. Édipo sabe que não é inocente. Mesmo contra a sua vontade, ele é culpado, também faz parte do destino. Lamenta-se, mas não pronuncia palavras irreparáveis. A própria Antígona, se é que se revolta, o faz em nome da tradição, para que os irmãos encontrem descanso no túmulo e para que os ritos sejam observados. De certa forma, trata-se nesse caso de uma revolta reacionária. A reflexão grega, esse pensamento com duas faces, deixa quase sempre correr ao fundo, em contracanto, as suas melodias mais desesperadas, a palavra eterna de Édipo que, cego e desgraçado, irá reconhecer que tudo vai bem. O sim equilibra-se com o não. Mesmo quando Platão prefigura com Cálicles o tipo nietzschiano mais comum, mesmo quando este exclama: "Mas, se surgir um homem com a índole necessária... ele escapa, espezinha nossas fórmulas, nossas feitiçarias, nossos sortilégios e todas essas leis que sem exceção são contrárias à natureza. Nosso escravo se insurgiu e revelou-se senhor", mesmo então ele pronuncia a palavra natureza, ainda que recusando a lei.

É que a revolta metafísica implica uma visão simplifica-da da criação, que os gregos não podiam ter. Para eles, não havia de um lado os deuses e do outro os homens, e sim degraus que levavam dos últimos aos primeiros. A ideia da inocência em contraposição à culpa, a visão de uma história inteira reduzida à luta entre o bem e o mal eram-lhes estra-nhas. Em seu universo, há mais erros do que crimes, sendo a desproporção o único crime definitivo. No mundo total-mente histórico que o nosso ameaça ser não há mais erros, só há crimes, dos quais o primeiro é a ponderação. Assim se explica a curiosa mistura de ferocidade e de indulgência que se respira no mito grego. Os gregos jamais fizeram do pensamento, e isso nos degrada em relação a eles, uma praça forte. Afinal, a revolta só se imagina contra alguém. A noção do deus pessoal, criador e, portanto, responsável por todas as coisas dá por si só um sentido ao protesto humano. Pode-se dessa forma, e sem paradoxo, dizer que a história da revolta, no mundo ocidental, é inseparável da história do cristianismo. É preciso esperar, na verdade, os últimos momentos do pensamento antigo para ver a revolta começar a encontrar a sua linguagem, entre os pensadores de transição, e em ninguém de maneira mais profunda do que nas obras de Epicuro e Lucrécio.

A terrível tristeza de Epicuro já traz um novo diapasão. Ela nasce, sem dúvida, de uma angústia da morte que não é estranha ao espírito grego. Mas o tom patético que essa angústia assume é revelador. "Podemos nos precaver contra toda espécie de coisas; mas, no que concerne à morte, continuamos como os habitantes de uma cidadela arrasada." Lucrécio afirma: "A substância deste vasto mundo está reservada para a morte e a ruína." Por que, então, adiar o gozo para mais tarde? "De espera em espera", diz Epicuro, "consumimos nossa vida e morremos todos no sofrimento." É preciso, portanto, desfrutar. Mas que estranho gozo! Consiste em refazer os muros da cidadela, em garantir, na sombra silenciosa, o pão e a água. Já que a morte nos ameaça, é preciso demonstrar que a morte não é nada. Como Epicteto e Marco Aurélio, Epicuro vai banir a morte da existência humana. "A morte não é nada em relação a nós, porque aquilo que está destruído é incapaz de sentir, e o que não sente nada é para nós." Será o nada? Não, porque tudo é matéria neste mundo, e morrer significa apenas retornar aos elementos. O ser é a pedra. A singular volúpia da qual nos fala Epicuro reside sobretudo na ausência de sofrimento; é a felicidade das pedras. Para escapar ao destino, em um admirável movimento que reencontraremos em nossos grandes clássicos, Epicuro mata a sensibilidade; e, já de saída, o primeiro grito da sensibilidade, que é a esperança. O que o filósofo grego diz acerca dos deuses só pode ser entendido dessa forma. Toda a desgraça dos homens vem da esperança que os arranca do silêncio da cidadela, que os atira às muralhas à espera da salvação. Esses movimentos irracionais têm como único efeito o de reabrir feridas cuidadosamente envoltas em bandagens. É por isso que Epicuro não nega os deuses, ele os afasta, mas tão vertiginosamente que a alma não tem outra saída a não ser enclausurar-se novamente. "O ser bem-aventurado e imortal não tem negócios e nada cria para ninguém." E Lucrécio acrescenta: "É incontestável que os deuses, por sua própria natureza, gozam de imortalidade em meio à paz mais profunda, alheios a nossos negócios, dos quais se desligaram totalmente." Esqueçamos, portanto, os deuses, não pensemos mais neles e "nem vossos pensamentos do dia, nem vossos sonhos da noite vos causarão problemas".

Mais tarde reencontraremos, embora com significativas nuances, o tema eterno da revolta. Um deus sem recompensa nem castigo, um deus surdo é a única imaginação religiosa dos revoltados. Contudo, enquanto Vigny irá maldizer o silêncio da divindade, Epicuro julga que, sendo a morte inelutável, o silêncio do homem prepara melhor para esse destino do que as palavras divinas. O longo esforço dessa curiosa mente esgota-se erguendo muralhas em volta do homem, refazendo a cidadela e sufocando sem piedade o irreprimível grito da esperança humana. Então, cumprido esse recuo estratégico, e só então, Epicuro, como um deus entre os homens, cantará vitória num canto que marca efetivamente o caráter defensivo de sua revolta. "Eu desmontei as tuas cidades, ó destino, fechei todos os caminhos pelos quais podias alcançar-me. Não nos deixaremos vencer nem por ti, nem por nenhuma força nefasta. E, quando soar a hora da inevitável partida, nosso desprezo por todos que se agarram em vão à existência irromperá neste belo canto: Ah! Com que dignidade vivemos!"

Lucrécio é o único em sua época que vai levar bem mais adiante essa lógica, fazendo-a desembocar na reivindicação moderna. No fundo, nada acrescenta a Epicuro, recusando, igualmente, qualquer princípio de explicação que não se enquadre no sentido. O átomo é o último refúgio em que o ser, reduzido aos seus elementos primários, prosseguirá numa espécie de imortalidade surda e cega, de morte imortal, que, tanto para Lucrécio quanto para Epicuro, configura a única felicidade possível. No entanto, ele precisa admitir que os átomos não se agregam sozinhos e, para não fazer uma concessão a uma lei superior, consequentemente, ao destino que deseja negar, Lucrécio admite um movimento fortuito, o clinâmen, segundo o qual os átomos se encontram e se agregam. É interessante observar que já se coloca o grande problema dos tempos modernos, em que a inteligência descobre que subtrair o homem ao destino equivale a entregá-lo ao acaso. É por isso que ela se esforça para tornar a dar-lhe um destino, desta vez histórico. Lucrécio não chegou até esse ponto. Seu ódio ao destino e à morte se satisfaz com esta terra ébria, na qual os átomos fazem o ser por acidente e na qual o ser por acidente se dissipa em átomos. Mas seu vocabulário comprova uma nova sensibilidade. A cidadela cega torna-se praça forte, *Moenia mundi*, muralhas do mundo, uma das expressões-chave da retórica de Lucrécio. Sem dúvida, a grande preocupação nessa praça é fazer calar a esperança. Mas a renúncia metódica de Epicuro transforma-se em uma ascese vibrante, coroada às vezes por maldições. A piedade, para Lucrécio, é certamente "poder tudo olhar com um espírito que nada perturba". No entanto, esse espírito treme diante da injustiça que é feita ao homem. Sob a pressão da indignação, novas noções de crime, de inocência, de culpa e de castigo percorrem o grande poema sobre a natureza das coisas. Nele, fala-se do "primeiro crime da religião", de Ifigênia e de sua inocência degolada; desse traço divino que "muitas vezes passa ao largo dos culpados e, por um castigo imerecido, vai tirar a vida a inocentes". Se Lucrécio ridiculariza o medo dos castigos do outro mundo, não é absolutamente como Epicuro, no movimento de uma revolta defensiva, e sim por um movimento agressivo: por que o mal seria castigado, se temos visto exaustivamente que o bem não é recompensado?

O próprio Epicuro, na epopeia de Lucrécio, tornar-se-á o rebelde magnífico que não era. "Enquanto aos olhos de todos a humanidade levava na terra uma vida abjeta, esmagada sob o peso de uma religião cujo rosto se mostrava do alto das regiões celestiais, ameaçando os mortais com seu aspecto horrível, o primeiro, um grego, um homem, ousou levantar contra ela os seus olhos mortais, e contra ela insurgir-se... E assim a religião foi derrubada e pisoteada, e, quanto a nós, a vitória nos eleva aos céus." Sente-se aqui a diferença que pode haver entre a nova blasfêmia e a maldição antiga. Os heróis gregos podiam desejar tornarem-se deuses, mas ao mesmo tempo em que os deuses já existentes. Tratava-se de uma promoção. O homem de Lucrécio, pelo contrário, procede a uma revolução. Ao negar os deuses indignos e criminosos, ele assume o seu lugar. Sai da praça forte e dá início aos primeiros ataques contra a divindade em nome do sofrimento humano. No universo da antiguidade, o assassinato é o inexplicável e o inexpiável. Já no caso de Lucrécio, o assassinato de um homem é apenas uma resposta ao assassinato divino. E não é por acaso que o poema de Lucrécio termina com uma prodigiosa imagem de santuários divinos cheios de cadáveres da peste.

Não se pode compreender essa nova linguagem sem a noção de um deus pessoal que começa lentamente a se formar na sensibilidade dos contemporâneos de Epicuro e de Lucrécio. É ao deus pessoal que a revolta pode pedir pessoalmente uma prestação de contas. Já que ele reina, a revolta se insurge, em sua resolução mais feroz, e pronuncia o não definitivo. Com Caim, a primeira revolta coincide com o primeiro crime. A história da revolta, tal como a vivemos atualmente, é muito mais a dos filhos de Caim do que a dos discípulos de Prometeu. Neste sentido, é sobretudo o Deus do Antigo Testamento que irá mobilizar a energia revoltada. Inversamente, é preciso submeter-se ao Deus de Abraão, de Isaac e de Jacó, quando se completou, como Pascal, a carreira da inteligência revoltada. A alma que mais duvida aspira ao jansenismo mais exacerbado.

Sob esta ótica, o Novo Testamento pode ser considerado como uma tentativa de responder antecipadamente a todos os Caim do mundo, ao suavizar a figura de Deus e ao criar um intercessor entre ele e o homem. O Cristo veio resolver dois problemas principais, o mal e a morte, que são precisamente os problemas dos revoltados. Sua solução consistiu, primeiramente, em cuidar deles. O deus homem sofre também, com paciência. O mal e a morte não mais lhe são imputáveis, já que ele está dilacerado e morre. A noite do Gólgota só tem tanta importância na história dos homens porque nessas trevas a divindade, abandonando ostensivamente os seus privilégios tradicionais, viveu até o fim, incluindo o desespero, a angústia da morte. Explicam-se do mesmo modo o *Lama sabactani* e a terrível dúvida de Cristo agonizante. A agonia seria leve se fosse sustentada pela esperança eterna. Para que o deus seja um homem, é preciso que ele se desespere.

O gnosticismo, que é fruto de uma colaboração greco-cristã, tentou durante dois séculos, reagindo contra o pensamento judaico, ressaltar esse movimento. Conhece-se, por exemplo, a multiplicidade de intercessores imaginados por Valentino. Mas os éons dessa quermesse metafísica desempenham o mesmo papel que as verdades intermediárias no helenismo. Eles visam reduzir o absurdo de um diálogo entre o homem miserável e o deus implacável. É o papel, em particular, do segundo deus cruel e belicoso de Marcião. Esse demiurgo criou o mundo finito e a morte. Devemos detestá-lo, ao mesmo tempo em que devemos negar sua criação, pela ascese, até destruí-la graças à abstinência sexual. Trata-se, portanto, de uma ascese orgulhosa e revoltada. Simplesmente, Marcião deriva a revolta em direção a um deus inferior para melhor exaltar o deus superior. A gnose, por suas origens gregas, permanece conciliadora e tende a destruir o legado judaico do cristianismo. Ela também quis evitar, de antemão, o agostinismo, na medida em que esse fornece argumentos para qualquer revolta. Para Basilides, por exemplo, os mártires pecaram, e o próprio Cristo também, já que eles sofrem. É uma ideia singular, mas que visa retirar do sofrimento a injustiça. Os gnósticos quiseram apenas substituir a graça onipotente e arbitrária pela noção grega de iniciação, que deixa ao homem todas as suas oportunidades. A proliferação de seitas, entre os gnósticos da segunda geração, traduz esse esforço múltiplo e ferrenho do pensamento grego, para tornar o mundo cristão mais acessível, e tirar as razões de uma revolta que o helenismo considerava como o pior dos males. Mas a Igreja condenou esse esforço e, ao condená-lo, multiplicou os revoltados.

Na medida em que a raça de Caim triunfou cada vez mais ao longo dos séculos, é possível dizer da mesma forma que o deus do Antigo Testamento conheceu uma sorte inesperada. Os blasfemos, paradoxalmente, fazem reviver o deus ciumento que o cristianismo queria enxotar do palco da história. Uma de suas profundas audácias foi justamente a de anexar o próprio Cristo à sua facção, encerrando a sua história no alto da cruz e no grito amargo que precedeu a agonia. Assim se conservava mantida a figura implacável de um deus de ódio, mais de acordo com a criação, tal como a concebiam os revoltados. Até Dostoievski e Nietzsche, a revolta só se dirige a uma divindade cruel e caprichosa, a divindade que prefere, sem motivo convincente, o sacrifício de Abel ao de Caim e que por isso provoca o primeiro assassinato. Dostoievski, na imaginação, e Nietzsche, de fato, ampliarão desmesuradamente o campo de atuação do pensamento revoltado e irão pedir uma prestação de contas ao próprio deus de amor. Nietzsche considera Deus como morto na alma de seus contemporâneos. Irá se opor, como

Stirner, à ilusão de Deus, que se retarda, sob as aparências da moral, no espírito de seu século. Mas, até aquela época, o pensamento libertino, por exemplo, limitou-se a negar a história do Cristo ("esse romance enfadonho", segundo Sade) e a manter, em suas próprias negações, a tradição do deus terrível.

Enquanto o Ocidente foi cristão, os Evangelhos foram os intermediários entre o céu e a terra. A cada grito solitário de revolta, apresentava-se a imagem do maior sofrimento possível. Já que o Cristo sofrera isto, e voluntariamente, nenhum sofrimento mais era injusto, toda dor era necessária. De certa forma, a amarga intuição do cristianismo e seu pessimismo legítimo quanto ao coração humano é que a injustiça generalizada é tão satisfatória para o homem quanto a justiça total. Só o sacrifício de um deus inocente podia justificar a longa e universal tortura da inocência. Só o sofrimento de Deus, e o sofrimento mais desgraçado, podia aliviar a agonia dos homens. Se tudo, sem exceção, do céu à terra, está entregue à dor, uma estranha felicidade é então possível.

Mas, a partir do momento em que o cristianismo, ao sair de seu período triunfal, viu-se submetido à crítica da razão, na exata medida em que a divindade do Cristo foi negada, a dor voltou a ser o quinhão dos homens. Jesus frustrado é apenas um inocente a mais, que os representantes do Deus de Abraão torturaram de maneira espetacular. O abismo que separa o senhor dos escravos abre-se novamente, e a revolta grita sempre diante da face oculta de um Deus ciumento. Os pensadores e os artistas libertinos prepararam esse novo divórcio ao atacarem, com as precauções habituais, a moral e a divindade do Cristo. O universo de Callot ilustra bastante bem esse mundo de mendigos alucinantes, cujo escárnio, inicialmente disfarçado, acabará por elevar-se aos céus com o Don Juan de Molière. Durante os dois séculos que preparam essas reviravoltas, ao mesmo tempo revolucionárias e sacrílegas, do fim do século XVIII, todo o esforço do pensamento libertino será no sentido de fazer do Cristo um inocente ou um tolo, para anexá-lo ao mundo dos homens, naquilo que eles têm de nobre ou de desprezível. Assim se encontrará aplainado o terreno para a grande ofensiva contra um céu inimigo.

A Negação Absoluta

Historicamente, a primeira ofensiva coerente é a de Sade, que reúne em uma única e enorme máquina de guerra os argumentos do pensamento libertino até o padre Meslier e Voltaire. Como se sabe, sua negação é também a mais extrema. Sade só extrai da revolta o não absoluto. Na verdade, vinte e sete anos de prisão não produzem uma inteligência conciliadora. Um confinamento tão longo engendra vassalos ou assassinos, e, às vezes, ambos no mesmo homem. Se a alma, do interior da prisão, for suficientemente forte para construir uma moral que não seja a da submissão, trata-se, na maior parte dos casos, de uma moral de dominação. Toda ética da solidão implica exercício de poder. Nesse sentido, Sade é exemplar, pois, na medida em que foi tratado de maneira atroz pela sociedade, reagiu de modo atroz. O escritor, apesar de algumas expressões felizes e dos louvores imprudentes de nossos contemporâneos, é secundário. Ele é admirado atualmente, com tanta ingenuidade, por motivos com os quais a literatura nada tem a ver.

Ele é exaltado como o filósofo acorrentado e como o primeiro teórico da revolta absoluta. Isto, na verdade, ele conseguia ser. No fundo das prisões, o sonho não tem limites, a realidade nada refreia. A inteligência acorrentada perde em lucidez o que ganha em fúria. Sade só conheceu uma lógica, a dos sentimentos. Ele não criou uma filosofia, mas buscou o sonho monstruoso de um perseguido. Ocorre apenas que esse sonho é profético. A reivindicação exasperada da liberdade levou Sade ao império da servidão; sua sede extrema por uma vida a partir de então proibida foi aplacada, de furor em furor, até transformar-se em um sonho de destruição universal. Nisso, pelo menos, Sade é nosso contemporâneo. Sigamo-lo em suas negações sucessivas.

Um Homem de Letras

Sade é ateu? Ele afirma que sim, segundo se acredita, antes da prisão, no *Dialogue entre un prêtre et un moribond (Diálogo entre um padre e um moribundo)*; em seguida hesita-se diante de seu furor sacrílego. Um de seus personagens mais cruéis, Saint-Fond, não nega Deus de forma alguma. Limita-se a desenvolver uma teoria gnóstica do mau demiurgo e dela extrair as conclusões convenientes. Saint-Fond, segundo se diz, não é Sade. Certamente não. Um personagem nunca é o romancista que o criou. No entanto, o romancista pode eventualmente ser ao mesmo tempo todos os seus personagens. Ora, todos os ateus de Sade colocam, em princípio, a inexistência de Deus, pela razão evidente de que sua existência faria supor, nele mesmo, indiferença, maldade ou crueldade. A maior obra de Sade termina com uma demonstração da estupidez e do ódio divinos. A inocente Justine corre sob a tempestade, e o criminoso Noirceuil jura que se converterá se ela for poupada pelo fogo celeste. Justine é fulminada por um raio, Noirceuil triunfa, e o crime humano continuará a ser a resposta ao crime divino. Há desse modo uma aposta libertina que é a réplica da aposta pascaliana.

A ideia, pelo menos, que Sade tem de Deus é, portanto, a de uma divindade criminosa que esmaga o homem e o nega. Segundo Sade, na história das religiões mostra com bastante evidência que o assassinato é um atributo divino. Por que, então, o homem seria virtuoso? O primeiro movimento do prisioneiro é passar, de um salto, à consequência mais extrema. Se Deus mata e nega o homem, nada pode proibir que se neguem e matem os semelhantes. Esse desafio crispado não se parece em nada com a negação tranquila que se encontra ainda no *Dialogue* de 1782. Não é nem feliz nem tranquilo quem exclama: "Nada tenho, nada sou", concluindo: "Não, não, virtude e vício, tudo se confunde no caixão." A ideia de Deus, segundo ele, é a única coisa "que não consegue perdoar ao homem". A palavra perdoar já é singular no caso desse perito em torturas. Mas é a si próprio que ele não consegue perdoar por uma ideia que a sua visão desesperada do mundo e a sua condição de prisioneiro refutam de modo absoluto. Uma dupla revolta vai doravante conduzir o raciocínio de Sade: contra a ordem do mundo e contra si mesmo. Como essas duas revoltas só não são contraditórias no coração transtornado de um perseguido, o seu raciocínio jamais deixa de ser ambíguo ou legítimo, segundo seja estudado à luz da lógica ou no esforço da compaixão.

Sade irá negar, portanto, o homem e sua moral, já que Deus os nega. Mas negará ao mesmo tempo Deus, que lhe servia de caução e de cúmplice até então. Em nome de quê? Em nome do mais forte instinto daquele que o ódio dos homens condena a viver entre os muros de uma prisão: o instinto sexual. Que instinto é este? Por um lado, é a própria expressão da natureza,[6] por outro, o ímpeto cego que exige a posse total dos seres, mesmo ao preço de sua destruição. Sade irá negar Deus em nome da natureza — o material ideológico de seu tempo fornece-lhe discursos mecanicistas — e fará da natureza um poder de destruição. Para ele, a natureza é o sexo; sua lógica o conduz a um universo sem lei, onde o único senhor será a energia desmedida do desejo. Lá está o seu reino apaixonado, onde encontra suas mais belas exclamações: "Que são todas as criaturas da terra diante de um único desejo nosso!" Os longos raciocínios nos quais os heróis de Sade demonstram que a natureza tem necessidade do crime, que é preciso destruir para criar, que se ajude, portanto, a criar a partir do instante em que o homem destrói a si próprio, visam apenas criar a liberdade absoluta de Sade, o prisioneiro, por demais reprimido pela injustiça para não desejar a explosão que fará com que tudo voe pelos ares. É nisso que ele se opõe à sua época: a liberdade que ele reclama não é a dos princípios e sim a dos instintos.

Sade, sem dúvida, sonhou com uma república universal, cujo projeto nos expõe através de um sábio reformador, Zamé. Dessa forma, ele nos mostra que um dos rumos da revolta é a liberação do mundo inteiro, na medida em que, ao ter seu movimento acelerado, ela tolera cada vez menos limites. Mas em Sade tudo contradiz esse sonho piedoso. Ele não é amigo da raça humana, detesta os filantropos. A igualdade de que nos fala é às vezes um conceito matemático:

---

6. Os grandes criminosos de Sade se desculpam de seus crimes pelo fato de serem providos de apetites sexuais desmedidos, contra os quais nada podem fazer.

a equivalência dos objetos que os homens são, a abjeta igualdade das vítimas. Aqueles que levam o desejo a extremos precisam tudo dominar, sua verdadeira realização está no ódio. A república de Sade não tem a liberdade como princípio, e sim a libertinagem. "A justiça", escreve esse singular democrata, "não tem existência real. Ela é a divindade de todas as paixões."

Nesse sentido, nada mais revelador do que o famoso libelo, lido por Dolmancé em *La Philosophie dans le boudoir* (*A filosofia na alcova*), e que tem um título curioso: *Franceses, mais um esforço, se quiserem ser republicanos*. Pierre Klossowski[7] tem razão ao assinalar que esse libelo demonstra aos revolucionários que a sua república se estabelece com base no assassinato do rei de direito divino e que, ao guilhotinarem Deus no dia 21 de janeiro de 1793, ficaram proibidas para sempre a condenação do crime e a censura aos instintos maléficos. A monarquia, ao mesmo tempo em que se mantinha, também mantinha a ideia de Deus que criava as leis. Quanto à República, sustenta-se por si só e os costumes devem nela existir sem mandamentos. É duvidoso, portanto, que Sade, como quer Klossowski, tenha tido o sentimento profundo de um sacrilégio e que esse horror quase religioso o tenha levado às conclusões que enuncia. É bem mais provável que ele tenha chegado primeiro às conclusões, concebendo em seguida o argumento próprio para justificar a licenciosidade absoluta dos costumes que ele desejava pedir ao governo de seu tempo. A lógica das paixões inverte a ordem tradicional do raciocínio e coloca a conclusão antes das premissas. Para convencer-se disso,

---

7. *Sade, mon prochain (Sade, meu próximo)*. Éditions du Seuil.

basta analisar a admirável sucessão de sofismas pelos quais Sade, nesse texto, justifica a calúnia, o roubo e o assassinato, pedindo que sejam tolerados na nova cidadela.

Entretanto, é nesse instante que o seu pensamento é mais profundo. Ele recusa, com uma clarividência excepcional para o seu tempo, a presunçosa aliança da liberdade e da virtude. A liberdade, sobretudo quando ela é o sonho do prisioneiro, não pode suportar limites. Ela é o crime ou não é mais liberdade. Com relação a essa questão essencial, Sade sempre se manteve firme. Esse homem, que só pregou contradições, só encontra uma coerência, e a mais absoluta, no que se refere à pena capital. Aficionado de execuções refinadas, teórico do crime sexual, nunca conseguiu tolerar o crime legal. "Minha detenção nacional, com a guilhotina diante dos meus próprios olhos, foi cem vezes mais terrível para mim do que todas as Bastilhas imagináveis." Desse horror, ele extraiu a coragem de ser publicamente moderado durante o Terror e de interceder generosamente a favor da sogra, que, no entanto, mandara prendê-lo. Alguns anos mais tarde, Nodier iria resumir claramente, talvez até sem sabê-lo, a posição defendida com obstinação por Sade: "Matar um homem no paroxismo de uma paixão é compreensível: Mandar que outra pessoa o faça, na calma de uma meditação séria, a pretexto de um dever honroso, é incompreensível." Encontra-se aqui o germe de uma ideia que será desenvolvida ainda por Sade: quem mata deve pagar com a sua pessoa. Sade, como se vê, é mais moral do que nossos contemporâneos.

Mas o seu ódio à pena de morte é, antes de tudo, apenas o ódio dos homens que acreditam tanto em sua própria virtude, ou na de sua causa, que ousam punir, e definitivamente, quando eles próprios são criminosos. Não se pode ao mesmo tempo escolher o crime para si e o castigo para os outros. É preciso abrir as prisões ou mostrar a prova, impossível, de sua virtude. A partir do momento em que se aceita o assassinato, mesmo que por uma única vez, é preciso admiti-lo universalmente. O criminoso que age de acordo com a natureza não pode, sem prevaricação, colocar-se do lado da lei. "Mais um esforço, se quiserem ser republicanos" quer dizer: "Aceitem a liberdade do crime, que é a única liberdade racional, e entrem para sempre na insurreição, assim como se entra em estado de graça." A submissão total ao mal conduz, então, a uma terrível ascese, que devia horrorizar a República das luzes e da bondade natural. Por uma coincidência significativa, o manuscrito *Cent vingt journées de Sodome* (*Cento e vinte dias de Sodoma*) tinha sido queimado no primeiro conflito da República, que não podia deixar de denunciar essa liberdade herética, devolvendo às quatro paredes de uma cela o correligionário tão comprometedor. Ela lhe oferecia, ao mesmo tempo, a terrível oportunidade de levar adiante a sua lógica revoltada.

A república universal pode ter sido um sonho para Sade, nunca uma tentação. Em política, sua verdadeira posição é o cinismo. Na obra *Société des Amis du crime* (*Sociedade dos amigos do crime*), ele se declara ostensivamente a favor do governo e de suas leis, enquanto se dispõe a violá-las. Dessa forma, os rufiões votam no deputado conservador. O projeto que Sade elabora implica a neutralidade benevolente da autoridade. A república do crime não pode ser universal, pelo menos provisoriamente. Ela deve fingir que obedece à lei. No entanto, em um mundo cuja única regra é o assassinato, sob o céu do crime, em nome de uma natureza criminosa,

Sade só obedece, na realidade, à lei incansável do desejo. Mas desejar sem limites é o mesmo que aceitar ser desejado sem limites. A licença para destruir pressupõe que se possa também ser destruído. Logo, será preciso lutar e dominar. A lei deste mundo nada mais é do que a lei da força; sua força motriz, a vontade de poder.

O amigo do crime só respeita realmente duas espécies de poder: um, baseado no acaso do nascimento, que ele encontra na sua sociedade, o outro, aquele em que se insurge o oprimido quando, por força da perversidade, consegue igualar-se aos grandes fidalgos libertinos, dos quais Sade faz seus heróis comuns. Esse pequeno grupo de poderosos, esses iniciados, sabe que tem todos os direitos. Quem duvidar, mesmo que por um segundo, desse temível privilégio, é logo rejeitado pelo rebanho e volta a ser vítima. Chega-se então a uma espécie de blanquismo moral, em que um pequeno grupo de homens e mulheres, por deter um estranho saber, coloca-se resolutamente acima de uma casta de escravos. Para eles, o único problema consiste em se organizarem a fim de exercerem plenamente direitos que têm a terrível dimensão do desejo.

Eles não podem pretender se impor a todo o universo enquanto o universo não tiver aceitado a lei do crime. Sade nunca acreditou que sua nação concordaria com o esforço adicional que a faria "republicana". Mas, se o crime e o desejo não são a lei de todo o universo, se nem ao menos reinam em um território definido, não são mais princípio de unidade, e sim fermentos de conflito. Não são mais a lei, e o homem retorna à dispersão e ao acaso. É preciso, então, criar a todo custo um mundo na exata medida da nova lei. A exigência de unidade, que a Criação não realizou, se satisfaz a qualquer preço em um microcosmo. A lei da força jamais tem paciência para esperar pelo império do mundo. Ela precisa delimitar sem mais delongas o terreno em que atua, mesmo que seja necessário cercá-lo de arame farpado e de torres de observação.

No caso de Sade, ela cria lugares fechados, castelos de onde é impossível escapar e onde a sociedade do desejo e do crime funciona sem conflitos, segundo um regime implacável. A revolta mais desenfreada, a reivindicação total da liberdade, leva ao jugo da maioria. A emancipação do homem se realiza, para Sade, nas fortalezas de licenciosidade, onde uma espécie de burocracia do vício regulamenta a vida e a morte dos homens e mulheres que entraram para todo o sempre no inferno da necessidade. Em sua obra há uma abundância de descrições desses lugares privilegiados onde, a cada vez, os libertinos feudais, demonstrando às vítimas reunidas a sua impotência e servidão absolutas, retomam o discurso do duque de Blangis à plebe dos *Cento e vinte dias de Sodoma*: "Vocês já estão mortas para o mundo."

Sade vivia efetivamente na torre da Liberdade, mas na Bastilha. A revolta absoluta embrenha-se com ele em uma fortaleza sórdida, de onde ninguém — nem perseguidos nem perseguidores — pode sair. Para criar a sua liberdade, ele é obrigado a organizar a necessidade absoluta. A liberdade ilimitada do desejo significa a negação do outro e a supressão da piedade. É preciso matar o coração, esse "ponto fraco do espírito"; a cela trancada e o regulamento cuidarão disso. O regulamento, que desempenha um papel fundamental nos castelos fabulosos de Sade, consagra um universo de desconfiança. Ele ajuda a prever tudo, a fim de impedir que uma ternura ou uma piedade imprevistas venham perturbar os planos do gozo pleno. Curioso prazer, sem dúvida, que se exerce sob comando: "Todos acordarão todos os dias às dez horas da manhã!" Mas é preciso impedir que o gozo degenere e se transforme em apego, é preciso colocá-lo entre parênteses e fortalecê-lo. É necessário ainda que os objetos de gozo nunca apareçam como pessoas. Se o homem é "uma espécie de planta absolutamente material", ele só pode ser tratado como objeto, e como objeto de experimento. Na república de arame farpado de Sade, só há máquinas e mecânicos. O regulamento, modo de uso da mecânica, coloca tudo em seu devido lugar. Esses conventos infames têm as suas regras significativamente copiadas das regras das comunidades religiosas. O libertino, dessa forma, fará uma confissão pública. Mas o julgamento muda: "Se sua conduta for pura, ele é culpado."

Como era costume em sua época, Sade construiu sociedades ideais. Mas, ao contrário de seu tempo, ele codifica a maldade natural do homem. Constrói meticulosamente a cidadela da força e do ódio, como precursor que é, até colocar em números a liberdade conquistada. Resume, então, sua filosofia à fria contabilidade do crime: "Massacrados até 1º de março: 10. A partir de 1º de março: 20. A serem massacrados: 16. Total: 46." Precursor, sem dúvida, mas ainda modesto, como se vê.

Se tudo parasse aí, Sade só despertaria a atenção que se dá aos precursores incompreendidos. Mas, uma vez que se ergue a ponte levadiça, é preciso continuar a viver no castelo. Por mais meticuloso que seja o regulamento, ele não consegue prever tudo. Ele pode destruir, mas não consegue criar. Os senhores dessas comunidades torturadas não encontrarão aí a satisfação pela qual anseiam... Sade evoca com frequência o "doce hábito do crime". No entanto, nada existe ali que se pareça com suavidade, antes uma raiva de homem acorrentado. Trata-se, na verdade, de desfrutar, e o máximo de gozo coincide com o máximo de destruição. Possuir aquilo que se mata, copular com o sofrimento, eis o instante da liberdade total em cuja direção se orienta toda a organização dos castelos. Mas, a partir do instante em que o crime sexual suprime o objeto de volúpia, ele suprime a volúpia, que só existe no momento preciso da supressão. Logo, é preciso subjugar um outro objeto e matá-lo novamente, e outro ainda, e a infinidade de todos os objetos possíveis. Obtêm-se, dessa forma, esses tristonhos acúmulos de cenas eróticas e criminosas nos romances de Sade, que, paradoxalmente, deixam no leitor a impressão de uma horrenda castidade.

Que papel desempenharia nesse universo o gozo, grande alegria em flor de corpos aquiescentes? Trata-se de uma busca impossível, no sentido de escapar do desespero e que acaba, entretanto, em desespero; de uma corrida da servidão para a servidão e da prisão para a prisão. Se só a natureza é verdadeira; se, na natureza, só o desejo e a destruição são legítimos, então, de destruição em destruição, a humanidade inteira não basta para matar a sede de sangue, é preciso correr para a aniquilação universal. Segundo a fórmula de Sade, é preciso ser o verdugo da natureza. Mas nem isso se obtém com tanta facilidade. Quando se fecha a contabilidade, quando todas as vítimas já foram massacradas, os carrascos ficam um diante do outro no castelo solitário. Ainda lhes falta algo. Os corpos torturados retornam, por seus elementos, à natureza, de onde irá renascer a vida. O próprio assassinato não acabou: "O assassinato só tira do indivíduo que matamos a primeira vida; seria preciso poder arrancar-lhe a segunda..."

Sade reflete sobre o atentado contra a criação: "Abomino a natureza... Gostaria de atrapalhar os seus planos, interromper a sua evolução, parar os astros, virar de cabeça para baixo os globos que flutuam no espaço, destruir o que lhe serve, proteger o que lhe é nocivo; em resumo: insultá-la em suas ações, e não consigo." Não adianta imaginar um mecânico que possa pulverizar o universo, ele sabe que, na poeira dos globos, a vida vai continuar. O atentado contra a criação é impossível. Não se pode destruir tudo, há sempre um resto. "Não consigo...", esse universo implacável e gélido se distende subitamente na atroz melancolia pela qual Sade finalmente nos comove, mesmo que não fosse este o seu desejo. "Poderíamos, talvez, atacar o sol, privar dele o universo ou nos servirmos dele para atear fogo ao mundo, isso, sim, seriam crimes..." Sim, seriam crimes, mas não o crime definitivo. É preciso avançar mais, os carrascos se olham de cima a baixo.

Eles estão sós, e uma só lei os governa — a lei do poder. Já que a aceitaram quando eram senhores, não podem mais recusá-la se ela se voltar contra eles. Todo poder tende a ser único e solitário. É preciso matar mais: por sua vez, os senhores irão destruir-se. Sade percebe esta consequência e não recua. Um curioso estoicismo do vício vem iluminar um pouco essa escória da revolta. Ele não procurará unir o mundo da ternura ao do compromisso. A ponte levadiça não mais baixará; ele aceitará a aniquilação pessoal. A força desenfreada da recusa se une em sua extremidade a um consentimento incondicional que não deixa de ter a sua grandeza. O senhor, por sua vez, aceita ser escravo e talvez até mesmo o deseje. "O cadafalso também seria para mim o trono das volúpias."

A maior destruição coincide agora com a maior afirmação. Os senhores atiram-se uns aos outros, e essa obra erigida para a glória da libertinagem se encontra "coberta de cadáveres de libertinos abatidos no auge de sua genialidade".[8] O mais forte, aquele que vai sobreviver, será o solitário, o Único, cuja glorificação o próprio Sade empreendeu. Ei-lo que reina, afinal, senhor e Deus. Mas, no instante de sua mais importante vitória, o sonho se dissipa. O Único volta-se para o prisioneiro cuja imaginação desmedida lhe deu origem: confundem-se um com o outro. Ele está só, na verdade, preso em uma Bastilha ensanguentada, toda ela construída em torno de um gozo ainda não saciado mas já sem objeto. Ele só venceu em sonho, e essa dezena de volumes abarrotados de atrocidades e de filosofia resume uma ascese infeliz, uma marcha alucinante do não total ao sim absoluto, um consentimento na morte, enfim, que transforma o assassinato de tudo e de todos em suicídio coletivo.

Sade foi executado em efígie; da mesma forma, ele só matou em imaginação. Prometeu reduzido a Onã. Ele chegou ao fim da vida ainda como prisioneiro, mas desta vez num hospício, atuando em peças num palco improvisado, em meio a alucinados. O sonho e a criação ofereciam-lhe agora um equivalente derrisório da satisfação que a ordem do mundo não lhe dava. Que fique bem claro: o escritor nada tem a se recusar. Para ele, pelo menos, os limites desmoronam e o desejo pode chegar a extremos. Nesse aspecto, Sade é o homem de letras perfeito. Construiu uma ficção para dar a si próprio a ilusão de existir. Colocou acima de tudo "o crime moral que se comete por escrito". O seu mérito, incontestável, reside no fato de ter ilustrado imediatamente, com a infeliz clarividência de uma raiva acumulada, as con-

---

8. Maurice Blanchot. *Lautréamont et Sade (Lautréamont e Sade)*. Editions de Minuit.

sequências extremas de uma lógica revoltada, pelo menos quando ela se esquece de suas verdadeiras origens. Essas consequências são a totalidade fechada, o crime universal, a aristocracia do cinismo e a vontade de apocalipse. Voltarão a ser encontradas muitos anos depois de Sade. No entanto, ao tê-las saboreado, parece que foi sufocado por seus próprios dilemas, dos quais só se liberou na literatura. Curiosamente, foi Sade quem orientou a revolta para os caminhos da arte, impelida ainda mais adiante pelo romantismo. E fará parte do grupo desses escritores a respeito dos quais disse que "a corrupção é tão perigosa, tão ativa que, ao imprimirem seus terríveis sistemas, só têm como objetivo estender para além de suas vidas a soma de seus crimes; não podem mais cometê-los, mas seus malditos escritos induzirão os outros a fazê-lo, e esta ideia agradável que levam para o túmulo consola-os da obrigação que a morte lhes impõe de renunciar àquilo que existe". Sua obra revoltada comprova sua sede de sobrevivência. Mesmo se a imortalidade que ele cobiça é a de Caim, pelo menos cobiça-a, e comprova, contra a própria vontade, aquilo que é mais verdadeiro na revolta metafísica.

De resto, sua própria posteridade obriga a que se lhe renda homenagem. Seus herdeiros não são apenas os escritores. Certamente, ele sofreu e morreu para excitar a imaginação dos bairros nobres e dos cafés literários. Mas isso não é tudo. O sucesso de Sade em nosso tempo explica-se por um sonho dele que afina com a sensibilidade contemporânea: a reivindicação da liberdade total e a desumanização friamente executada pela inteligência. A redução do homem a objeto de experimento, o regulamento que determina as relações entre a vontade de poder e o homem objeto, o campo fechado dessa monstruosa experiência são lições que os teóricos do poder voltarão a encontrar quando tiverem que organizar a era dos escravos.

Com dois séculos de antecipação, mas em escala reduzida, Sade exaltou as sociedades totalitárias em nome da liberdade frenética que a revolta, na verdade, não exige. Com ele realmente começa a história e a tragédia contemporâneas. Ele apenas acreditou que uma sociedade baseada na liberdade do crime devia correr paralelamente à liberdade de costumes, como se a servidão tivesse limites. Nosso tempo limitou-se a fundir curiosamente o seu sonho de república universal com a sua técnica de aviltamento. Finalmente, aquilo que ele mais odiava, o assassinato legal, tirou proveito das descobertas que ele queria colocar a serviço do assassinato por instinto. O crime, que Sade gostaria que fosse o fruto excepcional e delicioso do vício desenfreado, atualmente nada mais é do que o hábito enfadonho de uma virtude que se tornou policial. São as surpresas da literatura.

A Revolta dos Dândis

Mas ainda é a hora dos homens de letras. O romantismo, com sua revolta luciferina, só servirá realmente às aventuras da imaginação. Como Sade, ele se separará da revolta da antiguidade pela preferência dada ao mal e ao indivíduo. Ao ressaltar os seus poderes de desafio e de recusa, a revolta nesse estágio esquece o seu conteúdo positivo. Já que Deus reivindica o que há de bom no homem, é preciso zombar do que é bom e escolher o mal. O ódio à morte e à injustiça levará senão ao exercício, pelo menos à apologia do mal e do assassinato.

A luta de Satã e da morte no *Paraíso perdido*, poema preferido dos românticos, simboliza esse drama, mas com muito mais profundidade pelo fato de a morte (com o pecado) ser a filha de Satã. Para combater o mal, o revoltado, já que se julga inocente, renuncia ao bem e gera novamente o mal. O herói romântico produz em primeiro lugar a confusão profunda e, por assim dizer, religiosa entre o bem e o mal.[9] Esse herói é "fatal" porque a fatalidade confunde o bem com o mal sem que o homem possa defender-se. A fatalidade exclui os juízos de valor. Ela os substitui por um "Assim é" que tudo desculpa, exceto o Criador, único responsável por esse escandaloso estado de coisas. O herói romântico também é "fatal" porque, na medida em que crescem o seu poder e a sua genialidade, o poder do mal cresce nele. Todo poder, todo excesso recobre-se então do "Assim é". O fato de o artista, e o poeta em especial, ser demoníaco é uma ideia muito antiga, formulada de modo muito provocador entre os românticos. Nessa época, existe, inclusive, um imperialismo do demônio que visa anexar tudo a ele, mesmo os gênios da ortodoxia. "O que fez com que Milton", observa Blake, "escrevesse constrangedoramente, quando falava sobre os anjos e Deus, e cheio de audácia, quando tratava de demônios e do inferno, é que ele era um verdadeiro poeta e, sem que o soubesse, do partido dos demônios." O poeta, o gênio, o próprio homem, em sua imagem mais elevada, exclama ao mesmo tempo que Satã: "Adeus, esperança, mas, com a esperança, adeus, temor, adeus, remorso... Ó Mal, seja o meu bem." É o grito da inocência ultrajada.

---

9. Tema dominante em William Blake, por exemplo.

O herói romântico sente-se, portanto, obrigado a fazer o mal, por nostalgia de um bem impossível. Satã insurge-se contra o seu criador, porque este usou da força para subjugá-lo. "Igualado na razão", diz o Satã de Milton, "ele alçou-se acima de seus iguais pela força." A violência divina é assim explicitamente condenada. O revoltado se afastará desse Deus agressor e indigno,[10] "quanto mais longe dele, melhor", e reinará sobre todas as forças hostis à ordem divina. O príncipe do mal só escolheu esse caminho porque o bem é uma noção definida e utilizada por Deus para desígnios injustos. Até a inocência irrita o Rebelde, na medida em que pressupõe a cegueira dos tolos. Esse "negro espírito do mal, irritado pela inocência", suscitará uma injustiça humana paralela à injustiça divina. Já que na raiz da criação está a violência, a violência deliberada é a sua resposta. O excesso do desespero soma-se às causas do desespero para conduzir a revolta a esse estado de detestável atonia que se segue à longa provação da injustiça e na qual desaparece definitivamente a distinção entre o bem e o mal. O Satã de Vigny

... Não mais consegue sentir o mal nem os benefícios nem tampouco sentir alegria pelos males que causou.

Isso define o niilismo e autoriza o assassinato.

O assassinato vai na verdade tornar-se simpático. Basta comparar o Lúcifer dos pintores da Idade Média com o Satã dos românticos. Um adolescente "jovem, triste e encantador"

---

10. "O Satã de Milton é moralmente muito superior ao seu Deus, assim como quem persevera a despeito da adversidade e da sorte é superior àquele que, na fria segurança de um triunfo certo, exerce a mais horrível vingança sobre os inimigos." Herman Melville.

(Vigny) substitui a besta-fera de chifres. "Belo, de uma beleza desconhecida na terra" (Lermontov), solitário e poderoso, sofredor e desdenhoso, ele oprime com negligência. Mas sua desculpa é o sofrimento. "Quem ousaria invejar", diz o Satã de Milton, "aquele que do mais alto lugar condena à maior parcela de sofrimentos sem fim?" Tantas injustiças sofridas, uma dor tão contínua, permitem todos os excessos. O revoltado permite-se então algumas vantagens. Sem dúvida, por si mesmo o assassinato não é recomendado. Mas está implícito no valor, supremo para o romântico, de frenesi. O frenesi é o inverso do tédio: Lorenzaccio sonha com Hans, da Islândia. Sensibilidades exóticas clamam pelos furores elementares da besta-fera. O herói byroniano, incapaz de amar ou somente capaz de um amor impossível, sofre de *spleen*. Está só, lânguido, sua condição o exaure. Se quer se sentir vivo, deve ser na terrível exaltação de uma ação breve e devoradora. Amar o que nunca se verá novamente é amar no ardor e no grito para, em seguida, magoar-se. Só se vive no e pelo instante, para

> *essa união breve porém viva*
> *de um coração atormentado unido à tormenta*

(Lermontov).

A ameaça mortal que paira sobre a nossa condição tudo esteriliza. Só o grito faz viver; a exaltação faz o papel da verdade. Nesse estágio, o apocalipse torna-se um valor em que tudo se confunde, amor e morte, consciência e culpa. Em um universo fora de órbita, só existe uma vida — a dos abismos, para onde, segundo Alfred Le Poitevin, despencam os seres humanos "tremendo de raiva e idolatrando os seus crimes", para ali amaldiçoarem o Criador. A embriaguez frenética e, em última instância, o belo crime esgotam então, em um segundo, todo o sentido de uma vida. Sem pregar, a rigor, o crime, o romantismo empenha-se em ilustrar um movimento profundo de reivindicação nas imagens convencionais do fora da lei, do bom prisioneiro, do assaltante generoso. Triunfam o melodrama sangrento e o *roman noir*. Com Pixérécourt, liberam-se a baixo custo esses terríveis apetites da alma, que outros irão satisfazer nos campos de extermínio. Sem dúvida, essas obras são também um desafio à sociedade da época. Mas em sua origem o romantismo desafia primeiro a lei moral e divina. Eis por que sua imagem mais original não é o revolucionário, e sim, logicamente, o dândi.

Logicamente, porque essa obstinação com o satanismo só pode justificar-se pela afirmação da injustiça, incessantemente repetida, e, de certa forma, por sua consolidação. A dor, nesse estágio, só parece aceitável se for irremediável. O revoltado escolhe a metafísica do pior, que se exprime na literatura maldita da qual ainda não saímos. "Eu sentia o meu poder e sentia os grilhões." (Petrus Borel) Mas tais grilhões são idolatrados. Sem eles, seria preciso provar ou exercer esse poder que, afinal, não se está seguro de ter. Acabamos todos como funcionários na Argélia, e Prometeu, como Borel, quer fechar os cabarés e reformar os costumes dos colonos. Ainda assim: o poeta, para ser aceito, deve então ser maldito.[11] Charles Lassailly, o mesmo que projetava um romance filosófico, *Robespierre* e *Jesus Cristo*, nunca vai para

---

11. Nossa literatura ainda se ressente disso. "Não há mais poetas malditos", diz Malraux. Há menos. Mas os outros têm a consciência pesada.

a cama sem proferir, para retemperar-se, algumas blasfêmias fervorosas. A revolta cobre-se de luto e se faz admirar nos palcos. Muito mais do que o culto do indivíduo, o romantismo inaugura o culto do personagem. É nesse ponto que ele é lógico. Sem esperar mais pela regra ou pela unidade de Deus, obstinado em se reunir contra um destino inimigo, ansioso em preservar tudo que pode ser ainda preservado nesse mundo consagrado à morte, o revoltado romântico busca uma solução na atitude. A atitude congrega em uma unidade estética o homem entregue ao acaso e destruído pela violência divina. O ser que deve morrer resplandece, ao menos, antes de desaparecer, e esse esplendor é a sua justificação. Ela é um ponto fixo, o único que se pode contrapor à face agora petrificada do Deus do ódio. O revoltado impassível sustenta sem fraquejar o olhar de Deus. "Nada mudará", diz Milton, "esse espírito fixo, esse alto desdém nascido da consciência ofendida." Tudo se mexe e corre para o nada, mas o humilhado obstina-se, preservando pelo menos o orgulho. Um barroco romântico, descoberto por Raymond Queneau, pretende que o objetivo de toda vida intelectual é tornar-se Deus. Esse romântico, na verdade, está um pouco adiantado para o seu tempo. O objetivo era apenas igualar-se a Deus e manter-se no seu nível. Ele não é destruído, mas, por um esforço incessante, toda submissão lhe é negada. O dandismo é uma forma degradada da ascese.

O dândi cria a sua própria unidade por meios estéticos. Mas trata-se de uma estética da singularidade e da negação. "Viver e morrer diante de um espelho", esse era, segundo Baudelaire, o lema do dândi. Ele é, na verdade, coerente. O dândi, por sua função, é sempre um opositor. Ele só se mantém no desafio. Até então, a criatura recebia sua coerência do criador. A partir do momento em que consagra sua ruptura com ele, ei-la entregue aos instantes, aos dias que passam, à sensibilidade dispersa. É preciso, portanto, que ela se reafirme. O dândi forja uma unidade pela própria força da recusa. Disperso, na qualidade de pessoa privada de regra, ele será coerente como personagem. Mas um personagem pressupõe um público; o dândi só pode desempenhar um papel quando se opõe. Ele só pode assegurar-se de sua própria existência reencontrando-a no rosto dos outros. Os outros são o seu espelho. Espelho logo ofuscado, é bem verdade, pois a capacidade de atenção humana é limitada. Ela deve ser sempre despertada, incitada pela provocação. O dândi, portanto, é sempre obrigado a impressionar. Sua vocação de dândi está na singularidade, seu aperfeiçoamento no excesso. Sempre em ruptura, sempre à margem das coisas, ele obriga os outros a criarem-no, enquanto nega os seus valores. Ele desempenha a sua vida por incapaz de vivê-la. Desempenha-a até a morte, exceto nos momentos em que fica só e sem um espelho. Para o dândi, ser só quer dizer não ser nada. Os românticos só falaram de forma tão magnífica sobre a solidão porque ela era a sua dor real, a que não se consegue suportar. Sua revolta tem raízes profundas, mas do *Cleveland*, do abade Prévost, até os dadaístas, passando pelos frenéticos de 1830, por Baudelaire e pelos decadentes de 1880, mais de um século de revolta aplacou-se por completo com as audácias da "excentricidade". Se todos souberam falar da dor, é porque, sem esperança de superá-la de outra forma que não por vãs paródias, sentiam instintivamente que ela continuava como sua única desculpa e como sua verdadeira nobreza.

Por esse motivo, o legado do romantismo não foi assumido por Hugo, par de França, mas por Baudelaire e Lacenaire, poetas do crime. "Tudo neste mundo transpira crime", diz Baudelaire, "o jornal, as paredes e a face do homem." Que pelo menos esse crime, lei do mundo, tenha um caráter distinto. Lacenaire, cronologicamente o primeiro dos fidalgos criminosos, dedica-se a isso efetivamente; Baudelaire tem menos rigor e mais genialidade. Irá criar o jardim do mal, onde o crime só despontará como uma espécie mais rara do que outras. O próprio terror transformar-se-á em fina sensação e em objeto raro. "Não só ficarei feliz em ser vítima, mas não odiarei ser carrasco a fim de *sentir* a revolução dos dois lados." Mesmo o conformismo em Baudelaire tem cheiro de crime. Se escolheu Maistre como mentor intelectual, foi na medida em que este conservador chega a extremos, centrando sua doutrina na morte e no carrasco. "O verdadeiro santo", finge pensar Baudelaire, "é o que açoita e mata o povo para o bem do povo." Ele será atendido. A raça dos verdadeiros santos começa a disseminar-se na terra para consagrar essas curiosas conclusões da revolta. Mas Baudelaire, a despeito do seu arsenal satânico, do seu gosto por Sade, de suas blasfêmias, continuava por demais teólogo para ser um verdadeiro revoltado. O seu verdadeiro drama, que fez dele o maior poeta de seu tempo, não residia nisso. Baudelaire só pode ser lembrado aqui na medida em que foi o teórico mais profundo do dandismo, oferecendo fórmulas definitivas a uma das conclusões da revolta romântica.

O romantismo demonstra efetivamente que a revolta está associada ao dandismo: um de seus rumos é o parecer. Em suas formas convencionais, o dandismo confessa a nostalgia de uma moral. Não é mais do que a honra reduzida a código de honra. Ao mesmo tempo, porém, ele inaugura uma estética ainda vitoriosa em nosso mundo, a dos criadores solitários, rivais obstinados do Deus que condenam. A partir do romantismo, a tarefa do artista não será mais unicamente a de criar um mundo, nem de exaltar a beleza por si só, mas também a de definir uma atitude. O artista torna-se modelo, apresenta-se como exemplo: a arte é a sua moral. Com ele, começa a era dos diretores de consciência. Quando os dândis não se matam uns aos outros ou ficam loucos, fazem carreira e posam para a posteridade. Mesmo quando gritam, como Vigny, que vão calar-se, seu silêncio é estrondoso.

Mas, no âmago do próprio romantismo, a esterilidade dessa atitude fica clara para alguns revoltados, que então oferecem um tipo de transição entre o excêntrico (ou o Incrível) e nossos aventureiros revolucionários. Entre o sobrinho de Rameau e os "conquistadores" do século XX, Byron e Shelley já lutam, embora ostensivamente, pela liberdade. Eles se expõem também, mas de uma outra maneira. A revolta troca pouco a pouco o mundo do parecer pelo do fazer, ao qual vai lançar-se por inteira. Os estudantes franceses de 1830 e os dezembristas russos vão aparecer, então, como as encarnações mais puras de uma revolta inicialmente solitária e que busca em seguida, através dos sacrifícios, o caminho de uma reunião. Mas, inversamente, o gosto pelo apocalipse e pela vida frenética voltará a ser encontrado nos nossos revolucionários. O desfile dos processos, o jogo terrível do juiz de instrução e do acusado e a encenação dos interrogatórios deixam às vezes entrever uma trágica complacência pelo velho subterfúgio em que o revoltado romântico, ao recusar o que era, condenava-se provisoriamente ao parecer, na infeliz esperança de conquistar um ser mais profundo.

A Recusa da Salvação

Se o revoltado romântico exalta o indivíduo e o mal, não toma por isso mesmo o partido dos homens, mas apenas o seu próprio partido. O dandismo é sempre e em qualquer de suas formas um dandismo em relação a Deus. Na qualidade de criatura, o indivíduo só pode opor-se ao criador. Ele tem necessidade de Deus, com o qual flerta de modo sombrio. Armand Hoog[12] tem razão quando diz que, apesar do clima nietzschiano dessas obras, Deus ainda não está morto. A própria danação, insistentemente reivindicada, nada mais é do que uma boa peça que se prega em Deus. Com Dostoievski, pelo contrário, a descrição da revolta vai dar mais um passo. Ivan Karamazov toma o partido dos homens, ressaltando a sua inocência. Ele afirma que a condenação à morte que paira sobre eles é injusta. Em seu primeiro movimento, pelo menos, longe de defender o mal, ele defende a justiça, que situa acima da divindade. Portanto, ele não nega de modo absoluto a existência de Deus. Ele o refuta em nome de um

---

12. *Les Petits Romantiques (Os pequenos românticos)*. Cahiers du Sud.

valor moral. A ambição do revoltado romântico era falar com Deus de igual para igual. O mal responde ao mal, a soberba à crueldade. O ideal de Vigny é, por exemplo, responder ao silêncio com o silêncio. Sem dúvida, trata-se de alçar-se ao nível de Deus, o que já é blasfêmia. Mas não se pensa em contestar o poder nem o lugar da divindade. Essa blasfêmia é reverente, já que toda blasfêmia, afinal, é uma participação no sagrado.

Com Ivan, pelo contrário, o tom muda. Deus é julgado por sua vez, e do alto. Se o mal é necessário à criação divina, então essa criação é inaceitável. Ivan não mais recorrerá a esse Deus misterioso, mas a um princípio mais elevado, que é a justiça. Ele inaugura a empreitada essencial da revolta, que é substituir o reino da graça pelo da justiça. Começa ao mesmo tempo o ataque contra o cristianismo. Os revoltados românticos rompiam com o próprio Deus, na qualidade de princípio de ódio. Ivan recusa explicitamente o mistério e, por conseguinte, o próprio Deus como princípio de amor. Só o amor pode nos fazer ratificar a injustiça feita a Marta, aos operários das dez horas, e, mais adiante, admitir a morte injustificável das crianças. "Se o sofrimento das crianças", diz Ivan, "serve para completar a soma das dores necessárias à aquisição da verdade, afirmo desde já que essa verdade não vale tal preço." Ivan recusa a dependência profunda que o cristianismo introduziu entre o sofrimento e a verdade. O mais profundo clamor de Ivan, o que abre os abismos mais perturbadores sob os pés do revoltado, é o *mesmo se*. "Minha indignação persistiria mesmo se eu estivesse errado." O que significa que, mesmo se Deus existisse, mesmo se o mistério encobrisse uma verdade, mesmo se o *starets* Zózimo tivesse razão, Ivan não aceitaria que essa verdade fosse paga com o mal, com o sofrimento e a morte infligida aos inocentes. Ivan encarna a recusa da salvação. A fé conduz à vida imortal. Mas a fé pressupõe a aceitação do mistério e do mal, a resignação à injustiça. Aquele a quem se impede o acesso à fé não receberá, portanto, a vida imortal. Nessas condições, mesmo se a vida imortal existisse, Ivan a recusaria. Ele rejeita tal barganha. Só aceitaria a graça, se essa fosse incondicional, e é por isso que ele próprio estabelece as suas condições. A revolta quer tudo ou nada. "Toda a ciência do mundo não vale as lágrimas das crianças." Ivan não diz que não há verdade. Ele diz que, se há uma verdade, ela só pode ser inaceitável. Por quê? Porque é injusta. A luta da justiça contra a verdade surge aqui pela primeira vez; e não terá mais fim. Ivan, solitário, e, portanto, moralista, se satisfará com uma espécie de quixotismo metafísico. Mais algumas décadas, e uma imensa conspiração política tentará fazer da justiça a verdade.

Além disso, Ivan encarna a recusa de ser salvo sozinho. Solidariza-se com os malditos e, por sua causa, recusa o céu. Se ele acreditasse, poderia ser salvo, mas outros seriam condenados. O sofrimento continuaria. Não há salvação possível para quem sofre a verdadeira compaixão. Ivan continuará culpando Deus ao recusar duplamente a fé, como se recusam a injustiça e o privilégio. Um passo a mais, e do *Tudo ou nada* chegamos ao *Todos ou ninguém*.

Essa determinação extrema e a atitude que ela pressupõe teriam bastado para os românticos. Mas Ivan,[13] embora ceda também ao dandismo, vive realmente os seus problemas,

---

13. É preciso lembrar que Ivan, de certo modo, é Dostoievski, mais à vontade neste personagem do que em Aliocha.

dilacerado entre o sim e o não. A partir desse momento, ele entra na coerência. Se recusar a imortalidade, que lhe resta? A vida no que ela tem de elementar. Suprimido o sentido da vida, ainda resta a vida. "Eu vivo", diz Ivan, "a despeito da lógica." E mais: "Se não tivesse mais fé na vida, se duvidasse da mulher amada, da ordem universal, persuadido pelo contrário de que tudo nada mais é do que um caos infernal, mesmo assim eu desejaria viver, apesar de tudo." Ivan vai, portanto, viver e vai amar também "sem saber por quê". Mas viver é também agir. Em nome de quê? Se não há imortalidade, não há recompensa nem castigo, nem bem nem mal. "Acredito que não há virtude sem imortalidade." E ainda: "Sei apenas que o sofrimento existe, que não há culpados, que tudo está interligado, que tudo passa e se equilibra." Mas, se não há virtude, não há mais lei: "Tudo é permitido."

Com este "tudo é permitido" começa realmente a história do niilismo contemporâneo. A revolta romântica não ia tão longe. Limitava-se a dizer, em suma, que tudo não era permitido, mas que ela se permitia, por insolência, o que era proibido. Com os irmãos Karamazov, muito pelo contrário, a lógica da indignação fará a revolta voltar-se contra si mesma, lançando-a numa contradição desesperada. A diferença essencial é que os românticos se permitem complacências, enquanto Ivan vai esforçar-se para fazer o mal a fim de ser coerente. Não se permitirá o exercício da bondade. O niilismo não é apenas desespero e negação, mas sobretudo vontade de desesperar e de negar. O mesmo homem que tomava o partido da inocência de modo tão veemente, que tremia diante do sofrimento de uma criança, que desejava ver "com os próprios olhos" a corça dormir perto do leão, a vítima abraçar o assassino, a partir do momento em que recusa a coerência divina e tenta encontrar sua própria regra reconhece a legitimidade do assassinato. Ivan revolta-se contra um Deus assassino; mas, desde o instante em que racionaliza a sua revolta, extrai dela a lei do assassinato. Se tudo é permitido, ele pode matar o pai ou pelo menos deixar que o matem. Uma longa reflexão sobre a nossa condição de condenados à morte conduz unicamente à justificação do crime. Ivan, ao mesmo tempo, odeia a pena de morte (ao narrar uma execução, diz com veemência: "Sua cabeça caiu, em nome da graça divina."), admitindo, em princípio, o crime. Todas as indulgências para o assassino, nenhuma para o carrasco. Essa contradição, em que Sade vivia à vontade, faz, pelo contrário, Ivan Karamazov sufocar.

Ele parece ter a intenção de raciocinar como se a imortalidade não existisse, quando apenas se limitou a dizer que a recusaria, ainda que ela existisse. Para protestar contra o mal e a morte, ele preferiu, portanto, dizer, propositadamente, que a virtude, tanto quanto a imortalidade, não existe e deixar que matassem o seu pai. Ele aceita voluntariamente o próprio dilema; ser virtuoso e ilógico ou lógico e criminoso. Seu protótipo, o diabo, tem razão quando lhe sussurra: "Vais realizar uma ação virtuosa e, no entanto, não acreditas na virtude, eis o que te irrita e atormenta." A pergunta que, enfim, Ivan formula a si próprio, a que constitui o verdadeiro progresso dado por Dostoievski ao espírito da revolta, é a única que nos interessa aqui: pode-se viver mantendo-se permanentemente na revolta?

Ivan deixa que adivinhemos sua resposta: só se pode viver na revolta ao levá-la ao extremo. Qual é o extremo da revolta metafísica? A revolução metafísica. O senhor deste mundo, após ter sido contestado em sua legitimidade, deve ser derrubado. O homem deve ocupar o seu lugar. "Como Deus e a imortalidade não existem, é permitido ao homem novo se tornar Deus." Mas o que é ser Deus? É reconhecer justamente que tudo é permitido; recusar qualquer lei que não seja a sua. Sem que seja necessário desenvolver raciocínios intermediários, percebe-se assim que tornar-se Deus é aceitar o crime (a ideia favorita, igualmente, dos intelectuais de Dostoievski). O problema pessoal de Ivan é, portanto, saber se será fiel a sua lógica e se, partindo de um protesto indignado diante do sofrimento inocente, aceitará o assassinato do pai com a indiferença dos homens-deuses. Conhecemos a sua solução: Ivan deixará que o pai seja morto. Profundo demais para que o parecer lhe baste e sensível demais para agir, ele se contentará em deixar que o façam. Mas vai enlouquecer. O homem que não compreendia como se podia amar o próximo também não compreende como se pode matá-lo. Espremido entre uma virtude injustificável e um crime inaceitável, devorado pela piedade e incapaz de amar, um solitário privado do socorro do cinismo, esse homem de inteligência soberana será morto pela contradição. "Tenho a mente terrestre", dizia. "De que serve querer compreender aquilo que não é deste mundo?" Mas ele só vivia para o que não é deste mundo, e esse orgulho na busca do absoluto retirava-o justamente da terra, da qual nada amava.

Esse naufrágio não impede, de resto, que, colocado o problema, daí decorra a consequência: doravante a revolta marcha rumo à ação. Esse movimento já é apontado por Dostoievski, com uma intensidade profética, na lenda do Grande Inquisidor. Ivan, finalmente, não separa a criação de seu criador. "Não é a Deus que rejeito", diz ele, "mas a criação." Em outras palavras, é Deus pai, inseparável daquilo que criou.[14] Seu projeto de usurpação continua, portanto, inteiramente moral. Ele não quer reformar nada na criação. Mas, sendo a criação o que é, exige dela o direito de emancipar-se moralmente, junto com toda a humanidade. A partir do momento, pelo contrário, em que o espírito de revolta, ao aceitar o "tudo é permitido" e o "todos ou ninguém", visa refazer a criação para garantir a realeza e a divindade dos homens, a partir do momento em que a revolução metafísica se estende do moral ao político, tem início uma nova empresa, de alcance incalculável, também oriunda, é preciso assinalar, do mesmo niilismo. Dostoievski, profeta da nova religião, tinha anunciado e previsto: "Se Aliocha tivesse concluído que não há nem Deus nem imortalidade, ele se teria tornado imediatamente ateu e socialista. Isso porque o socialismo não é apenas a questão operária, é sobretudo a questão do ateísmo, de sua encarnação contemporânea, a questão da Torre de Babel, que se constrói sem Deus, não para da terra alcançar os céus e sim para rebaixar os céus até a terra."[15]

Depois disso Aliocha pode, na verdade, tratar carinhosamente Ivan de "verdadeiro simplório". Esse apenas exercitava-se no autodomínio e não o conseguia. Virão outros, mais sérios, que, partindo da mesma negação desesperada, irão exigir o império do mundo. São os Grandes Inquisidores, que prendem o Cristo e vêm dizer-lhe que o seu método não é o certo, que não se consegue obter a felicidade universal pela

---

14. Ivan justamente aceita deixar que matem o pai. Ele escolhe o atentado contra a natureza e a procriação. Esse pai, aliás, é infame. Entre Ivan e o deus de Aliocha, a figura detestável do pai Karamazov se esgueira constantemente.
15. *Id.* "Estas questões (Deus e a imortalidade) são as mesmas que as questões socialistas, mas visualizadas sob outro ângulo."

liberdade imediata de escolher entre o bem e o mal, mas pelo domínio e a unificação do mundo. É preciso primeiro reinar, e conquistar. O reino dos céus chegará à terra, é verdade, mas o reinado será exercido pelos homens — inicialmente, os Césares, os que compreenderam primeiro e em seguida, com o passar do tempo, todos os outros. A unidade da criação se dará, por todos os meios, já que tudo é permitido. O Grande Inquisidor está velho e cansado, pois seu conhecimento é amargo. Ele sabe que os homens são mais preguiçosos do que covardes e que preferem a paz e a morte à liberdade de discernir entre o bem e o mal. Ele tem piedade, uma piedade fria, desse prisioneiro calado que a história desmente sem trégua. Ele o pressiona para falar, para reconhecer os seus erros e legitimar, de certa forma, o trabalho dos Césares e dos Inquisidores. Mas o prisioneiro se cala. A empresa prosseguirá sem ele; vão matá-lo. A legitimidade virá no final dos tempos, quando o reino dos homens estiver garantido. "O negócio está apenas no começo, está longe de terminar, e a terra terá ainda muito que sofrer, mas atingiremos o nosso objetivo, seremos César e, então, pensaremos na felicidade universal."

O prisioneiro, desde então, foi executado; reinam apenas os Grandes Inquisidores, que ouvem "o espírito profundo, o espírito de destruição e de morte". Os Grandes Inquisidores recusam orgulhosamente o pão do céu e a liberdade. "Desce da cruz e acreditaremos em ti", já gritavam os policiais no Gólgota. Mas ele não desceu; em vez disso, no momento mais torturante da agonia, queixou-se a Deus por ter sido abandonado. Portanto, não há mais provas, somente a fé e o mistério, que os revoltados rejeitam e que os Grandes Inquisidores ridicularizam. Tudo é permitido, e os séculos do crime se prepararam nesse minuto perturbador. De Paulo a Stalin, os papas que escolheram César prepararam o caminho dos Césares que só escolhem a si mesmos. A unidade do mundo, que não foi feita com Deus, agora tentará fazer-se contra Deus.

Mas ainda não chegamos lá. Por ora, Ivan só nos oferece o rosto desfigurado do revoltado nos abismos, incapaz de ação, dilacerado entre a ideia de sua inocência e o desejo de matar. Ele odeia a pena de morte, porque ela é a imagem da condição humana, e ao mesmo tempo caminha em direção ao crime. Por ter tomado o partido dos homens, ele recebe na partilha a solidão. A revolta da razão, no seu caso, termina em loucura.

A Afirmação Absoluta

A partir do instante em que o homem submete Deus ao juízo moral, ele o mata dentro de si mesmo. Mas qual é então o fundamento da moral? Nega-se Deus em nome da justiça, mas a ideia de justiça pode ser compreendida sem a ideia de Deus? Não nos achamos desse modo no absurdo? É com o absurdo que Nietzsche se defronta. Para melhor superá-lo, ele o leva a extremos: a moral é a última face de Deus que deve ser destruída, antes que se comece a reconstrução. Deus não mais existe e não garante mais nossa existência; o homem deve ter a determinação de fazer para existir.

O Único

Stirner já quisera destruir no homem, depois do próprio Deus, qualquer ideia de Deus. Mas, ao contrário de Nietzsche, seu niilismo é satisfeito. Stirner ri diante do impasse, Nietzsche se atira contra as paredes. A partir de 1845, data da publicação de *O Único e sua propriedade*, Stirner começa a limpar o terreno. O homem, que frequentava a "Sociedade dos Emancipados" com os jovens hegelianos de esquerda (entre os quais Marx), não tinha apenas contas a acertar com Deus, mas também com o Homem de Feuerbach, o Espírito de Hegel e sua encarnação histórica, o Estado. Para ele, todos esses ídolos nasceram do mesmo "mongolismo", a crença nas ideias eternas. Ele escreveu: "Não fundamentei minha causa em nada." Certamente, o pecado é um "flagelo mongol", mas também o é o direito do qual somos prisioneiros. Deus é o inimigo; Stirner vai o mais longe possível na blasfêmia ("digere a hóstia e serás perdoado"). Mas Deus é apenas uma das alienações do eu, ou melhor, daquilo que sou. Sócrates, Descartes, Hegel, todos os profetas e os filósofos nada mais fizeram do que inventar novas maneiras de alienar o que eu sou, esse eu que Stirner faz questão de distinguir do Eu absoluto de Fichte ao reduzi-lo àquilo que tem de mais singular e de mais fugaz. "Os nomes não o nomeiam", ele é o Único.

Até Jesus, a história universal para Stirner é apenas um longo esforço para idealizar o real. Esse esforço está encarnado nos pensamentos e nos ritos de purificação próprios dos antigos. A partir de Jesus, é alcançado o objetivo, começa um outro esforço que consiste, pelo contrário, em realizar o ideal. A fúria da encarnação sucede à purificação, devastando o mundo cada vez mais, à medida que o socialismo, herdeiro do Cristo, estende o seu império. Mas a história universal nada mais é do que uma longa ofensa ao princípio único que eu sou, princípio vivo, concreto, princípio de vitória que se quis dobrar ao jugo de abstrações sucessivas — Deus, o Estado, a sociedade, a humanidade. Para Stirner, a filantropia é uma mistificação. As próprias filosofias ateias que culminam no culto do Estado e do homem nada mais são do que "insurreições teológicas". "Nossos ateus", diz Stirner, "são na verdade gente piedosa." Só houve um culto ao longo de toda a história, o da eternidade. Esse culto é mentira. Só é verdadeiro o Único, inimigo do eterno e, efetivamente, de todas as coisas que não servem ao seu desejo de dominação.

Com Stirner, o movimento de negação que anima a revolta submerge irresistivelmente todas as afirmações. Expulsa também os sucedâneos do divino dos quais a consciência moral está carregada. "O além exterior é banido", diz ele, "mas o além interior tornou-se um novo céu." Mesmo a revolução, e sobretudo a revolução, repugna a esse revoltado. Para ser revolucionário, é preciso acreditar ainda em alguma coisa, mesmo onde não há nada para acreditar. "A Revolução (francesa) levou a uma reação, e isso mostra o que era *na realidade* a Revolução." Escravizar-se à humanidade não vale mais do que servir a Deus. De resto, a fraternidade é apenas o "modo de ver domingueiro dos comunistas". Durante a semana, os irmãos tornam-se escravos. Só existe, portanto, uma liberdade para Stirner, "o meu poder", e uma verdade, "o esplêndido egoísmo das estrelas".

Neste deserto, tudo refloresce. "A significação formidável de um grito de alegria sem pensamento não podia ser compreendida enquanto durou a longa noite do pensamento e da fé." Essa noite chega ao seu fim, vai começar um novo amanhecer, que já não é o das revoluções, mas o das insurreições. A insurreição é em si mesma uma ascese, que recusa todos os confortos. O insurreto só concordará com os outros homens durante o tempo e na medida em que o seu egoísmo coincidir com o deles. Sua verdadeira vida está na solidão, onde pode saciar sem freios o apetite de ser, que é o seu único ser.

O individualismo chega assim a um apogeu. É negação de tudo aquilo que nega o indivíduo e glorificação de tudo aquilo que o exalta e serve. O que é o bem, segundo Stirner? "Aquilo que posso usar." A que estou legitimamente autorizado? "A tudo de que sou capaz." A revolta desemboca ainda na justificação do crime. Stirner não apenas tentou essa justificação (a esse respeito, sua descendência direta encontra-se nas formas terroristas da anarquia), como também entusiasmou-se visivelmente com as perspectivas que assim abria. "Romper com o sagrado, ou melhor, romper o sagrado, pode generalizar-se. Não é uma nova revolução que se avizinha, mas, poderoso, orgulhoso, sem respeito, sem vergonha, sem consciência, um crime não cresce com o trovão no horizonte, e não vês que o céu, carregado de pressentimentos, se escurece e se cala?" Sente-se aqui a sombria alegria daqueles que fazem nascer apocalipses em um casebre. Nada mais pode refrear essa lógica amarga e imperiosa, a não ser um eu que se insurge contra todas as abstrações, ele mesmo tornado abstrato e inominável à força de ser sequestrado e cortado de suas raízes. Não há mais crimes nem erros; por conseguinte, não há mais pecadores. Somos todos perfeitos. Já que cada eu é em si mesmo intrinsecamente criminoso em relação ao Estado e ao povo, saibamos reconhecer que viver é transgredir. A menos que se aceite matar, para ser único. "Você, que nada profana, não tem a grandeza de um criminoso." Ainda tímido, Stirner afirma em outro lugar: "Matá-los, não martirizá-los."

Mas decretar a legitimidade do assassinato é decretar a mobilização e a guerra dos Únicos. O assassinato coincidirá dessa forma com uma espécie de suicídio coletivo. Stirner, que não o confessa ou não vê isso, não recuará, entretanto, diante de nenhuma destruição. O espírito de revolta encontra, enfim, uma de suas satisfações mais amargas no caos. "Nós te (a nação alemã) jogaremos ao chão. Logo se seguirão tuas irmãs, as nações; quando todas tiverem partido no teu rastro, a humanidade será enterrada, e sobre o seu túmulo, Eu, enfim meu único senhor, Eu, o seu herdeiro, vou rir." Assim, sobre os escombros do mundo, o riso desolado do indivíduo-rei ilustra a vitória última do espírito de revolta. Mas, neste extremo, nada mais é possível, a não ser a morte ou a ressurreição. Stirner e, com ele, todos os revoltados niilistas correm para os confins, bêbados de destruição. Depois, quando se descobre o deserto, é preciso aprender a subsistir nele. Começa a busca extenuante de Nietzsche.

Nietzsche e o Niilismo

"Negamos Deus, negamos a responsabilidade de Deus, somente assim libertaremos o mundo." Com Nietzsche, o niilismo parece tornar-se profético. Mas nada podemos concluir de Nietzsche, a não ser a crueldade rasteira e medíocre que ele detestava com todas as suas forças, enquanto não se colocar no primeiro plano de sua obra o clínico em vez do profeta. O caráter provisório, metódico, estratégico, em suma, de seu pensamento não pode ser questionado. Com Nietzsche, o niilismo torna-se pela primeira vez consciente. Os cirurgiões têm em comum com os profetas o fato de pensarem e operarem em função do futuro. Nietzsche só pensou em função de um apocalipse vindouro, não para exaltá-lo, pois ele adivinhava a face sórdida e calculista que esse apocalipse acabaria assumindo, mas para evitá-lo e transformá-lo em renascimento. Ele reconheceu o niilismo e examinou-o como fato clínico. Dizia-se o primeiro niilista realizado da Europa. Não por gosto, mas pela condição, e porque era grande demais para recusar o legado de sua época. Diagnosticou em si mesmo, e nos outros, a impotência de acreditar e o desaparecimento do fundamento primitivo de toda fé, ou seja, a crença na vida. No seu caso, o "pode-se viver revoltado?" transformou-se no "pode-se viver sem acreditar em nada?". Sua resposta é afirmativa. Sim, se se fizer da ausência de fé um método, se se levar o niilismo até suas últimas consequências e se, desembocando num deserto e, confiando no que vai vir, sentir-se, com o mesmo movimento primitivo, a dor e a alegria.

Em vez da dúvida metódica, ele praticou a negação metódica, a destruição aplicada de tudo aquilo que ainda esconde o niilismo de si próprio, dos ídolos que escamoteiam a morte de Deus. "Para erigir um santuário novo, é preciso demolir um santuário, esta é a lei." Aquele que quiser ser criador no bem e no mal deve, segundo ele, em primeiro lugar destruir os valores. "Assim, o mal supremo faz parte do bem supremo, mas o bem supremo é criador." À sua maneira, ele escreveu o *Discurso do método* de sua época, sem a liberdade e a exatidão desse século XVII francês que tanto admirava, mas com a louca lucidez que caracteriza o século XX, século do gênio, segundo ele. Cabe-nos examinar esse método da revolta.[16]

A primeira providência de Nietzsche é aceitar aquilo que conhece. Para ele, o ateísmo é evidente, ele é "construtivo e

---

16. É, evidentemente, a última parte da filosofia de Nietzsche, de 1880 até o seu colapso, que nos ocupará aqui. Este capítulo pode ser considerado como um comentário a *Vontade de poder*.

radical". A vocação superior de Nietzsche, se acreditamos nele, é provocar uma espécie de crise e de parada decisiva no problema do ateísmo. O mundo marcha ao acaso, ele não tem finalidade. Logo, Deus é inútil, já que ele nada quer. Se quisesse alguma coisa, e aqui se reconhece a formulação tradicional do problema do mal, ser-lhe-ia necessário assumir "uma soma de dor e de ilogismo que diminuiria o valor total do devir". Sabe-se que Nietzsche invejava publicamente Stendhal pela fórmula: "a única desculpa de Deus é que ele não existe". Privado da vontade divina, o mundo fica igualmente privado de unidade e de finalidade. É por isso que o mundo não pode ser julgado. Todo juízo de valor emitido sobre o mundo leva finalmente à calúnia da vida. Julga-se apenas aquilo que é, em relação ao que deveria ser – reino do céu, ideias eternas ou imperativo moral. Mas o que devia ser não existe; este mundo não pode ser julgado em nome de nada. "As vantagens deste tempo: nada é verdadeiro, tudo é permitido." Essas fórmulas, que se repercutem em milhares de outras fórmulas, suntuosas ou irônicas, são suficientes em todo caso para demonstrar que Nietzsche aceita o fardo inteiro do niilismo e da revolta. Em suas considerações, aliás pueris, sobre "adestramento e seleção", ele chegou até a formular a lógica extrema do raciocínio niilista: "Problema: por que meios se obteria uma fórmula rigorosa de niilismo completo e contagioso, que ensinaria e praticaria com um conhecimento inteiramente científico a morte voluntária?"

Mas Nietzsche recruta para a causa do niilismo os valores que tradicionalmente foram considerados como freios do niilismo. Principalmente a moral. A conduta moral, tal como exposta por Sócrates ou tal como a recomenda o cristianismo, é em si mesma um sinal de decadência. Ela quer substituir o homem de carne e osso por um reflexo de homem. Ela condena o universo das paixões e dos gritos em nome de um mundo harmonioso, totalmente imaginário. Se o niilismo é a incapacidade de acreditar, seu sintoma mais grave não se encontra no ateísmo, mas na incapacidade de acreditar no que existe, de ver o que se faz, de viver o que é oferecido. Esta deformação está na base de todo idealismo. A moral não tem fé no mundo. Para Nietzsche, a verdadeira moral não se separa da lucidez. Ele é severo com os "caluniadores do mundo", porque consegue distinguir, nessa calúnia, o gosto vergonhoso pela evasão. Para ele, a moral tradicional nada mais é do que um caso especial de imoralidade. Diz ele: "É o bem que tem necessidade de ser justificado." E mais: "Será por motivos morais que um dia se deixará de fazer o bem."

A filosofia de Nietzsche gira certamente em torno do problema da revolta. Ela começa justamente por ser uma revolta. Mas sente-se o deslocamento operado por Nietzsche. Com ele, a revolta parte do "Deus está morto", que ela considera fato consumado; volta-se em seguida contra tudo aquilo que visa substituir falsamente a divindade desaparecida e desonra um mundo, certamente sem direção, mas que continua a ser o único crisol dos deuses. Contrariamente ao que pensam alguns de seus críticos cristãos, Nietzsche não meditou o projeto de matar Deus. Ele o encontrou morto na alma de seu tempo. Foi o primeiro a compreender a dimensão do acontecimento, decidindo que essa revolta do homem não podia conduzir a um renascimento se não fosse dirigida. Qualquer outra atitude em relação a ela, quer fosse o remorso, quer a complacência, devia levar ao apocalipse. Nietzsche, portanto, não formulou uma filosofia da revolta, mas construiu uma filosofia sobre a revolta.

Se ele ataca particularmente o cristianismo, visa apenas à sua moral. Por um lado, deixa sempre intacta a pessoa de Jesus e, por outro, os aspectos cínicos da Igreja. Sabe-se que ele admirava, como conhecedor, os jesuítas. "No fundo", escreveu, "só o Deus moral é refutado."[17] Para Nietzsche, como para Tolstói, o Cristo não é um revoltado. O essencial de sua doutrina resume-se no consentimento total, na não resistência ao mal. Não é preciso matar, mesmo para impedir que se mate. É preciso aceitar o mundo tal como ele é, recusar-se a aumentar a sua desventura, mas consentir em sofrer pessoalmente o mal que ele contém. O reino dos céus está imediatamente ao nosso alcance. Ele nada mais é do que uma disposição interior que nos permite colocar os nossos atos em contato com esses princípios e que nos pode dar a beatitude imediata. Não a fé, mas as obras, eis, segundo Nietzsche, a mensagem do Cristo. Depois disso, a história do cristianismo não foi mais do que uma longa traição dessa mensagem. O Novo Testamento já se acha corrompido, e, de Paulo aos Concílios, a subserviência à fé fez esquecer as obras.

Qual é a corrupção profunda que o cristianismo acrescenta à mensagem de seu senhor? A ideia do julgamento, estranha aos ensinamentos do Cristo, e as noções correlativas de castigo e de recompensa. A partir desse instante, a natureza torna-se história, e história significativa: nasce a ideia da totalidade humana. Da boa-nova ao juízo final, a humanidade não tem outra tarefa senão conformar-se com

---

17. "Vocês dizem que é a decomposição espontânea de Deus, mas nada mais é do que uma muda serpente; ele despoja-se de sua epiderme moral. E vocês o verão reaparecer, acima do Bem e do Mal."

os fins expressamente morais de um relato escrito por antecipação. A única diferença é que os personagens, no epílogo, dividem-se a si próprios em bons e maus. Enquanto o único julgamento do Cristo consiste em dizer que os pecados da natureza não têm importância, o cristianismo histórico fará de toda a natureza a fonte do pecado. "Que nega o Cristo? Tudo o que no momento leva o nome de cristão." O cristianismo acredita lutar contra o niilismo, porque ele dá um rumo ao mundo, enquanto ele mesmo é niilista na medida em que ao impor um sentido imaginário à vida impede que se descubra o seu verdadeiro sentido: "Toda igreja é uma pedra que se coloca no túmulo do homem-deus; ela tenta evitar sua ressurreição à força." A conclusão paradoxal, mas significativa, de Nietzsche é que Deus morreu por causa do cristianismo, na medida em que este secularizou o sagrado. É preciso entender aqui o cristianismo histórico e a "sua duplicidade profunda e desprezível".

O mesmo raciocínio faz com que Nietzsche se insurja contra o socialismo e todas as formas de humanitarismo. O socialismo nada mais é do que um cristianismo degenerado. Na verdade, ele mantém essa crença na finalidade da história, que trai a vida e a natureza, que substitui fins ideais por fins reais e contribui para irritar tanto a vontade quanto a imaginação. O socialismo é niilista, no sentido preciso que Nietzsche passa a conferir a essa palavra. O niilista não é aquele que não crê em nada, mas o que não crê no que existe. Neste sentido, todas as formas de socialismo são manifestações ainda degradadas da decadência cristã. Para o cristianismo, recompensa e castigo implicavam uma história. Mas, por uma lógica inevitável, a história inteira acaba significando recompensa e castigo: a partir desse dia, nasceu o messianismo coletivista. Da mesma forma, a igualdade das almas diante de Deus, já que Deus está morto, leva simplesmente à igualdade. Também nisso Nietzsche combate as doutrinas socialistas como doutrinas morais. O niilismo, quer se manifeste na religião, quer na pregação socialista, é o fim lógico de nossos chamados valores superiores. O espírito livre destruirá tais valores ao denunciar as ilusões sobre as quais repousam, a barganha que implicam e o crime que cometem ao impedir que a inteligência lúcida realize a sua missão: transformar o niilismo passivo em niilismo ativo.

Neste mundo liberado de Deus e das ideias morais, o homem se acha atualmente sozinho e sem senhor. Ninguém menos que Nietzsche, e nisso ele se distingue dos românticos, deixou acreditar que uma tal liberdade pudesse ser fácil. Essa selvagem liberação colocava-o entre aqueles a respeito de quem ele próprio dissera sofrerem de uma nova desventura e de uma nova felicidade. Mas, para começar, é a própria desventura que clama: "Pobre de mim, concedam-me então a loucura... Ao colocar-me acima da lei sou o mais rechaçado dos rechaçados." Quem não consegue manter-se acima da lei precisa, na verdade, encontrar uma outra lei ou a demência. A partir do momento em que o homem não acredita mais em Deus nem na vida imortal, ele se torna "responsável por tudo aquilo que vive, por tudo que, nascido da dor, está fadado a sofrer na vida". É a si próprio, e somente a si próprio, que cabe encontrar a ordem e a lei. Começam então o tempo dos rechaçados, a busca extenuante da justificação, a nostalgia sem objetivo, "a pergunta mais dolorosa, mais dilacerante, a do coração que se indaga: onde poderei sentir-me em casa?".

Por ser um espírito livre, Nietzsche sabia que a liberdade do espírito não é um conforto, mas uma grandeza que se quer e obtém, uma vez ou outra, com uma luta extenuante. Ele sabia que, quando se quer ficar acima da lei, se corre o grande risco de se achar abaixo dessa lei. Compreendeu por isso que o espírito só encontrava a sua verdadeira emancipação na aceitação de novos deveres. O essencial de sua descoberta consiste em dizer que, se a lei eterna não é a liberdade, a ausência de lei o é ainda menos. Se nada é verdadeiro, se o mundo não tem regras, nada é proibido: para proibir uma ação, é efetivamente preciso que haja um valor e um objetivo. Ao mesmo tempo, nada é permitido: são igualmente necessários um valor e um objetivo para escolher uma outra ação. O predomínio absoluto da lei não é a liberdade, mas também não o é a disponibilidade absoluta. Todos os possíveis somados não dão a liberdade, mas o impossível é escravidão. O próprio caos também é uma servidão. Só há liberdade em um mundo onde o que é possível e o que não o é se acham simultaneamente definidos. Sem lei, não há liberdade. Se o destino não for orientado por um valor superior, se o acaso é rei, eis a marcha para as trevas, a terrível liberdade dos cegos. Ao termo da maior liberação, Nietzsche acaba por escolher a dependência total. "Se não fizermos da morte de Deus uma grande renúncia e uma perpétua vitória sobre nós mesmos, teremos que pagar por essa perda." Em outras palavras, com Nietzsche a revolta desemboca na ascese. Uma lógica mais profunda substitui, então, o "se nada é verdadeiro, tudo é permitido" de Karamazov por um "se nada é verdadeiro, nada é permitido". Negar que uma única coisa seja proibida neste mundo é o mesmo que renunciar ao que é permitido. Quando já não se consegue dizer o que é preto e o que é branco, a luz se apaga e a liberdade torna-se uma prisão voluntária.

Pode-se dizer que Nietzsche se atira, com uma espécie de alegria terrível, ao impasse ao qual ele leva metodicamente o seu niilismo. Seu objetivo confesso é tornar insustentável a situação de seus contemporâneos. Para ele, a única esperança parece ser chegar ao extremo da contradição. Se o homem não quiser perecer nas dificuldades que o sufocam, será preciso que as desfaça de um só golpe, criando os seus próprios valores. A morte de Deus não dá nada por terminado e só pode ser vivida com a condição de preparar uma ressurreição. "Quando não se encontra a grandeza em Deus", diz Nietzsche, "ela não é encontrada em lugar algum; é preciso negá-la ou criá-la." Negá-la era a tarefa do mundo que o cercava e que ele via correr para o suicídio. Criá-la foi a tarefa sobre-humana pela qual se dispôs a morrer. Ele sabia, na verdade, que a criação só é possível no extremo da solidão e que o homem só se empenharia nesse vertiginoso esforço, se, na mais extrema miséria do espírito, tivesse que consentir nesse gesto ou morrer. Nietzsche lhe grita então que a terra é a sua única verdade, à qual é preciso ser fiel, na qual é preciso viver e buscar a sua salvação. Mas ensina-lhe, ao mesmo tempo, que é impossível viver em uma terra sem lei, porque viver supõe justamente uma lei. Como viver livre e sem lei? O homem deve, sob pena de morte, responder a esse enigma.

Nietzsche pelo menos não se furta a isso. Ele responde e sua resposta está no risco: Dâmocles nunca dançou melhor do que sob a espada. É preciso aceitar o inaceitável e manter-se no insustentável. A partir do momento em que se reconhece que o mundo não persegue nenhum fim, Nietzsche propõe-se a admitir a sua inocência, a afirmar que ele não aceita julgamentos, já que não se pode julgá-lo quanto a nenhuma intenção, substituindo, consequentemente, todos os juízos de valor por um único sim, uma adesão total e exaltada a este mundo. Dessa forma, do desespero absoluto brotará a alegria infinita; da servidão cega, a liberdade sem piedade. Ser livre é justamente abolir os fins. A inocência do devir, desde que se concorde com isso, representa o máximo de liberdade. O espírito livre ama o que é necessário. O pensamento profundo de Nietzsche é que a necessidade dos fenômenos, se é absoluta, sem fissuras, não implica nenhuma espécie de coerção. A adesão total a uma necessidade total — esta é a sua definição paradoxal de liberdade. A pergunta "livre de quê?" é substituída por "livre para quê?". A liberdade coincide com o heroísmo. Ela é o ascetismo do grande homem, "o arco mais esticado que existe".

Essa aprovação superior, nascida da abundância e da plenitude, é a afirmação sem restrições do próprio erro e do sofrimento, do mal e do assassinato, de tudo que a existência tem de problemático e de estranho. Ela nasce de uma vontade determinada de ser o que se é, em um mundo que seja o que ele é. "Considerar a si próprio como uma fatalidade não é fazer-se diferente do que se é..." A palavra é pronunciada. A ascese nietzschiana, partindo do reconhecimento da fatalidade, leva a uma divinização da fatalidade. Quanto mais implacável for o destino, mais digno de adoração ele se torna. O deus moral, a piedade, o amor são outros tantos inimigos da fatalidade que eles tentam compensar. Nietzsche não quer redenção. A alegria do devir é a alegria da aniquilação. Mas só o indivíduo é destroçado. O movimento de revolta, no qual o homem reivindicava o seu próprio ser, desaparece na submissão absoluta do indivíduo ao devir. O *amor fati* substitui o que era um *odium fati*. "Todo indivíduo colabora com todo o ser cósmico, quer se saiba ou não disso, quer se queira ou não." O indivíduo perde-se, assim, no destino da espécie e no eterno movimento dos mundos. "Tudo o que foi é eterno, o mar devolve-o à beira da praia."

Nietzsche retorna às origens do pensamento, aos pré-socráticos. Estes suprimiam as causas finais para deixar intacta a eternidade dos princípios que eles imaginavam. Só é eterna a força sem objetivo, o "jogo" de Heráclito. Todo o esforço de Nietzsche é no sentido de demonstrar a presença das leis no devir e do jogo na necessidade: "A criança é inocência e esquecimento, um recomeço, um jogo, uma roda que gira por si só, um primeiro movimento, o dom sagrado de dizer sim." O mundo é divino porque é fortuito. Por isso, só a arte, por ser igualmente fortuita, é capaz de entendê-lo. Nenhum julgamento explica o mundo, mas a arte pode nos ensinar a reproduzi-lo, assim como o mundo se reproduz ao longo dos retornos eternos. Na mesma beira de praia, o mar primordial repete incansavelmente as mesmas palavras e rejeita os mesmos seres espantados com a vida. Mas aquele que pelo menos consente em seu próprio retorno e no retorno de todas as coisas, que se faz eco e eco exaltado, participa da divindade do mundo.

A divindade do homem acaba se introduzindo por esse viés. O revoltado que, no princípio, nega Deus, visa em seguida substituí-lo. Mas a mensagem de Nietzsche é que o revoltado só se torna Deus ao renunciar a toda revolta, mesmo à que produz os deuses para corrigir este mundo. "Se existe um Deus, como suportar o fato de não sê-lo?" Há, na verdade, um Deus, que é o mundo. Para participar de sua divindade, basta dizer sim. "Não rezar mais, mas dar a bênção", e a terra se cobrirá de homens-deuses. Dizer sim ao mundo, reproduzi-lo, é ao mesmo tempo recriar o mundo e a si próprio, é tornar-se o grande artista, o criador. A mensagem de Nietzsche resume-se na palavra criação, com o sentido ambíguo que ela assumiu. Nietzsche só exaltou o egoísmo e a insensibilidade próprios de todo criador. A transmutação dos valores consiste somente em substituir o valor do juiz pelo do criador: o respeito e a paixão pelo que existe. A divindade sem imortalidade define a liberdade do criador. Dionísio, deus da terra, urra eternamente no desmembramento. Mas ele representa ao mesmo tempo essa beleza perturbada que coincide com a dor. Nietzsche pensou que dizer sim à terra e a Dionísio era dizer sim a seus próprios sofrimentos. Tudo aceitar, a suprema contradição e a dor ao mesmo tempo, era reinar sobre tudo. Nietzsche aceitava pagar o preço por esse reino. Só a "terra séria e doente" é verdadeira. Só ela é divindade. Da mesma forma que Empédocles, que se atirava no Etna para ir buscar a verdade onde ela está, nas entranhas da terra, Nietzsche propunha ao homem mergulhar no cosmos, a fim de reencontrar a sua divindade eterna e tornar-se ele próprio Dionísio. *Vontade de poder* termina, assim como os *Pensamentos* de Pascal, que tanto nos relembra, com uma aposta. O homem não obtém ainda a certeza, mas apenas a vontade de certeza, o que não é a mesma coisa. De modo idêntico, Nietzsche hesitava nesse extremo: "Eis o que é imperdoável em ti. Tens os poderes e te recusas a assinar." Logo, ele teve que assinar. Mas o nome de Dionísio só imortalizou os bilhetes a Ariane, que ele escreveu quando ficou louco.

Em certo sentido, a revolta em Nietzsche levou ainda à exaltação do mal. A diferença é que o mal já não é uma vingança. Ele é aceito como um dos aspectos possíveis do bem e, com muito mais convicção, como uma fatalidade. Portanto, ele é considerado como algo ultrapassado e, por assim dizer, como um remédio. Na mente de Nietzsche tratava-se apenas do consentimento orgulhoso da alma diante do inevitável. No entanto, conhecem-se a sua posteridade e o tipo de política que ia ser autorizado pelo homem que se dizia o último alemão antipolítico. Ele imaginava tiranos artistas. Mas a tirania é mais natural do que a arte para os medíocres. "Antes César Bórgia que Parsifal", exclamava ele. Ele teve ambos, César e Bórgia, mas privados da aristocracia do coração que ele atribuía aos grandes homens do Renascimento. Ao pedir que o indivíduo se inclinasse diante da eternidade da espécie e mergulhasse no grande ciclo do tempo, fizeram da raça uma particularidade da espécie e obrigaram o indivíduo a curvar-se diante desse deus sórdido. A vida, da qual falava com temor e tremor, foi degradada a uma biologia para uso doméstico. Uma raça de senhores incultos, ainda balbuciando a vontade de poder, encarregou-se, então, da "deformidade antissemita", que ele nunca deixou de desprezar.

Ele tinha acreditado na coragem unida à inteligência, e foi a isso que chamou de força. Em seu nome, colocou-se a coragem contra a inteligência, e essa virtude que foi realmente a dele transformou-se no seu contrário: a violência cega. Ele tinha confundido liberdade com solidão, de acordo com a lei de um espírito altivo. Sua "solidão profunda do meio-dia e da meia-noite" perdeu-se, entretanto, nas multidões mecanizadas que finalmente se multiplicaram na Europa. Partidário do gosto clássico, da ironia, da impertinência frugal, aristocrata que soube dizer que a aristocracia consiste em praticar a virtude sem se perguntar por quê, e que se deve duvidar de um homem que tivesse necessidade de razões para ser honesto, obcecado pela integridade ("essa integridade que se tornou um instinto, uma paixão"), servidor obstinado dessa "equidade suprema da suprema inteligência, que tem como inimigo mortal o fanatismo", trinta e três anos após a sua morte foi considerado por seu próprio país um professor da mentira e da violência, tornando detestáveis as noções e virtudes que o seu sacrifício tornara admiráveis. Na história da inteligência, com exceção de Marx, a aventura de Nietzsche não tem equivalente; jamais conseguiremos reparar a injustiça que lhe foi feita. Sem dúvida, conhecem-se filosofias que foram traduzidas, e traídas, no decurso da história. Mas, até Nietzsche e o nacional-socialismo, não havia exemplo de que todo um pensamento, iluminado pela nobreza e pelo sofrimento de uma alma excepcional, tivesse sido ilustrado aos olhos do mundo por um desfile de mentiras e pelo terrível amontoado de cadáveres dos campos de concentração.

A doutrina do super-homem levando à fabricação metódica de sub-homens, eis o fato que deve, sem dúvida, ser denunciado, mas que também exige uma interpretação. Se o fim último do grande movimento de revolta dos séculos XIX e XX devia ser o jugo impiedoso, não seria então necessário dar as costas à revolta e retomar o grito desesperado de Nietzsche em sua época: "Minha consciência e a sua não são mais a mesma consciência."?

Reconheçamos em primeiro lugar que será sempre impossível confundir Nietzsche com Rosenberg. Devemos ser advogados de defesa de Nietzsche. Ele próprio o afirmou, ao denunciar, antecipadamente, a sua descendência impura: "aquele que liberou o espírito deve ainda purificar-se". Mas a questão é descobrir se a liberação do espírito, tal como a concebia, não excluía a purificação. O próprio movimento que culminou com Nietzsche, e que o sustenta, tem as suas leis e a sua lógica, que talvez expliquem a sangrenta desfiguração que se infligiu à sua filosofia. Não haverá nada em sua obra que possa ser utilizado no sentido do assassinato definitivo? Os matadores, desde que negassem o espírito em favor da letra, e até mesmo aquilo que na letra continua sendo espírito, não poderiam encontrar os seus pretextos em Nietzsche? A resposta deve ser sim. A partir do momento em que se negligencia o aspecto metódico do pensamento nietzschiano (e não é certo que ele mesmo o tenha sempre observado), a sua lógica revoltada não conhece mais limites.

Deve-se observar, da mesma forma, que não é na recusa nietzschiana dos ídolos que o assassinato encontra sua justificação, mas na adesão apaixonada que coroa a obra de Nietzsche. Tudo aceitar pressupõe aceitar o assassinato. Aliás, há dois modos de consentir no assassinato. Se o escravo diz sim a tudo, ele aceita a existência do senhor e do seu próprio sofrimento; Jesus ensina a não resistência. Se o senhor diz sim a tudo, ele consente na escravidão e no sofrimento dos outros; eis o tirano e a glorificação do assassinato. "Não é ridículo acreditar em uma lei sagrada, inquebrantável, não mentirás, não matarás, em uma existência cuja característica é a mentira perpétua, o assassinato perpétuo?" Certamente, e a revolta metafísica em seu primeiro movimento era apenas o protesto contra a mentira e o crime da existência. O sim nietzschiano, esquecido do não original, renega a própria revolta, ao mesmo tempo em que renega a moral que se recusa a aceitar o mundo como ele é. Nietzsche clamava por um César romano com a alma do Cristo. Em sua mente, isso era, ao mesmo tempo, dizer sim ao escravo e ao senhor. Mas, afinal, dizer sim a ambos significa tornar sagrado o mais forte dos dois, isto é, o senhor. César devia fatalmente renunciar à dominação do espírito a fim de escolher o reino do fato. "Como tirar partido do crime?", indagava-se Nietzsche, como bom professor fiel a seu método. O César devia responder: multiplicando-o. "Quando os fins são grandes", escreveu Nietzsche, em detrimento de si mesmo, "a humanidade usa uma outra medida e não julga o crime como tal, mesmo recorrendo aos meios mais terríveis." Nietzsche morreu em 1900, no início do século em que essa pretensão ia tornar-se mortal. Em vão exclamou na hora da lucidez: "É fácil falar de todas as espécies de atos imorais, mas teremos a força de suportá-los? Por exemplo, eu não conseguiria suportar faltar com a minha palavra ou matar; eu persistiria, mais ou menos tempo, mas morreria por isso, este seria o meu destino." A partir do instante em que era dado o assentimento à totalidade da experiência humana, podiam surgir outros que, longe de resistirem, se fortaleceriam na mentira e no assassinato. A responsabilidade de Nietzsche está no fato de ter legitimado, por motivos superiores de método, mesmo que por um instante, no meio do pensamento, esse direito à desonra, do qual Dostoievski já dizia que, se fosse oferecido aos homens, poder-se-ia estar sempre certo de vê-los correrem e a ele se lançarem. Mas a sua responsabilidade involuntária vai ainda mais longe.

Nietzsche é efetivamente o que ele reconhecia ser: a consciência mais aguda do niilismo. O passo decisivo que ele faz o espírito de revolta dar consiste em fazê-lo saltar da negação do ideal à secularização do ideal. Já que a salvação do homem não se realiza em Deus, ela deve fazer-se na terra. Já que o mundo não tem rumo, o homem, a partir do momento em que o aceita, deve dar-lhe um rumo, que culmine em um tipo superior de humanidade. Nietzsche reivindicava o rumo do futuro humano. "A tarefa de governar a terra vai derrotar-nos." E ainda: "Aproxima-se o tempo em que será necessário lutar pelo domínio da terra, e essa luta será travada em nome dos princípios filosóficos." Ele anunciava o século XX. Mas, se o anunciava, é que estava alertado para a lógica interior do niilismo e sabia que uma de suas consequências era o império. Por isso mesmo, ele preparava esse império.

Existe liberdade para o homem sem Deus, tal como imaginado por Nietzsche, isto é, o homem solitário. Há liberdade ao meio-dia, quando a roda do mundo para e o homem aceita tudo o que existe. Mas o que existe vem a ser. "É preciso dizer sim ao devir." A luz acaba passando, o eixo do dia declina. Então a história recomeça, e, na história, é preciso procurar a liberdade; é preciso dizer sim à história. O nietzschianismo, teoria da vontade de poder individual, estava condenado a inscrever-se numa vontade de poder total. Ele nada era sem o império do mundo. Sem dúvida, Nietzsche odiava os livres-pensadores e os humanitários. Ele utilizava a expressão "liberdade do espírito" em seu sentido mais extremo: a divindade do espírito individual. Mas ele não podia impedir que os livres-pensadores partissem do mesmo fato histórico que ele — a morte de Deus — e que as consequências fossem as mesmas. Nietzsche viu que o humanitarismo efetivamente nada mais era do que um cristianismo privado de justificação superior, que preservava as causas finais rejeitando a causa primeira. Mas ele não se deu conta de que as doutrinas de emancipação socialista, por uma lógica inevitável do niilismo, deviam tomar a cargo aquilo com que ele próprio havia sonhado — a super-humanidade.

A filosofia seculariza o ideal. Mas chegam os tiranos e logo secularizam as filosofias que lhes dão esse direito.

Nietzsche já tinha adivinhado essa colonização a propósito de Hegel, cuja originalidade, segundo ele, foi inventar um panteísmo, em que o mal, o erro e o sofrimento não poderiam mais servir de argumento contra a divindade. "Mas o Estado, os poderes estabelecidos se utilizaram imediatamente dessa iniciativa grandiosa." No entanto, ele próprio havia imaginado um sistema em que o crime não podia mais servir de argumento contra nada e cujo único valor residia na divindade do homem. Essa iniciativa grandiosa exigia também ser utilizada. A esse respeito, o nacional-socialismo é apenas um herdeiro transitório, a decorrência irada e espetacular do niilismo. De outro modo, lógicos e ambiciosos serão todos aqueles que, corrigindo Nietzsche com a ajuda de Marx, escolherão dizer sim apenas à história, e não mais à criação como um todo. O rebelde que Nietzsche fazia ajoelhar-se diante do cosmos passará a ajoelhar-se diante da história. Que há de espantoso nisso? Nietzsche, pelo menos em sua teoria da super-humanidade, e antes dele Marx, com a sua sociedade sem classes, substituem ambos o além pelo mais tarde. Nisso, Nietzsche traía os gregos e os ensinamentos de Jesus, que, segundo ele, substituíam o além pelo imediatamente. Marx, assim como Nietzsche, pensava em termos estratégicos e, como Nietzsche, odiava a virtude formal. Ambas as revoltas, que acabam igualmente pela adesão a um certo aspecto da realidade, vão fundir-se no marxismo-leninismo, encarnando-se na casta, da qual Nietzsche já falava, que devia "substituir o padre, o educador, o médico". A diferença essencial é que Nietzsche, enquanto esperava pelo super-homem, propunha-se a dizer sim a tudo o que existe, e Marx, a tudo o que vem a ser. Para Marx, a natureza é aquilo que se subjuga para obedecer à história;

para Nietzsche, aquilo a que se obedece para subjugar a história. É a diferença entre o cristão e o grego. Nietzsche, ao menos, previu o que ia acontecer: "O socialismo moderno tende a criar uma forma de jesuitismo secular, a tornar todos os homens instrumentos"; e ainda: "Aquilo que se deseja é o bem-estar... Em decorrência, caminha-se rumo a uma escravidão espiritual como nunca se viu antes... O cesarismo intelectual paira acima de toda a atividade dos homens de negócio e dos filósofos." Colocada no crisol da filosofia nietzschiana, a revolta, em sua loucura de liberdade, culmina no cesarismo biológico ou histórico. O não absoluto levara Stirner a divinizar simultaneamente o crime e o indivíduo. Mas o sim absoluto acaba universalizando o assassinato e o próprio homem ao mesmo tempo. O marxismo-leninismo realmente aceitou o ônus da vontade de Nietzsche, mediante o desconhecimento de algumas virtudes nietzschianas. O grande rebelde cria, então, com as próprias mãos, para nele se confinar, o reino implacável da necessidade. Tendo escapado da prisão de Deus, sua primeira preocupação será a de construir a prisão da história e da razão, completando assim o escamoteamento e a consagração desse niilismo que Nietzsche pretendeu dominar.

A POESIA REVOLTADA

Se a revolta metafísica recusa o sim, limitando-se a negar de modo absoluto, ela se destina a parecer. Se cai na adoração do que existe, renunciando a contestar uma parte da realidade, obriga-se mais cedo ou mais tarde a agir. Entre um e outro, Ivan Karamazov representa, mas num sentido doloroso, o *laisser-faire*. A poesia revoltada, no fim do século XIX e no início do século XX, oscilou constantemente entre estes dois extremos: a literatura e a vontade de poder, o irracional e o racional, o sonho desesperado e a ação implacável. Por uma última vez, esses poetas, e sobretudo os surrealistas, iluminam para nós o caminho que vai do parecer ao agir, através de um atalho espetacular.

Hawthorne chegou a escrever sobre Melville que, incrédulo, não sabia ficar à vontade na descrença. Da mesma forma, é possível dizer sobre esses poetas que investem contra os céus que, ao desejarem tudo demolir, afirmaram ao mesmo tempo sua nostalgia desesperada por uma ordem. Por uma contradição última, eles quiseram extrair razão da desrazão e fazer do irracional um método. Esses grandes herdeiros do romantismo pretenderam tornar a poesia exemplar e encontrar, no que ela tinha de mais dilacerante, a verdadeira vida. Divinizaram a blasfêmia e transformaram a poesia em experiência e meio de ação. Até então, na verdade, aqueles que tinham pretendido influenciar os acontecimentos e os homens, pelo menos no Ocidente, tinham feito isso em nome de regras racionais. O surrealismo, pelo contrário, depois de Rimbaud, quis encontrar na demência e na subversão regras de construção. Rimbaud, através de sua obra e somente através dela, tinha apontado o caminho, mas da maneira fulgurante com que o relâmpago ilumina a beira de um caminho. O surrealismo abriu esse caminho e codificou o seu balizamento. Tanto por suas exorbitâncias quanto por seus recuos, ele deu a última e suntuosa expressão a uma teoria prática da revolta irracional, no próprio momento em que, por outros caminhos, o pensamento revoltado criava o culto da razão absoluta. Seus inspiradores, Lautréamont e Rimbaud, nos ensinam em todo caso por que vias o desejo irracional de parecer pode levar o revoltado às formas mais liberticidas da ação.

Lautréamont e a Banalidade

Lautréamont demonstra que o desejo de parecer fica também escamoteado, no caso do revoltado, pela vontade de banalidade. Em ambos os casos, crescendo ou se rebaixando, o revoltado quer ser algo que não é, mesmo quando se tenha insurgido, para ser reconhecido em seu verdadeiro ser. As blasfêmias e o conformismo de Lautréamont ilustram igualmente essa infeliz contradição que no seu caso resolve-se na vontade de não ser nada. Longe de haver nisso palinódia, como geralmente se pensa, a mesma fúria de aniquilação explica o apelo de Maldoror à grande noite primitiva e as banalidades laboriosas das *Poésies*.

Com Lautréamont, compreende-se que a revolta é adolescente. Nossos grandes terroristas da bomba e da poesia mal saem da infância. Os *Chants de Maldoror* (*Cantos de Maldoror*) são obra de um estudante quase genial; o seu aspecto patético surge justamente das contradições de um coração de criança voltado contra a criação e contra si mesmo. Como o Rimbaud das *Illuminations* (*Iluminações*), lançado contra os limites do mundo, o poeta prefere ficar com o apocalipse e a destruição a aceitar a regra impossível que o faz ser o que é, num mundo como ele é.

"Apresento-me para defender o homem", diz Lautréamont, sem simplicidade. Maldoror será, então, o anjo da piedade? Sim, de certa forma, ao ter piedade de si mesmo. Por quê? Isso ainda está para ser descoberto. Mas a piedade desiludida, ultrajada, inconfessável e inconfessa, levá-lo-á a extremos singulares. Maldoror, segundo os seus próprios termos, aceitou a vida como uma ferida, proibindo o suicídio de curar a cicatriz (*sic*). Como Rimbaud, ele é aquele que sofre e que se revoltou; mas, ao recuar misteriosamente para não ter que dizer que se revolta contra o que ele é, ele antecipa o eterno álibi do revoltado: o amor pela humanidade.

Simplesmente, aquele que se apresenta para defender o homem escreve ao mesmo tempo: "Mostre-me um homem que seja bom." Esse movimento perpétuo é o da revolta niilista. Revoltamo-nos contra a injustiça feita a nós mesmos e à humanidade. Mas, no instante de lucidez em que se percebe simultaneamente a legitimidade dessa revolta e sua impotência, o furor da negação acaba por se estender justamente àquilo que se pretendia defender. Não conseguindo reparar a injustiça pela edificação da justiça, prefere-se, pelo menos, afogá-la em uma injustiça ainda mais generalizada, que finalmente se confunde com a aniquilação. "O mal que você me fez é grande demais, e é grande demais o mal que eu lhe fiz para que seja voluntário." Para não se detestar a si próprio, seria necessário declarar-se inocente, audácia sempre impossível ao homem só; seu impedimento é que ele se conhece. Pode-se, pelo menos, declarar que todos são inocentes, embora sejam tratados como culpados. Neste caso, Deus é o criminoso.

Dos românticos a Lautréamont, não há, portanto, progressos reais, a não ser na inflexão. Lautréamont ressuscita uma vez mais, com alguns aperfeiçoamentos, a figura do Deus de Abraão e a imagem do rebelde luciferino. Ele coloca Deus "em um trono feito de excrementos humanos e de ouro", onde está sentado, "com um orgulho idiota, o corpo recoberto com uma mortalha feita de lençóis sujos, aquele que se autointitula o Criador". O horrível Eterno, "com cara de víbora", "o bandido esperto", que vemos "provocar incêndios em que morrem velhos e crianças", rola, bêbado, na sarjeta ou vai procurar no bordel prazeres ignóbeis. Deus não está morto, mas foi destronado. Diante da divindade derrotada, Maldoror é pintado como um cavaleiro convencional de manto negro. Ele é o Maldito. "Os olhos não devem testemunhar a feiura que o Ser supremo, com um sorriso de ódio poderoso, me concedeu." Ele tudo renegou, "pai, mãe, Providência, amor, ideal, a fim de só pensar em si próprio". Torturado pelo orgulho, esse herói tem todas as ilusões do dândi metafísico. "Um rosto mais do que humano, triste como o universo, belo como o suicídio." Da mesma forma, como o revoltado romântico, sem esperança na justiça divina, Maldoror tomará o partido do mal. Fazer sofrer e, com isso, sofrer, esse é o projeto. Os *Chants* são verdadeiras litanias do mal.

Nesse momento decisivo, não se defende mais a criatura. Muito pelo contrário, "atacar, por todos os meios, o homem, esse animal selvagem, e o criador..." — esse é o propósito anunciado nos *Chants*. Perturbado pelo pensamento de ter Deus como inimigo, embriagado com a poderosa solidão dos grandes criminosos ("só eu contra a humanidade"), Maldoror vai lançar-se contra a criação e o seu autor. Os *Chants* exaltam "a santidade do crime", anunciam uma série crescente de "crimes gloriosos", e a estrofe 20 do canto II inaugura até mesmo uma verdadeira pedagogia do crime e da violência.

Um ardor tão belo, nessa época, é convencional, não custa nada. A verdadeira originalidade de Lautréamont não reside nisso.[18] Os românticos sustentavam com precaução a oposição fatal entre a solidão humana e a indiferença divina, sendo expressões literárias dessa solidão o castelo isolado e o dândi. Mas a obra de Lautréamont fala de um drama mais profundo. Parece, efetivamente, que essa solidão lhe era insuportável e que, insurgindo-se contra a criação, ele tenha desejado destruir os seus limites. Longe de procurar reforçar o reino humano com torres armadas, ele quis confundir todos os reinos. Fez a criação remontar aos mares

---

18. Ela faz a diferença entre o canto I, publicado em separado, de um byronismo bastante banal, e os cantos seguintes, em que resplandece a retórica monstruosa. Maurice Blanchot observou a importância desse corte.

primitivos em que a moral perde o seu sentido ao mesmo tempo em que todos os problemas, entre os quais, segundo ele o mais assustador, o da imortalidade da alma. Ele não quis construir uma imagem espetacular do rebelde ou do dândi diante da criação, mas sim confundir o homem e o mundo na mesma aniquilação. Investiu contra a própria fronteira que separa o homem do universo. A liberdade total, a do crime em particular, implica a destruição das fronteiras humanas. Não basta lançar à execração todos os homens e a si próprio. É preciso ainda fazer o reino humano remontar ao nível dos reinos do instinto. Encontra-se em Lautréamont essa recusa da consciência racional, esse retorno ao elementar, que é uma das marcas das civilizações em revolta contra si mesmas. Não se trata mais de parecer, por um esforço obstinado da consciência, mas sim de não mais existir como consciência.

Todas as criaturas dos *Chants* são anfíbias, porque Maldoror recusa a terra e suas limitações. A flora é feita de algas e de sargaços. O castelo de Maldoror fica sobre as águas. Sua pátria é o velho oceano. O oceano, símbolo duplo, é simultaneamente o lugar de aniquilação e de reconciliação. Ele sacia a seu modo a intensa sede das almas fadadas ao desprezo por si mesmas e pelos outros, a sede de não mais existir. Os *Chants* seriam deste modo as nossas *Metamorfoses*, em que o sorriso antigo é substituído pelo riso de uma boca de contornos nítidos, imagem de um humor furioso e rosnante. Esse bestiário não consegue esconder todos os sentidos que se quis nele encontrar, mas revela, pelo menos, uma vontade de aniquilação que tem sua origem no âmago mais obscuro da revolta. O "emburreçam-se" pascaliano assume, com Lautréamont, um sentido literal. Parece que ele não conseguiu suportar a fria e implacável claridade em que é preciso durar para viver. "Minha subjetividade e um criador, isso é demais para um cérebro." Ele então resolveu reduzir a vida, e sua obra, ao fulgurante nado da sépia no meio de uma nuvem de tinta. O belo trecho em que Maldoror copula, em alto-mar, com a fêmea do tubarão, "uma cópula longa, casta e medonha", e sobretudo o relato significativo em que Maldoror, transformado em polvo, ataca o Criador são expressões claras de uma evasão fora das fronteiras do ser e de um atentado convulsivo contra as leis da natureza.

Aqueles que se veem banidos da pátria harmoniosa, na qual justiça e paixão finalmente se equilibram, preferem ainda a solidão aos reinos amargos em que as palavras não têm mais sentido, em que reinam a força e o instinto de criaturas cegas. Esse desafio é ao mesmo tempo uma mortificação. A luta com o anjo do canto II termina com a derrota e o apodrecimento do anjo. Céu e terra tornam a despencar nos abismos líquidos da vida primordial, com os quais se confundem. Dessa forma, o homem-tubarão dos *Chants* "só tinha conseguido a nova mudança das extremidades de seus braços e de suas pernas como castigo expiatório por algum crime desconhecido". Há com efeito um crime ou a ilusão de um crime (seria a homossexualidade?) nessa vida mal conhecida de Lautréamont. Nenhum leitor dos *Chants* pode deixar de pensar que falta a esse livro uma *Confissão de Stavroguin*.

Na falta de confissão, é preciso ver nas *Poésies* o redobramento dessa misteriosa vontade de expiação. O movimento próprio a certas formas de revolta, que consiste, como veremos, em restaurar a razão ao termo da aventura irracional, em reencontrar a ordem à força de desordem e em acorrentar-se voluntariamente com grilhões muito mais pesados do que aqueles de que se tentou libertar, desenha-se, nessa obra, com uma tal vontade de simplificação e um tal cinismo que é preciso efetivamente que essa conversão tenha um sentido. Aos *Chants* que exaltavam o não absoluto sucede-se uma teoria do sim absoluto; à revolta sem perdão, o conformismo sem nuances. Isso, na lucidez. A melhor explicação dos *Chants* nos é dada, na verdade, pelas *Poésies*. "O desespero, ao alimentar-se com os preconceitos dessas fantasmagorias, conduz os literatos inexoravelmente à abolição em massa das leis divinas e sociais, e à maldade teórica e prática." As *Poésies* denunciam também "a culpabilidade de um escritor que despenca pelas encostas do nada e despreza a si próprio com gritos alegres". Mas, para esse mal, elas só têm um remédio — o conformismo metafísico: "Se a poesia da dúvida chega, assim, a um tal ponto de desespero melancólico e de maldade teórica, é por ser radicalmente falsa, simplesmente pelo motivo de que nela se discutem os princípios, e os princípios não devem ser discutidos." (Carta a Darassé.) Essas belas razões resumem, portanto, a moral do menino de coro e do manual de instrução militar. Mas o conformismo pode ser furioso, e por isso mesmo insólito. Quando se exaltou a vitória da águia maléfica sobre o dragão da esperança, pode-se repetir obstinadamente que só se canta a esperança, pode-se escrever: "Com a minha voz e a minha pompa dos grandes dias, eu clamo por ti, ó esperança abençoada, para que venhas a meu lar deserto", mas é preciso ainda convencer. Consolar a humanidade, tratá-la como irmã, voltar a Confúcio, Buda, Sócrates, Jesus Cristo, "moralistas que percorriam as aldeias morrendo de fome" (o que é historicamente duvidoso), são ainda projetos do desespero. Dessa forma, no âmago do vício, a virtude e a vida organizada têm um cheiro de nostalgia. Isso porque Lautréamont recusa a oração e, para ele, o Cristo é apenas um moralista. O que ele propõe, ou melhor, o que ele se propõe é o agnosticismo e o cumprimento do dever. Um belo programa como esse implica, desgraçadamente, a resignação, a suavidade do entardecer, um coração sem amargura, uma reflexão tranquila. Lautréamont comove quando escreve subitamente: "Não conheço outra graça senão a de ter nascido." Mas já se adivinha o ranger de dentes quando ele acrescenta: "Um espírito imparcial a considera completa." Não há espírito imparcial diante da vida e da morte. O revoltado, com Lautréamont, foge para o deserto. Mas esse deserto do conformismo é tão lúgubre quanto Harrar. O gosto pelo absoluto esteriliza-o mais ainda, assim como o furor da aniquilação. Assim como Maldoror queria a revolta total, Lautréamont, pelas mesmas razões, exige a banalidade absoluta. O grito da consciência que ele procurava sufocar no oceano primitivo, confundir com os urros da fera, que, em outro momento, ele tentava distrair na adoração à matemática, ele agora quer sufocar na aplicação de um triste conformismo. O revoltado tenta, então, tornar-se surdo a esse apelo ao ser que jaz também no fundo de sua revolta. Trata-se de não mais existir, quer ao aceitar ser qualquer coisa, quer ao recusar-se a ser qualquer coisa.[19] Em ambos os casos, trata-se de uma convenção sonhadora. A banalidade também é uma atitude.

O conformismo é uma das tentações niilistas da revolta que domina uma grande parte de nossa história intelectual. Em todo caso, ela mostra como o revoltado que passa à ação,

---

19. Da mesma forma, Fantasio quer ser este burguês de passagem.

quando se esquece de suas origens, é tentado pelo maior dos conformismos. Ela explica, portanto, o século XX. Lautréamont, geralmente louvado como o bardo da revolta pura, anuncia, muito pelo contrário, o gosto pela subserviência intelectual que se dissemina pelo nosso mundo. As *Poésies* nada mais são do que o prefácio de um "livro futuro", e todos a sonhar com esse livro futuro, realização ideal da revolta literária. Mas ele está sendo escrito hoje, apesar de Lautréamont, em milhões de exemplares, por ordem dos gabinetes. O gênio, sem dúvida, não pode ser isolado da banalidade. Mas não se trata da banalidade dos outros; aquela que em vão nos propomos capturar e que por sua vez captura o criador, quando necessário, até com a ajuda da polícia. Trata-se, para o criador, de sua própria banalidade, toda ela ainda a ser criada. Cada gênio é ao mesmo tempo estranho e banal. Ele nada será se for apenas um ou outro. Deveremos nos lembrar disso no que se refere à revolta. Ela tem os seus dândis e os seus serviçais, mas não reconhece neles os seus filhos legítimos.

Surrealismo e Revolução

Aqui trataremos apenas de Rimbaud. A seu respeito, tudo foi dito, e mais até do que tudo, infelizmente. Vamos deixar claro, entretanto (porque isso se relaciona com o nosso assunto), que Rimbaud só foi o poeta da revolta em sua obra. Sua vida, longe de legitimar o mito que suscitou, ilustra apenas — uma leitura objetiva das cartas de Harrar pode comprová-lo — uma aceitação do pior niilismo possível. Rimbaud foi deificado por ter renunciado ao gênio que possuía, como se essa renúncia implicasse uma virtude sobre-humana. Embora isso desqualifique os álibis de nossos contemporâneos, é preciso dizer ao contrário que só o gênio implica uma virtude, não a renúncia ao gênio. A grandeza de Rimbaud não reside nos primeiros brados em Charleville nem no tráfico de Harrar. Ela irrompe no instante em que, ao dar à revolta a linguagem mais estranhamente justa que ela jamais recebeu, ele expressa simultaneamente o seu triunfo e a sua angústia, a vida ausente no mundo e o mundo inevitável, o apelo ao impossível e a realidade áspera a ser abraçada, a recusa da moral e a nostalgia irresistível do dever. Nesse momento em que, trazendo em si mesmo a iluminação e o inferno, insultando e saudando a beleza, ele faz de uma contradição irredutível um canto duplo e alternado, ele é o poeta da revolta, e o maior de todos. A ordem em que foram concebidas as suas duas grandes obras não tem importância. Houve de qualquer modo muito pouco tempo entre as duas concepções, e todo artista sabe, com a certeza absoluta que nasce da experiência de toda uma vida, que Rimbaud produziu a *Une saison en enfer* (*Uma estada no inferno*) e as *Illuminations* (*Iluminações*) ao mesmo tempo. Apesar de tê-las escrito uma após a outra, ele as sofreu no mesmo momento. Essa contradição, que o matava, era o seu verdadeiro gênio.

Mas onde está a virtude de quem se desvia da contradição, traindo o próprio gênio antes de tê-lo sofrido até o fim? O silêncio de Rimbaud não é para ele uma nova maneira de se revoltar. Pelo menos, não podemos mais afirmá-lo desde a publicação das cartas de Harrar. Sem dúvida, sua metamorfose é misteriosa. Mas também há mistério na banalidade que ocorre a essas brilhantes jovens que o casamento transforma em máquinas de moedas ou de crochê. O mito que se construiu em torno de Rimbaud supõe e afirma que nada mais era possível após a *Saison en enfer*. O que é impossível para o poeta coroado de dons, o criador inesgotável? Depois de *Moby Dick*, *O processo*, *Zaratustra*, *Os possuídos*, o que imaginar? Entretanto, depois destas, nascem ainda grandes obras, que ensinam e corrigem, que depõem a favor do que há de mais orgulhoso no homem e só terminam com a morte do criador. Quem não lamentaria essa obra maior do que a *Saison*, da qual uma desistência nos privou?

A Abissínia seria, ao menos, um convento, foi o Cristo quem calou a boca de Rimbaud? Esse Cristo seria então aquele que se pavoneia atualmente nos guichês dos bancos, a julgar pelas cartas em que o poeta maldito só fala em seu dinheiro, que ele deseja ver "bem aplicado" e "rendendo dividendos regulares".[20] Aquele que exultava nos suplícios, que havia ofendido Deus e a beleza, que se armava contra a justiça e a esperança, que se fortalecia no duro ambiente do crime, quer apenas casar-se com alguém que "tenha futuro". O mago, o vidente, o prisioneiro intratável, sobre o qual a prisão sempre volta a se fechar, o homem-rei da terra sem deuses, nunca deixa de carregar oito quilos de ouro em um cinto que lhe pesa no ventre e do qual se queixa, dizendo que provoca diarreia. Será esse o herói mítico que se propõe a tantos jovens, que não cospem no mundo, mas que morreriam de vergonha à simples ideia daquele cinto? Para sustentar o mito, é preciso ignorar essas cartas decisivas. Compreende-se

---

20. É justo observar que o tom dessas cartas pode ser explicado pelos seus destinatários. Mas nelas não se sente o esforço da mentira. Nem uma palavra pela qual o antigo Rimbaud se traísse.

que tenham sido tão pouco comentadas. São sacrílegas, como às vezes também o é a verdade. Grande e admirável poeta, o maior de seu tempo, oráculo fulgurante, eis o que é Rimbaud. Mas ele não é o homem-deus, o exemplo feroz, o monge da poesia que nos quiseram apresentar. O homem só voltou a encontrar sua grandeza no leito de hospital, na hora de um fim difícil, em que até mesmo a mediocridade da alma se torna comovente: "Como sou infeliz, como sou realmente infeliz... e tenho comigo dinheiro que nem mesmo posso vigiar!" Por sorte, o grito lancinante dessas horas desgraçadas devolve Rimbaud a essa parcela da medida comum que coincide involuntariamente com a grandeza: "Não, não... eu agora me revolto contra a morte!" O jovem Rimbaud ressuscita diante do abismo, e com ele a revolta desses tempos em que a imprecação contra a vida nada mais era do que o desespero da morte. É então que o traficante burguês se reúne ao adolescente torturado que amamos com tanto carinho. Eles se reúnem no terrível medo e na dor amarga em que finalmente se reencontram os homens que não souberam cortejar a felicidade. Só então começam a sua paixão e a sua verdade.

De resto, Harrar já se achava realmente anunciado na obra, mas sob a forma da abdicação final. "O melhor, um sono bem embriagado na praia." A fúria da aniquilação, própria de todo revoltado, assume a sua forma mais comum. O apocalipse do crime, tal como representado por Rimbaud no príncipe que mata incansavelmente os seus súditos, o longo desregramento são temas revoltados que os surrealistas irão reencontrar. Mas, finalmente, prevalece o desânimo niilista; a luta e o próprio crime cansam a sua alma esgotada. O vidente que, se ousamos dizer, bebia para não esquecer acaba encontrando na embriaguez o pesado sono que os nossos contemporâneos bem conhecem. Dorme-se, na praia ou em Áden. E aceita-se, não mais ativamente mas de modo passivo, a ordem do mundo, mesmo que essa ordem seja degradante. O silêncio de Rimbaud prepara também o caminho para o silêncio do Império, que paira acima de espíritos resignados a tudo, exceto à luta. Essa grande alma, de repente submissa ao dinheiro, anuncia outras exigências, a princípio desmesuradas, mas que depois irão colocar-se a serviço das polícias. Nada ser, eis o brado do espírito cansado de suas próprias revoltas. Trata-se então de um suicídio do espírito menos respeitável, afinal, do que o dos surrealistas e mais carregado de consequências. O próprio surrealismo, ao termo deste grande movimento de revolta, só é significativo porque tentou continuar o único Rimbaud que nos comove. Ao tirar da carta sobre o vidente, e do método que ela pressupõe, as regras de uma ascese revoltada, ele ilustra essa luta entre a vontade de ser e o desejo de aniquilação, entre o sim e o não, que reencontramos em todos os estágios da revolta. Por todas essas razões, em vez de repetir os comentários intermináveis que cercam a obra de Rimbaud, parece preferível voltar a encontrá-lo e segui-lo em seus herdeiros.

Revolta absoluta, insubmissão total, sabotagem como princípio, humor e culto do absurdo, o surrealismo, em sua intenção primeira, define-se como o processo de tudo, a ser sempre recomeçado. A recusa de todas as determinações é nítida, decisiva, provocadora. "Somos especialistas da revolta." Máquina de revirar o espírito, segundo Aragon, o surrealismo se forjou primeiramente no movimento "dadá", de inegáveis origens românticas, e no dandismo anêmico.[21] A não significação e a contradição são cultivadas por si próprias. "Os verdadeiros dadás são contra Dada. Todo mundo é diretor de Dada." Ou ainda: "O que é bom? O que é feio? O que é grande, forte, fraco... Não sei! Não sei!" Esses niilistas de salão estavam evidentemente ameaçados de agirem como escravos das ortodoxias mais rígidas. Mas há no surrealismo algo mais do que esse não conformismo de fachada, justamente o legado de Rimbaud, que Breton assim resume: "Devemos deixar nisso toda a esperança?"

Um grande apelo à vida ausente arma-se de uma recusa total do mundo presente, como diz Breton, de modo soberbo: "Incapaz de tirar partido do destino que me foi dado, atingido no que há de mais elevado em minha consciência por esse desafio de justiça, abstenho-me de adaptar minha existência às condições ridículas da existência aqui embaixo." Segundo Breton, o espírito não consegue fixar-se nem na vida nem no além. O surrealismo quer responder a essa inquietação sem fim. Há um "grito do espírito que se volta contra si mesmo e está bastante decidido a esmagar desesperadamente esses obstáculos". Ele protesta contra a morte e a "ridícula duração" de uma condição precária. O surrealismo coloca-se assim à disposição da impaciência. Ele vive em um certo estado de raiva ferida; ao mesmo tempo, vive no rigor e na intransigência orgulhosa, o que pressupõe uma moral. Desde as suas origens, o surrealismo, evangelho da desordem, viu-se na obrigação de criar uma ordem. Mas, inicialmente, só pensou em destruir — primeiro, pela

---

21. Jarry, um dos mestres do dadaísmo, é a última encarnação, mais singular do que genial, do dândi metafísico.

poesia, no plano da imprecação, e em seguida pelos martelos materiais. O processo do mundo real tornou-se logicamente o processo da criação.

O antiteísmo surrealista é racional e metódico. Consolida-se, a princípio, em uma ideia da não culpabilidade absoluta do homem, a quem é necessário restituir "todo o poder que ele foi capaz de emprestar à palavra Deus". Como em toda a história da revolta, essa ideia da não culpabilidade absoluta, oriunda do desespero, pouco a pouco transformou-se em loucura pelo castigo. Os surrealistas, ao mesmo tempo em que exaltavam a inocência humana, também acreditavam poder exaltar o assassinato e o suicídio. Falaram do suicídio como uma solução, e Crevel, que considerava tal solução "provavelmente a mais justa e definitiva", matou-se, assim como Rigaut e Vaché. Aragon pôde estigmatizar em seguida os tagarelas do suicídio. Mesmo assim, celebrar a aniquila-ção, não se atirando a ela com os outros, não honra ninguém. A esse respeito, o surrealismo preservou da "literatura", que ele abominava, as piores facilidades, justificando a perturba-dora exclamação de Rigaut: "Vocês são todos poetas, mas eu, eu estou do lado da morte."

O surrealismo não parou aí. Escolheu como herói Vio-lette Nozière ou o criminoso anônimo de direito comum, afirmando assim, diante do próprio crime, a inocência da criatura. Mas ousou dizer também, e essa é a declaração da qual, desde 1933, André Breton vem se arrependendo, que o ato surrealista mais simples consistia em descer à rua, revólver em punho, e atirar ao acaso no meio da multidão. Para quem recusa qualquer outra determinação que não a do indivíduo e de seu desejo, qualquer primado que não o do inconsciente, isso equivale na verdade a revoltar-se simultaneamente contra a sociedade e a razão. A teoria do ato gratuito é o corolário da reivindicação de liberdade absoluta. Pouco importa que essa liberdade acabe por se resumir na solidão definida por Jarry: "Depois de ter recolhido todo o dinheiro do mundo, matarei todos e irei embora." O essencial é que os obstáculos sejam negados e que o irracional triunfe. Que significa, efetivamente, essa apologia do assassinato, senão que, em um mundo sem significação e sem honra, só é legítimo o desejo de existir, sob todas as suas formas? O ímpeto da vida, o arrebatamento do inconsciente, o brado do irracional são as únicas verdades puras, que é preciso proteger. Tudo aquilo que se opõe ao desejo, e principalmente a sociedade, deve ser destruído sem piedade. Já se pode compreender a observação de Breton a respeito de Sade: "Certamente, o homem não mais consente aqui em unir-se à natureza, a não ser no crime; resta saber se essa não é ainda uma das formas mais loucas, mais indiscutíveis, de amar." Sente-se efetivamente que se trata do amor sem objeto, que é o das almas torturadas. Mas esse amor vazio e ávido, essa loucura pela posse é justamente a que a sociedade inevitavelmente atrapalha. Por isso, Breton, que ainda carrega o estigma dessas declarações, conseguiu fazer o elogio da traição e declarar (o que os surrealistas tentaram provar) que a violência é a única forma adequada de expressão.

Mas a sociedade não é feita só de pessoas. Ela é também instituição. Bem-nascidos demais para matar todo mundo, os surrealistas, pela própria lógica de sua atitude, chegaram a achar que, para liberar o desejo, era preciso primeiro demolir a sociedade. Resolveram servir à revolução de sua época. De Walpole e de Sade, por uma coerência que constitui o assunto deste ensaio, os surrealistas passaram a Helvétius e a Marx.

Mas sente-se que não foi o estudo do marxismo que os levou à revolução.[22] Ao contrário, o esforço incessante do surrealismo será, junto com o marxismo, conciliar as exigências que o conduziram à revolução. Pode-se dizer sem paradoxo que os surrealistas chegaram ao marxismo por causa daquilo mesmo que mais detestam nele atualmente. Quando se compartilhou o mesmo dilaceramento e conhecendo o fundo e a nobreza de sua exigência, hesitamos em lembrar a André Breton que o seu movimento decretou o estabelecimento de uma "autoridade implacável" e de uma ditadura, o fanatismo político, a recusa da livre discussão e a necessidade da pena de morte. Fica-se igualmente estarrecido diante do estranho vocabulário dessa época ("sabotagem", "delator" etc.), que é o da revolução policial. Mas esses frenéticos queriam uma "revolução qualquer", algo que os tirasse do mundo do comércio e dos compromissos, em que eram obrigados a viver. Já que não podiam ter o melhor, preferiam o pior. Neste aspecto, eram niilistas. Não se davam conta de que aqueles dentre eles, que doravante continuariam fiéis ao marxismo, eram fiéis ao mesmo tempo ao seu niilismo primeiro. A verdadeira destruição da linguagem, que o surrealismo desejou com tanta obstinação, não reside na incoerência ou no automatismo. Ela reside na palavra de ordem. De nada adiantou Aragon começar por uma denúncia da "desonrosa atitude pragmática", pois foi nela que acabou encontrando a liberação total da moral, ainda que essa liberação tenha coincidido com uma outra servidão. Pierre Naville, o surrealista

---

22. Poder-se-iam contar nos dedos da mão os comunistas que chegaram à revolução pelo estudo do marxismo. Primeiro, a pessoa se converte, em seguida, lê as Escrituras e os Padres.

que então refletia com mais profundidade sobre o problema, ao procurar o denominador comum à ação revolucionária e à ação surrealista, situava-o, com perspicácia, no pessimismo, quer dizer, "o desígnio de acompanhar o homem em sua derrocada e de nada negligenciar para que essa perdição seja útil". Essa mescla de agostinismo e de maquiavelismo define, na verdade, a revolução do século XX; não se poderia dar expressão mais audaciosa ao niilismo da época. Os renegados do surrealismo foram fiéis ao niilismo na maior parte de seus princípios. De certa forma, queriam morrer. Se André Breton e alguns outros finalmente romperam com o marxismo, é que neles havia algo além do niilismo, uma segunda fidelidade ao que há de mais puro nas origens da revolta: eles não queriam morrer.

Certamente, os surrealistas quiseram professar o materialismo. "Na origem da revolta do encouraçado *Potemkin*, agrada-nos reconhecer esse terrível pedaço de carne." Mas neles não há, como nos marxistas, uma amizade, mesmo intelectual, por esse pedaço de carne. A carniça representa apenas o mundo real que efetivamente dá origem à revolta, mas contra si mesmo. Se ela tudo legitima, nada explica. Para os surrealistas, a revolução não era um fim que se realiza no dia a dia, na ação, mas sim um mito absoluto e consolador. Ela era a "verdadeira vida, como o amor", da qual falava Éluard, que então não imaginava que seu amigo Kalandra viria a morrer daquela vida. Eles queriam o "comunismo do gênio", não o outro. Esses curiosos marxistas declaravam-se em estado de insurreição contra a história e celebravam o indivíduo heroico. "A história é regida por leis condicionadas pela covardia dos indivíduos." André Breton queria, ao mesmo tempo, a revolução e o amor, que são incompatíveis.

A revolução consiste em amar um homem que ainda não existe. Mas aquele que ama um ser vivo, se realmente o ama, ele só aceita morrer por ele. Na realidade, a revolução nada mais era para André Breton do que um caso particular da revolta, enquanto que para os marxistas, e em geral para todo pensamento político, só o contrário é verdadeiro. Breton não buscava realizar, pela ação, a terra prometida que devia coroar a história. Uma das teses fundamentais do surrealismo é que realmente não há salvação. A vantagem da revolução não era dar aos homens a felicidade, "o abominável conforto terrestre". Pelo contrário, no espírito de Breton, ela devia purificar e iluminar sua condição trágica. A revolução mundial e os terríveis sacrifícios que ela implica só deveriam trazer um benefício: "impedir que a precariedade totalmente artificial da condição social escamoteie a precariedade real da condição humana". Simplesmente, para Breton, este progresso era desmesurado. Seria a mesma coisa que dizer que a revolução deveria ser posta a serviço da ascese interior pela qual todo ser humano consegue transfigurar o real em sobrenatural, "vingança brilhante da imaginação humana". Para André Breton, o sobrenatural ocupa a mesma posição que o racional para Hegel. Não se pode pensar, portanto, em oposição mais completa à filosofia política do marxismo. As longas hesitações daqueles a quem Artaud chamava de Amiel da revolução podem ser facilmente explicadas. Os surrealistas eram mais diferentes de Marx do que o foram reacionários como, por exemplo, Joseph de Maistre. Estes utilizam a tragédia da existência para recusar a revolução, ou seja, para manter uma situação histórica. Os marxistas utilizam-na para legitimar a revolução, isto é, para criar uma outra situação histórica. Ambos colocam a tragédia humana a serviço de seus fins pragmáticos. No caso de Breton, ele utilizava a revolução para consumar a tragédia e, apesar do título de sua revista, colocava a revolução a serviço da aventura surrealista.

Explica-se, enfim, a ruptura definitiva, se pensarmos que o marxismo exigia a submissão do irracional, enquanto os surrealistas se haviam insurgido para defender o irracional até a morte. O marxismo tendia à conquista da totalidade, e o surrealismo, como toda experiência espiritual, à unidade. A totalidade pode exigir a submissão do irracional, se o racional basta para conquistar o império do mundo. Mas o desejo de unidade é mais exigente. Não lhe basta que tudo seja racional. Ele quer, sobretudo, que o racional e o irracional se reconciliem no mesmo nível. Não há unidade que pressuponha uma mutilação.

Para André Breton, a totalidade só podia ser uma etapa, necessária, talvez, mas com certeza insuficiente, no caminho da unidade. Reencontramos aqui o tema do Tudo ou Nada. O surrealismo tende ao universal, e a censura curiosa, porém profunda, que Breton faz a Marx consiste justamente em dizer que este não é universal. Os surrealistas queriam conciliar o "transformar o mundo" de Marx com o "mudar a vida" de Rimbaud. Mas o primeiro leva à conquista da totalidade do mundo, e o segundo, à conquista da unidade da vida. Toda totalidade, paradoxalmente, é restritiva. Finalmente, ambas as fórmulas dividiram o grupo. Ao escolher Rimbaud, Breton mostrou que o surrealismo não era ação, mas ascese e experiência espiritual. Ele recolocou em primeiro plano aquilo que é a originalidade profunda de seu movimento, o que o torna tão precioso em uma reflexão sobre a revolta, a restauração do sagrado e a conquista da unidade. Quanto mais ele aprofundou essa originalidade, mais irremediavelmente se separou dos companheiros políticos, ao mesmo tempo em que se afastava de algumas de suas primeiras petições.

André Breton nunca mudou, na verdade, com relação à sua reivindicação do surreal, fusão do sonho e da realidade, sublimação da velha contradição entre o ideal e o real. Conhece-se a solução surrealista: a irracionalidade concreta, o acaso objetivo. A poesia é uma conquista, e a única possível, do "ponto supremo". "Um certo ponto do espírito, de onde a vida e a morte, o real e o imaginário, o passado e o futuro... deixam de ser percebidos contraditoriamente." Que ponto supremo é esse, que deve marcar o "aborto colossal do sistema hegeliano"? É a busca do cume-abismo, familiar aos místicos. Trata-se na realidade de um misticismo sem Deus, que mata e ilustra a sede de absoluto do revoltado. O principal inimigo do surrealismo é o racionalismo. O pensamento de Breton oferece, aliás, o curioso espetáculo de um pensamento ocidental em que o princípio de analogia é sempre preferido, em detrimento dos princípios de identidade e de contradição. Trata-se, justamente, de derreter as contradições no fogo do desejo e do amor, e de derrubar os muros da morte. A magia, as civilizações primitivas ou ingênuas, a alquimia, a retórica das flores de fogo ou das noites em claro, são outras tantas etapas maravilhosas a caminho da unidade e da pedra filosofal. Se o surrealismo não mudou o mundo, forneceu-lhe alguns mitos estranhos que, em parte, justificam Nietzsche, quando este anunciava o retorno dos gregos. Mas somente em parte, porque se trata da Grécia das sombras — a dos mistérios e dos deuses negros. Finalmente, como a experiência de Nietzsche culminava na aceitação do meio-dia, a do surrealismo culmina na exaltação da meia-noite, no culto obstinado e angustiado da tempestade. Breton, segundo suas próprias palavras, compreendeu que apesar de tudo a vida era uma dádiva. Mas a sua adesão não podia ser a da luz plena, da qual temos necessidade. "Há norte demais em mim", disse ele, "para que eu seja o homem da adesão plena."

No entanto, até mesmo a despeito de si próprio, ele fez diminuir muitas vezes a parte da negação e trouxe à luz a reivindicação positiva da revolta. Ele escolheu o rigor em vez do silêncio e reteve apenas a "exigência moral" que, segundo Bataille, animava o primeiro surrealismo: "Substituir a moral em curso, causa de todos os nossos males, por uma nova moral." Sem dúvida, ele não teve êxito, assim como ninguém em nossos dias, nessa tentativa de fundar a nova moral. Mas nunca perdeu a esperança de conseguir fazê-lo. Diante do horror de uma época em que o homem que ele queria enaltecer degradou-se, obstinadamente, em nome de certos princípios que o surrealismo havia adotado, Breton sentiu-se obrigado a propor, provisoriamente, um retorno à moral tradicional. Nisso talvez haja uma pausa. Mas é a pausa do niilismo e o verdadeiro progresso da revolta. Afinal, por não poder atribuir-se a moral e os valores dos quais claramente tinha sentido necessidade, sabe-se, efetivamente, que Breton escolheu o amor. Na calhordice de sua época, e isto não pode ser esquecido, ele foi o único a falar com profundidade sobre o amor. O amor é a moral em transe que serviu de pátria a esse exilado. Certamente, ainda falta aqui uma medida. Nem política, nem religião, o surrealismo só pode ser uma impossível sabedoria. Mas é a própria prova de que não há sabedoria confortável: "Queremos e teremos o além em vida", exclamou admiravelmente Breton. A noite esplêndida na qual ele se compraz, enquanto a razão, tendo passado à ação, faz os seus exércitos marcharem pelo mundo, talvez anuncie, na verdade, essas auroras que ainda não reluziram e os *matinaux* de René Char, poeta do nosso renascimento.

Niilismo e História

Cento e cinquenta anos de revolta metafísica e de niilismo viram retornar com obstinação, sob diferentes disfarces, o mesmo rosto devastado, o do protesto humano. Todos, erguidos contra a condição humana e seu criador, afirmaram a solidão da criatura, o nada de qualquer moral. Mas, ao mesmo tempo, todos procuraram construir um reino puramente terrestre em que reinariam as regras de sua escolha. Rivais do Criador, foram levados logicamente a refazer a criação por sua conta. Aqueles que recusaram qualquer outra regra ao mundo que criaram, a não ser a do desejo e a da força, correram para o suicídio ou para a loucura e anunciaram o apocalipse. Os outros, que quiseram criar as regras pela sua própria força, escolheram a vã ostentação, a aparência ou a banalidade; ou ainda o assassinato e a destruição. Mas Sade e os românticos, Karamazov ou Nietzsche só entraram no mundo da morte porque quiseram a verdadeira vida. De tal modo que, por um efeito inverso, é o apelo dilacerado à regra, à ordem e à moral que ressoa nesse universo demente. Suas conclusões só foram nefastas ou liberticidas a partir do momento em que rejeitaram o fardo da revolta, em que fugiram da tensão que ela pressupõe, escolhendo o conforto da tirania ou da servidão.

A insurreição humana, em suas formas elevadas e trágicas, não é nem pode ser senão um longo protesto contra a morte, uma acusação veemente a esta condição regida pela pena de morte generalizada. Em todos os casos que encontramos, o protesto dirige-se sempre a tudo aquilo que, na criação, é dissonância, opacidade, solução de continuidade. Trata-se, portanto, no essencial, de uma interminável exigência de unidade. A recusa da morte, o desejo de duração e de transparência são as molas de todas essas loucuras, sublimes ou pueris. Trata-se somente da recusa covarde e pessoal de morrer? Não, porque muitos desses rebeldes pagaram o preço necessário para ficar à altura de suas exigências. O revoltado não exige a vida, mas as razões da vida. Ele rejeita as consequências que a morte traz. Se nada perdura, nada se justifica, aquilo que morre fica privado de sentido. Lutar contra a morte equivale a reivindicar o sentido da vida, a lutar pela ordem e pela unidade.

A esse respeito, o protesto contra o mal, que está no próprio âmago da revolta metafísica, é significativo. Revoltante em si não é o sofrimento da criança, mas o fato de que esse sofrimento não seja justificado. Afinal, a dor, o exílio, o confinamento são às vezes aceitos quando ditados pela medicina ou pelo bom senso. Aos olhos do revoltado, o que falta à dor do mundo, assim como aos seus instantes de felicidade, é um princípio de explicação. A insurreição contra o mal continua sendo uma exigência de unidade. No mundo dos condenados à morte, à mortal opacidade da condição, o revoltado contrapõe incansavelmente a sua exigência de vida e de transparência definitivas. Sem sabê-lo, ele está em busca de uma moral ou de um sagrado. A revolta é uma ascese, embora cega. Se o revoltado ainda blasfema, é na esperança do novo deus. Ele fica abalado sob o choque do primeiro e mais profundo dos sentimentos religiosos, mas trata-se de um movimento religioso desiludido. Não é a revolta em si mesma que é nobre, mas o que ela exige, mesmo se o que ela obtém é ainda ignóbil.

Pelo menos é preciso saber reconhecer o que ela obtém de ignóbil. Toda vez que ela deifica a recusa total daquilo que existe, o não absoluto, ela mata. Toda vez que ela aceita cegamente aquilo que existe, criando o sim absoluto, ela mata. O ódio ao criador pode transformar-se em ódio à criação ou em amor exclusivo e desafiador àquilo que existe. Mas em ambos os casos ela desemboca no assassinato e perde o direito de ser chamada de revolta. Pode-se ser niilista de duas maneiras, e em ambos os casos por um excesso de absoluto. Aparentemente, há revoltados que desejam morrer e os que querem causar a morte. Mas são os mesmos, consumidos pelo desejo da verdadeira vida, frustrados por isso e que então preferem a injustiça generalizada a uma justiça mutilada. Neste grau de indignação, a razão torna-se furor. Se é verdade que a revolta instintiva do coração humano evolui pouco a pouco ao longo dos séculos, rumo a sua maior consciência, ela também cresceu, como vimos, em audácia cega, até o momento desmesurado em que decidiu responder ao assassinato universal com o assassinato metafísico.

O *mesmo se* que, como reconhecemos, marcava o momento mais importante da revolta metafísica, realiza-se em todo caso na destruição absoluta. Não são a revolta e sua nobreza que iluminam atualmente o mundo, mas sim o niilismo. E são as suas consequências que devemos descrever de novo, sem perder de vista a verdade de suas origens. Mesmo se Deus existisse, Ivan não se renderia a ele diante da injustiça infligida ao homem. No entanto, uma reflexão mais longa sobre essa injustiça e uma paixão mais amarga transformaram o "mesmo que existas" em "tu não mereces existir", e, depois, em "tu não existes". As vítimas buscaram a força e as razões do crime derradeiro na inocência que reconheciam em si. Ao perderem a esperança da imortalidade, convencidas de sua condenação, elas decidiram a morte de deus. Se é falso dizer que nesse dia começou a tragédia do homem contemporâneo, também não é verdade que ela tenha terminado ali. Esse atentado assinala, ao contrário, o momento mais elevado de um drama que começou desde o fim do mundo antigo e cujas últimas palavras ainda não ressoaram. A partir desse momento, o homem decide excluir-se da graça e viver por seus próprios meios. O progresso, de Sade até hoje, consistiu em ampliar cada vez mais o reduto em que, segundo suas próprias regras, reinava brutalmente o homem sem deus. Expandiram-se cada vez mais as fronteiras da praça forte, em face da divindade, até fazer do universo inteiro uma fortaleza contra o deus destronado e exilado. O homem, no extremo de sua revolta, se confinava; sua grande liberdade consistia apenas, do castelo trágico de Sade ao campo de concentração, em construir a prisão de seus crimes. Mas o estado de sítio pouco a pouco se generaliza, a reivindicação de liberdade quer estender-se a todos. É preciso então construir o único reino que se opõe ao reino da graça, que é o da justiça, para reunir enfim a comunidade humana sobre os escombros da comunidade divina. Matar Deus e erigir uma Igreja é o movimento constante e contraditório da revolta. A liberdade absoluta torna-se, afinal, uma prisão de deveres absolutos, uma ascese coletiva, uma história a ser terminada. Dessa forma, o século XIX, que é o da revolta, desemboca no século XX da justiça e da moral, em que cada um bate no peito. Chamfort, o moralista da revolta, já tinha dado a sua fórmula: "É preciso ser justo antes de ser generoso, assim como se tem a cama antes de ter os lençóis." Renunciar-se-á, portanto, à moral de luxo em favor da ética amarga dos construtores.

Precisamos abordar agora esse esforço convulsivo no sentido do império do mundo e da regra universal. Chegamos ao momento em que a revolta, ao rejeitar qualquer servidão, visa anexar a criação como um todo. Em cada um desses malogros, já tínhamos visto anunciarem-se a solução política e a solução de conquista. De agora em diante, ela só irá reter dessas aquisições, com o niilismo moral, a vontade de poder. O revoltado só queria, em princípio, conquistar o seu próprio ser e mantê-lo diante de Deus. Mas ele esquece as suas origens e, pela lei do imperialismo espiritual, ei-lo em marcha para o império do mundo, através de crimes multiplicados ao infinito. Ele baniu Deus de seu céu, mas, com o espírito de revolta unindo-se abertamente ao movimento revolucionário, a reivindicação irracional da liberdade vai paradoxalmente usar como arma a razão, o único poder de conquista que lhe parece puramente humano. Morto Deus, resta a humanidade, quer dizer, a história, que é preciso compreender e construir. O niilismo, que, no próprio seio da revolta, afoga então a força de criação, acrescenta apenas que se pode construí-la por todos os meios disponíveis. No auge do irracional, o homem, em uma terra que ele sabe ser de agora em diante solitária, vai juntar-se aos crimes da razão a caminho do império dos homens. Ao "eu me revolto, logo existimos", ele acrescenta, tendo em mente prodigiosos desígnios e a própria morte da revolta: "E estamos sós."

III

A revolta histórica

A liberdade, "este terrível nome escrito na carruagem das tempestades",[23] está no princípio de todas as revoluções. Sem ela, a justiça parece inconcebível para os rebeldes. Chega um tempo, contudo, em que a justiça exige a suspensão da liberdade. O terror, maior ou menor, vem então coroar a revolução. Toda revolta é nostalgia de inocência e apelo ao ser. Mas um dia a nostalgia se arma e assume a culpabilidade total, quer dizer, o assassinato e a violência. As revoltas de escravos, as revoluções regicidas e as revoluções do século XX aceitaram, assim, conscientemente, uma culpabilidade cada vez maior na medida em que se propunham a instaurar uma liberação mais total. Esta contradição, que se tornou óbvia, impede os nossos revolucionários de exibirem o ar de felicidade e de esperança que aflorava no rosto e nos discursos de nossos constituintes. Será ela inevitável, caracteriza ou trai o valor de revolta? É a questão que se coloca a propósito da revolução como ela se colocava a propósito da revolta metafísica. Na verdade, a revolução é apenas a sequência lógica da revolta metafísica, e nós descobriremos, na análise do movimento revolucionário, o mesmo esforço

---

23. Philothée O'Neddy.

desesperado e sanguinário para afirmar o homem diante daquilo que o nega. Dessa forma, o espírito revolucionário assume a defesa da parte do homem que não quer se curvar. Ele tenta, simplesmente, dar-lhe o seu reino no tempo. Ao recusar Deus, ele escolhe a história, por uma lógica aparentemente inevitável.

Teoricamente, a palavra revolução conserva o sentido que tem em astronomia. É um movimento que descreve um círculo completo, que passa de um governo para outro após uma translação completa. Uma mudança de regime de propriedade sem a correspondente mudança de governo não é uma revolução, mas uma reforma. Não há revolução econômica, quer seus meios sejam pacíficos ou sanguinários, que não seja simultaneamente política. Nisso, a revolução já se distingue do movimento de revolta. A famosa frase: "Não, majestade, não é uma revolta, é uma revolução" ressalta essa diferença essencial. Ela significa exatamente: "é a certeza de um novo governo". Na origem, o movimento de revolta é restrito. Não é mais do que um depoimento incoerente. A revolução, ao contrário, começa a partir da ideia. Mais precisamente, ela é a inserção da ideia na experiência histórica, enquanto a revolta é somente o movimento que leva da experiência individual à ideia. Ao passo que a história, mesmo que coletiva, de um movimento de revolta é sempre a de um compromisso sem solução nos fatos, de um protesto obscuro sem o compromisso de sistemas ou razões, uma revolução é uma tentativa de modelar o ato segundo uma ideia, de moldar o mundo em um arcabouço teórico. Por isso, a revolta mata homens, enquanto 'a revolução destrói ao mesmo tempo homens e princípios. Mas, pelas mesmas razões, pode-se dizer que ainda não houve revolução na história. Só pode haver uma, que seria a revolução definitiva. O movimento que parece fechar o círculo já começa a esboçar outro no instante mesmo em que o governo se constitui. Os anarquistas, com Varlet à frente, viram efetivamente que governo e revolução são incompatíveis no sentido direto. Diz Proudhon: "Implica contradição o fato de que o governo possa alguma vez ser revolucionário, pela razão muito simples de que é governo." Feita a experiência, acrescentemos que o governo só pode ser revolucionário contra outros governos. Os governos revolucionários ficam na obrigação, na maior parte do tempo, de serem governos de guerra. Quanto mais ampla a revolução, maior o comprometimento da guerra que ela implica. A sociedade que emergiu de 1789 quer lutar pela Europa. A que nasceu de 1917 luta pela dominação universal. A revolução total acaba reivindicando, como veremos, o império do mundo.

Enquanto espera esse feito, se é que irá ocorrer, a história dos homens, em certo sentido, é a soma de suas revoltas sucessivas. Em outras palavras, o movimento de translação que encontra uma expressão clara no espaço não é mais que uma aproximação no tempo. O que se chamava, devotamente, no século XIX de emancipação progressiva do gênero humano é visto do exterior como uma sequência ininterrupta de revoltas que se superam, tentando encontrar a sua forma na ideia, mas que ainda não chegaram à revolução definitiva, que estabilizaria tudo na terra e no céu. Mais que uma emancipação real, o exame superficial concluiria por uma afirmação do homem por ele mesmo, afirmação cada vez mais extensa, mas sempre inacabada. Se houvesse revolução uma única vez, não haveria mais história. Haveria uma feliz unidade e uma morte satisfeita.

É por isso que todos os revolucionários visam à unidade do mundo e agem como se acreditassem no fim da história. A originalidade da revolução do século XX é que, pela primeira vez, ela pretende abertamente realizar o velho sonho de Anacharsis Cloots, a unidade do gênero humano e ao mesmo tempo o coroamento definitivo da história. Assim como o movimento de revolta desembocava no "tudo ou nada", assim como a revolta metafísica desejava a unidade do mundo, o movimento revolucionário do século XX, tendo chegado às consequências mais claras de sua lógica, exige, de armas na mão, a totalidade histórica. A revolta, sob pena de ser fútil ou ultrapassada, é então convocada a tornar-se revolucionária. Para o revoltado, não se trata mais de desafiar-se a si próprio, como Stirner, ou de salvar-se só pela atitude. Trata-se de deificar a espécie, como Nietzsche, e de adotar o seu ideal do super-homem, a fim de garantir a salvação de todos, como queria Ivan Karamazov. Os Possessos entram em cena pela primeira vez e ilustram um dos segredos da época: a identidade da razão e da vontade de poder. Morto Deus, é preciso mudar e organizar o mundo pelas forças do homem. Já não bastando apenas a força da imprecação, precisa-se de armas e da conquista da totalidade. A revolução, mesmo e sobretudo aquela que pretende ser materialista, não é mais que uma cruzada metafísica desmesurada. Mas a totalidade é a unidade? É a questão a que este ensaio deve responder. Só que o propósito desta análise não é fazer a descrição, cem vezes recomeçada, do fenômeno revolucionário, nem enumerar, uma vez mais, as causas históricas ou econômicas das grandes revoluções. Trata-se de encontrar em alguns fatos revolucionários a sequência lógica, as ilustrações e os temas recorrentes da revolta metafísica.

A maior parte das revoluções toma a sua forma e originalidade num assassinato. Todas, ou quase todas, foram homicidas. Mas algumas, além disso, praticaram o regicídio e o deicídio. Assim como a história da revolta metafísica começava com Sade, nosso assunto real começa somente com os regicidas, seus contemporâneos, que atacam a encarnação divina sem ousar ainda matar o princípio eterno. Antes disso, contudo, a história dos homens nos mostra também o equivalente do primeiro movimento de revolta — o do escravo.

No caso do escravo que se revolta contra o senhor, há um homem que se insurge contra outro, nesta terra cruel, longe do céu dos princípios. O resultado é apenas o assassinato de um homem. Os motins de escravos, os levantes camponeses, as guerras dos mendigos, as revoltas rústicas antecipam um princípio de equivalência, uma vida contra outra, que, apesar de todas as audácias e de todas as mistificações, iremos sempre encontrar nas formas mais puras do espírito revolucionário, como, por exemplo, no terrorismo russo de 1905.

A esse respeito, a revolta de Espártaco, no fim do mundo antigo, algumas décadas antes da era cristã, é exemplar. Observe-se de início que se trata de uma revolta de gladiadores, isto é, de escravos fadados aos combates homem a homem e condenados, para deleite dos senhores, a matar ou a serem mortos. Tendo começado com setenta homens, essa revolta termina com um exército de setenta mil insurretos, que esmagam as melhores legiões romanas e avançam pela Itália, para marchar sobre a própria cidade eterna. No entanto, essa revolta, como observa André Prudhommeaux,[24] não

---

24. *La tragédie de Spartacus* (*A tragédia de Espártaco*). Cahiers Spartacus.

trouxe nenhum princípio novo para a sociedade romana. A proclamação de Espártaco limita-se a prometer aos escravos "direitos iguais". Essa passagem do fato ao direito, que analisamos no primeiro movimento de revolta, é, na verdade, a única aquisição lógica que se pode encontrar neste nível da revolta. O insubmisso rejeita a servidão e afirma-se como igual ao senhor. Quer, por sua vez, ser senhor.

A revolta de Espártaco ilustra constantemente esse princípio de reivindicação. O exército servil libera os escravos, condenando imediatamente à servidão os seus antigos senhores. Segundo uma tradição, a bem da verdade duvidosa, ele teria até mesmo organizado combates de gladiadores entre várias centenas de cidadãos romanos, instalando nas arquibancadas os escravos, delirantes de alegria e de excitação. Mas matar homens só leva a matar cada vez mais. Para fazer com que um princípio vença, um princípio deve ser derrubado. A cidade do sol, com que sonhava Espártaco, só poderia ter sido erigida sobre as ruínas da Roma eterna, de seus deuses e de suas instituições. O exército de Espártaco marcha efetivamente e, para conquistá-la, em direção a uma Roma perplexa por ter que pagar por seus crimes. No entanto, nesse momento decisivo, à vista das muralhas sagradas, o exército se detém e hesita, como se recuasse diante dos princípios, da instituição, da cidade dos deuses. Destruída Roma, o que pôr em seu lugar, a não ser esse desejo selvagem de justiça, esse amor ferido e exacerbado que até então mantiveram de pé esses infelizes?[25] Em todo caso, o exército

---

25. A revolta de Espártaco retoma, na verdade, o programa das revoltas servis que a antecederam. Mas este programa resume-se à partilha das terras e à abolição da escravatura. Ele não se refere diretamente aos deuses da cidade.

bate em retirada, sem ter combatido, e resolve então, por um curioso movimento, voltar ao lugar de origem das revoltas de escravos, refazendo em sentido inverso o longo caminho de suas vitórias e retornando à Sicília. É como se esses deserdados, agora sós e desarmados diante deste céu a ser atacado, retornassem ao maior calor e pureza de sua história, à terra dos primeiros gritos, onde morrer era fácil e bom.

Começam então a derrota e o martírio. Antes da última batalha, Espártaco manda crucificar um cidadão romano para mostrar aos seus homens o destino que os espera. Durante a luta, por um movimento irado em que não se pode deixar de ver um símbolo, ele próprio tenta alcançar Crasso, que comanda as legiões romanas. Ele quer morrer, mas no combate homem a homem com quem simboliza, naquele momento, todos os senhores romanos; efetivamente, ele quer perecer, mas na mais elevada igualdade. Não alcançará Crasso: os princípios combatem de longe, e o general romano mantém-se a distância. Espártaco vai morrer, como desejava, mas sob os golpes dos mercenários, escravos como ele, e que matam a sua própria liberdade com a dele. Por um único cidadão crucificado, Crasso vai supliciar milhares de escravos. As seis mil cruzes que, após tantas revoltas justas, vão balizar a estrada de Cápua a Roma, demonstrarão à multidão de escravos que não há equivalência no mundo do poder e que os senhores calculam com ágio o preço de seu próprio sangue.

A cruz é também o suplício do Cristo. Pode-se imaginar que este só tenha escolhido alguns anos depois o castigo do escravo para diminuir a terrível distância que de agora em diante separa a criatura humilhada da face implacável do Senhor. Ele intercede, ele sofre, por sua vez, a mais extrema injustiça, para que a revolta não divida o mundo ao meio, para que a dor ganhe também o céu, preservando-o da maldição dos homens. Quem estranhará que o espírito revolucionário, ao querer afirmar em seguida a separação do céu e da terra, tenha começado por desencarnar a divindade, matando os seus representantes na terra? Em 1793, de certa forma, terminam os tempos da revolta e começam, sobre um cadafalso, os tempos revolucionários.[26]

---

26. Uma vez que não interessa a este ensaio o espírito de revolta no interior do cristianismo, nele não há lugar para a Reforma, assim como para as numerosas revoltas contra a autoridade eclesiástica que a antecederam. Mas pode-se ao menos dizer que a Reforma prepara um jacobinismo religioso e que começa, de certa forma, aquilo que 1789 vai terminar.

Os Regicidas

Mataram-se reis muito antes do dia 21 de janeiro de 1793 e antes dos regicídios do século XIX. Mas Ravaillac, Damiens e seus êmulos queriam atingir a pessoa do rei, não o princípio. Desejavam um outro rei ou nada. Não imaginavam que o trono pudesse ficar vazio para sempre. 1789 é o ponto de partida dos tempos modernos, porque os homens daquela época quiseram, entre outras coisas, derrubar o princípio de direito divino e fazer com que entrassem para a história a força de negação e de revolta que se constituíra nas batalhas intelectuais dos últimos séculos. Dessa forma, acrescentaram ao tiranicídio tradicional um deicídio racional. O pensamento dito libertino, o pensamento dos filósofos e dos juristas serviram de alavanca a essa revolução.[27] Para que essa iniciativa se tornasse possível e se sentisse legítima, foi necessário em primeiro lugar que a Igreja, cuja responsabilidade era infinita, se colocasse do lado dos senhores ao assumir a tarefa

---

27. Mas os reis colaboraram para isso, impondo pouco a pouco o poder político ao poder religioso, minando, dessa forma, o próprio princípio de sua legitimidade.

de infligir a dor, através de movimento que se disseminava na Inquisição e se perpetuava na cumplicidade com os poderes temporais. Michelet não se engana quando quer ver apenas dois grandes personagens na epopeia revolucionária: o cristianismo e a Revolução. Para ele, 1789 explica-se, na verdade, pela luta entre a graça e a justiça. Apesar de Michelet ter compartilhado com o seu século desregrado o gosto pelas grandes instituições, ele viu nisso uma das causas profundas da crise revolucionária.

A monarquia do *"ancien régime"*, se não era sempre arbitrária em seu governo, era indiscutivelmente arbitrária em seu princípio. Era uma monarquia de direito divino, quer dizer, uma monarquia cuja legitimidade não podia ser questionada. No entanto, essa legitimidade foi muitas vezes contestada, particularmente pelos Parlamentos. Mas aqueles que a exerciam consideravam-na e apresentavam-na como um axioma. Luís XIV, como se sabe, era firme nesse princípio.[28] Bossuet o ajudava nisso, dizendo aos reis: "Vós sois deuses." O rei, sob um de seus aspectos, é o encarregado, por missão divina, dos negócios temporais e, portanto, da justiça. Assim como Deus, ele é o recurso último daqueles que sofrem de miséria e de injustiça. Em princípio, o povo pode recorrer ao rei contra os seus opressores. "Se o rei soubesse, se o czar soubesse...", tal é com efeito o sentimento muitas vezes manifestado, nos períodos de miséria, pelo povo francês e pelo povo russo. É verdade que ao menos na França a monarquia, quando tinha conhecimento, sempre tentou defender as comunidades populares contra a opressão dos grandes

---

28. Carlos I agarrava-se de tal modo ao direito divino que não achava necessário ser justo e leal com aqueles que o negavam.

e dos burgueses. Mas isso é justiça? Não do ponto de vista absoluto, que é o dos escritores da época. Mesmo que se possa recorrer ao rei, é impossível interpor um recurso contra ele, na qualidade de princípio. Ele distribui a sua assistência e o seu socorro, se quiser e quando bem entender. O bel-prazer é um dos atributos da graça. A monarquia sob a sua forma teocrática é um governo que quer colocar acima da justiça a graça, deixando que esta tenha sempre a última palavra. A declaração do vigário da Savoia, pelo contrário, só tem como originalidade o fato de submeter Deus à justiça, inaugurando assim, com a pompa um pouco ingênua daquele tempo, a história contemporânea.

Na verdade, a partir do momento em que o pensamento libertino coloca Deus em questão, o problema passa para o primeiro plano. Simplesmente, a justiça de então confunde-se com a igualdade. Deus está cambaleante, e a justiça, para afirmar-se na igualdade, deve dar-lhe o golpe de misericórdia ao atacar diretamente o seu representante na terra. Opor-lhe o direito natural e forçá-la a com ele negociar, durante três anos, de 1789 a 1792, já é destruir o direito divino. A graça, como último recurso, é incapaz de ceder. Ela pode ceder em alguns pontos, nunca no último. Mas isso não basta. Segundo Michelet, Luís XVI, na prisão, ainda queria ser rei. Em algum lugar, na França dos novos princípios, o princípio vencido ainda se perpetuava, portanto, entre os muros de uma prisão, unicamente pela força da existência e da fé. A justiça tem isto, e apenas isto, em comum com a graça: quer ser total e reinar de modo absoluto. A partir do momento em que entram em conflito, lutam até a morte. "Não queremos condenar o rei", diz Danton, que não tem as boas maneiras do jurista, "queremos matá-lo." Ao negar Deus, na verdade, é preciso matar o rei. Saint-Just, ao que parece, faz Luís XVI morrer; mas, quando exclama: "Determinar o princípio em virtude do qual vai talvez o acusado morrer é determinar o princípio em virtude do qual vive a sociedade que o julga", ele demonstra que são os filósofos que vão matar o rei: o rei deve morrer em nome do contrato social.[29] Mas isso exige uma explicação.

O Novo Evangelho

O *Contrato social* é em primeiro lugar uma pesquisa sobre a legitimidade do poder. Mas livro de direito, e não de fato,[30] em nenhum momento ele é uma coletânea de observações sociológicas. Sua pesquisa refere-se a princípios e por isso mesmo já é contestação. Ela supõe que a legitimidade tradicional, supostamente de origem divina, não é adquirida. Ela anuncia, portanto, uma outra legitimidade e outros princípios. O *Contrato social* é também um catecismo, do qual conserva o tom e a linguagem dogmática. Como 1789 completa as conquistas das revoluções inglesa e americana, Rousseau leva a seus limites lógicos a teoria do contrato que se encontra em Hobbes. O *Contrato social* dá uma larga dimensão e uma explicação dogmática à nova religião cujo deus é a razão, confundida com a natureza, e cujo representante na terra, em lugar do rei, é o povo considerado em sua vontade geral.

---

29. Rousseau, é preciso assinalar, não o teria desejado. Deve-se colocar no início desta análise, para dar-lhe os seus limites, o que Rousseau declarou com firmeza: "Nada aqui embaixo merece ser comprado ao preço do sangue humano."
30. Ver *Discurso sobre a desigualdade*. "Comecemos, portanto, por afastar os fatos, pois eles não têm nenhuma relação com a questão."

O ataque contra a ordem tradicional é tão evidente que, desde o primeiro capítulo, Rousseau se concentra em demonstrar a anterioridade do pacto dos cidadãos, que cria o povo, em relação ao pacto entre o povo e o rei, que funda a realeza. Até então, Deus fazia os reis, que por sua vez faziam os povos. A partir do *Contrato social*, os povos se criam sozinhos antes de criarem os reis. Quanto a Deus, é assunto encerrado provisoriamente. Na ordem política, temos aqui o equivalente à revolução de Newton. O poder não busca mais sua origem no arbitrário, mas no consentimento geral. Em outras palavras, ele não é mais o que é, mas o que deveria ser. Por sorte, segundo Rousseau, aquilo que é não pode ser separado do que deve ser. O povo é soberano "apenas pelo fato de que ele é sempre tudo aquilo que ele deve ser". Diante dessa declaração de princípio, pode-se muito bem dizer que a razão, obstinadamente invocada naqueles tempos, não é muito bem tratada nesse trabalho. Fica claro que, com o *Contrato social*, assistimos ao nascimento de uma mística, já que a vontade geral é postulada como o próprio Deus. Rousseau diz que "cada um de nós coloca a sua pessoa e todo o seu poder sob a suprema direção da vontade geral, e recebemos no nosso corpo cada indivíduo, como parte indivisível do todo".

Essa pessoa política, que se tornou soberana, é também definida como pessoa divina. Tem aliás todos os atributos da pessoa divina. Ela é efetivamente infalível, já que o soberano não pode querer o abuso. "Sob a lei da razão, nada se faz sem causa." Ela é totalmente livre, se é verdade que a liberdade absoluta é a liberdade em relação a si próprio. Desse modo, Rousseau declara que é contra a natureza do corpo político o soberano impor-se uma lei que ele não possa infringir.

Ela é também inalienável, indivisível e, finalmente, visa até mesmo resolver o grande problema teológico, a contradição entre a onipotência e a inocência divinas. A vontade geral é realmente coercitiva; seu poder não tem limites. Mas o castigo que imporá a quem recusar-lhe obediência não é mais que uma forma de "forçá-lo a ser livre". A deificação se completa quando Rousseau, separando o soberano de suas próprias origens, chega a distinguir a vontade geral da vontade de todos. Isso pode ser deduzido logicamente das premissas de Rousseau. Se o homem é naturalmente bom, se nele a natureza se identifica com a razão,[31] ele irá exprimir a excelência da razão, desde apenas que se expresse livre e naturalmente. Ele não pode mais, portanto, voltar atrás em sua decisão, que paira de agora em diante acima dele. A vontade geral é em primeiro lugar a expressão da razão universal, que é categórica. Nasceu o novo Deus.

Eis por que as palavras que mais se encontram no *Contrato social* são "absoluto", "sagrado", "inviolável". O corpo político assim definido, cuja lei é um mandamento sagrado, não é mais que um produto de substituição do corpo místico da cristandade temporal. O *Contrato social* termina, aliás, com a descrição de uma religião civil e faz de Rousseau um precursor das sociedades contemporâneas, que excluem não só a oposição, mas até a neutralidade. Nos tempos modernos, Rousseau foi na verdade o primeiro a instituir a profissão de fé civil. Foi também o primeiro a justificar a pena de morte numa sociedade civil e a submissão absoluta do súdito à realeza do soberano. "É para não ser vítima de um assassino que aceitamos morrer, caso nos tornemos assas-

---

31. Toda ideologia é constituída contra a psicologia.

sinos." Justificação curiosa, mas que estabelece firmemente que é preciso saber morrer se o soberano mandar, e que se deve, caso necessário, dar-lhe razão contra si próprio. Essa noção mística justifica o silêncio de Saint-Just desde a sua prisão até o cadafalso. Desenvolvida convenientemente, irá explicar igualmente os acusados entusiastas dos julgamentos stalinistas.

Encontramo-nos aqui no alvorecer de uma nova religião, com seus mártires, ascetas e santos. Para avaliar bem a influência que esse evangelho passou a ter, é preciso ter uma ideia do tom inspirado das proclamações de 1789. Fauchet, diante das ossadas descobertas na Bastilha, exclamou: "Chegou o dia da revelação... Os ossos levantaram-se ao som da voz da liberdade francesa; eles depõem contra os séculos da opressão e da morte, profetizam a regeneração da natureza humana e da vida das nações." Vaticinou, ainda: "Atingimos o âmago dos tempos. Os tiranos estão maduros." É o momento da fé perplexa e generosa, o instante em que um povo admirável derruba em Versalhes o cadafalso e a roda.[32] Os cadafalsos surgem como os altares da religião e da injustiça. A nova fé não pode tolerá-los. Mas chega um momento em que a fé, se se tornar dogmática, erige os seus próprios altares e exige adoração incondicional. Então ressurgem os cadafalsos e, apesar dos altares, da liberdade, dos juramentos e das festas da Razão, as missas da nova fé deverão celebrar-se com sangue. Em todo o caso, para que 1789 marque o início do reinado da "humanidade santa"[33] e de "Nosso Senhor gênero

---

32. Mesmo idílio na Rússia, em 1905, em que o Soviete de São Petersburgo desfila com cartazes pedindo a abolição da pena de morte, e também em 1917.
33. Vergniaud.

humano",[34] é preciso que desapareça primeiro o soberano destronado. O assassinato do rei-padre vai sancionar a nova era, que perdura até hoje.

A Execução do Rei

Saint-Just introduziu na história as ideias de Rousseau. No processo do rei, o essencial de sua argumentação consiste em dizer que o rei não é inviolável e deve ser julgado pela assembleia, não por um tribunal. Quanto a seus argumentos, ele os deve a Rousseau. Um tribunal não pode ser juiz entre o rei e o soberano. A vontade geral não pode ser citada diante dos juízes comuns. Ela está acima de todas as coisas. A inviolabilidade e a transcendência dessa vontade são então proclamadas. Sabe-se que o grande tema do processo era ao contrário a inviolabilidade da pessoa real. A luta entre a graça e a justiça encontra sua ilustração mais provocadora em 1789, em que se opõem até a morte duas concepções da transcendência. De resto, Saint-Just está perfeitamente consciente da grandeza do que está em jogo: "O espírito com que julgaremos o rei será o mesmo com que estabeleceremos a República."

O famoso discurso de Saint-Just tem todo o aspecto de um estudo teológico. "Luís, um estranho entre nós", eis a tese do adolescente acusador. Se um contrato, natural ou civil, pudesse ainda unir o rei ao seu povo, haveria uma obrigação mútua; a vontade do povo não poderia colocar-se como juiz absoluto para pronunciar a sentença absoluta. Trata-se,

---

34. Anacharsis Cloots.

portanto, de demonstrar que não há nenhum vínculo entre o povo e o rei. Para provar que o povo é em si mesmo a verdade eterna, é preciso mostrar que a realeza é em si mesma o crime eterno. Saint-Just coloca, portanto, como axioma que todo rei é rebelde ou usurpador. Ele é rebelde contra o povo, cuja soberania absoluta ele usurpa. A monarquia não é de modo algum um rei, "ela é o crime". Não um crime, mas o crime, diz Saint-Just, isto é, a profanação absoluta. Esse é o sentido preciso e ao mesmo tempo extremo da expressão de Saint-Just, cujo significado foi ampliado em demasia:[35] "Ninguém pode reinar inocentemente." Todo rei é culpado, e, pelo fato de um homem querer ser rei, ei-lo fadado à morte. Saint-Just diz exatamente a mesma coisa quando demonstra em seguida que a soberania do povo é "coisa sagrada". Os cidadãos são invioláveis e sagrados, só podendo sofrer a coerção da lei, expressão de sua vontade comum. Luís é o único a não se beneficiar dessa inviolabilidade especial e do amparo da lei, pois está situado fora do contrato. Ele não faz parte da vontade geral, sendo ao contrário, por sua própria existência, blasfemador dessa vontade onipotente. Ele não é "cidadão", única maneira de participar da jovem divindade. "Que é um rei comparado a um francês?" Portanto, ele deve ser julgado, e apenas isso.

Mas quem irá interpretar essa vontade geral e pronunciar a sentença? A Assembleia, que detém por suas origens uma delegação dessa vontade e participa, como um concílio inspirado, da nova divindade. O povo deverá em seguida ratificar essa sentença? Sabe-se que o esforço dos monarquistas na

---

35. Ou, pelo menos, cujo significado foi antecipado. Quando Saint-Just diz esta frase, ele ainda não sabe que já fala por si próprio.

Assembleia acaba se concentrando neste ponto. A vida do rei podia assim ser subtraída à lógica dos juristas-burgueses, para ser ao menos confiada às paixões espontâneas e à compaixão do povo. Mas, ainda nisso, Saint-Just leva a sua lógica a extremos, servindo-se da oposição inventada por Rousseau entre a vontade geral e a vontade de todos. Mesmo que todos perdoassem, a vontade geral não pode fazê-lo. O próprio povo não pode apagar o crime de tirania. Em Direito, a vítima não pode retirar sua queixa? Não estamos tratando de Direito, estamos lidando com teologia. O crime do rei é ao mesmo tempo um pecado contra a ordem suprema. Um crime é cometido, depois perdoado, punido ou esquecido. Mas o crime de realeza é permanente, está ligado à pessoa do rei, à sua existência. Até o Cristo, que pode perdoar os culpados, não pode absolver os falsos deuses. Eles devem desaparecer ou vencer. Se o povo hoje perdoa, amanhã vai encontrar o crime intacto, mesmo que o criminoso esteja dormindo na paz das prisões. Só há, portanto, uma saída: "Vingar o assassinato do povo com a morte do rei."

O discurso de Saint-Just visa apenas fechar, uma por uma, todas as saídas para o rei, exceto a que leva ao cadafalso. Se as premissas do *Contrato social* são aceitas, esse exemplo é logicamente inevitável. Depois dele, enfim, "os reis fugirão para o deserto e a natureza retomará os seus direitos". De nada adiantou a Convenção votar uma ressalva, dizendo que ela não prejulgava ao julgar Luís XVI ou ao pronunciar uma medida de segurança. Ela furtava-se então aos próprios princípios, tentando escamotear, com uma chocante hipocrisia, a sua verdadeira missão, que era fundar o novo absolutismo. Jacques Roux, pelo menos, estava dizendo a verdade do momento ao chamar o rei Luís de "último", marcando dessa forma o fato de que a verdadeira revolução, já feita no plano da economia, realizava-se então no plano da filosofia e era um crepúsculo dos deuses. A teocracia foi atacada em 1789 em seu princípio e morta em 1793 em sua encarnação. Brissot tem razão em dizer: "O monumento mais sólido de nossa revolução é a filosofia."[36]

No dia 21 de janeiro, com o assassinato do rei-padre, termina o que se chamou significativamente de a paixão de Luís XVI. Sem dúvida, é um escândalo repugnante ter apresentado como um grande momento de nossa história o assassinato público de um homem fraco e bom. Esse cadafalso não marca um apogeu, longe disso. Resta ao menos o fato de que, por seus considerandos e consequências, o julgamento do rei é o ponto de partida de nossa história contemporânea. Ele simboliza a dessacralização dessa história e a desencarnação do deus cristão. Até esse momento, Deus introduzia-se na história através dos reis. No entanto, mata-se o seu representante histórico, não há mais rei. Só há, portanto, uma aparência de Deus relegada ao céu dos princípios.[37]

Os revolucionários podem reivindicar o Evangelho. Na verdade, eles dão um golpe terrível no cristianismo, do qual este não se recuperou. Parece realmente que a execução do rei, seguida, como se sabe, de cenas histéricas de suicídios ou de loucura, se desenrolou como um todo na consciência do que se realizava. Luís XVI parece ter duvidado, às vezes, de seu direito divino, embora tenha sistematicamente rejeitado todos os projetos de lei que atentassem contra esta

---

36. A Vendeia, guerra religiosa, lhe dá razão mais uma vez.
37. Este será o deus de Kant, de Jacobi e de Fichte.

crença. Mas a partir do momento em que suspeita ou tem noção do seu destino, parece identificar-se, como mostra sua linguagem, com a sua missão divina, para que se diga que o atentado contra a sua pessoa visa ao rei-Cristo, à encarnação divina, e não à carne covarde do homem. Seu livro de cabeceira no Templo é a *Imitação de Cristo*. A suavidade e a perfeição que esse homem, apesar de sua sensibilidade mediana, demonstrou em seus últimos momentos; suas observações indiferentes a respeito de tudo que pertence ao mundo exterior e, finalmente, a sua breve fraqueza no cadafalso solitário, ao som do terrível tambor que lhe encobria a voz, tão longe desse povo por quem esperava ser ouvido, tudo isso nos deixa imaginar que não era um Capeto que morria, mas sim o Luís de direito divino e, com ele, de certa forma, a cristandade temporal. Para melhor ressaltar esse elo sagrado, o seu confessor o ampara em seu momento de fraqueza, ao relembrar-lhe a sua "semelhança" com o deus de dor. E, então, Luís XVI se recupera e retoma a linguagem desse deus: "Beberei deste cálice até a última gota." Depois, deixa-se conduzir, trêmulo, pelas mãos ignóbeis do carrasco.

A Religião da Virtude

Mas a religião que executa também o velho soberano deve construir agora o poder do novo; ela fecha a igreja, o que a leva a tentar construir um templo. O sangue dos deuses, que por um segundo respinga no padre de Luís XVI, anuncia um novo batismo. Joseph de Maistre qualificava a Revolução de satânica. Pode-se ver por quê, e em que sentido. Michelet, no entanto, estava mais próximo da verdade ao chamá-la de purgatório. Nesse túnel, uma época lança-se cegamente em busca de uma nova luz, de uma nova felicidade e da face do verdadeiro deus. Mas qual será esse novo deus? É o que ainda podemos perguntar a Saint-Just.

1789 ainda não afirma a divindade do homem, mas sim a do povo, na medida em que sua vontade coincide com a da natureza e a da razão. Se a vontade geral se expressa livremente, ela só pode ser a expressão universal da razão. Se o povo é livre, ele é infalível. Morto o rei, rompidos os grilhões do antigo despotismo, o povo irá expressar, portanto, aquilo que em todos os tempos e lugares é, foi e será a verdade. Ele é o oráculo que deve ser consultado para saber o que a ordem eterna do mundo exige. *Vox populi, vox naturae.* Princípios eternos comandam a nossa conduta: a Verdade, a Justiça, a Razão, enfim. Eis o novo deus. O Ser supremo que legiões de moças vêm adorar, ao festejarem a Razão, não é mais que o deus antigo, desencarnado, bruscamente cortado de quaisquer amarras com a terra, e que foi solto, como um balão, no céu vazio dos grandes princípios. Privado de seus representantes, de qualquer intercessor, o deus dos filósofos e dos advogados tem apenas o valor de demonstração. Na realidade, ele é bem fraco, e compreende-se por que Rousseau, que pregava a tolerância, achava, contudo, que era preciso condenar à morte os ateus. Para adorar por muito tempo um teorema, não basta a fé, é preciso ainda uma polícia. Mas isso só deveria ocorrer mais tarde. Em 1793, a nova fé ainda está intacta, e, se acreditarmos em Saint-Just, basta governar segundo a razão. Seu ponto de vista era que a arte de governar só produziu monstros porque até o seu tempo não se quis governar de acordo com a natureza. O tempo dos monstros terminou com o fim do tempo da violência. "O coração humano caminha da natureza para a violência e da violência para a moral." A moral, portanto, é apenas uma natureza recuperada após séculos de alienação. Se derem aos homens apenas leis "segundo a natureza e o seu coração", ele deixará de ser infeliz e corrupto. O sufrágio universal, fundamento das novas leis, deve obrigatoriamente levar a uma moral universal. "Nosso objetivo é criar uma ordem de coisas tal que se estabeleça uma tendência universal para o bem."

A religião da razão estabelece de modo natural a república das leis. A vontade geral é expressa em leis codificadas por seus representantes. "O povo faz a revolução, o legislador faz a república." As instituições "imortais, impassíveis e a salvo da temeridade humana" vão reger por sua vez a vida de todos em um acordo universal e sem contradição, possível, porque todos, ao obedecerem às leis, não estarão obedecendo senão a si mesmos. "Fora das leis, tudo está estéril e morto", diz Saint-Just. É a república romana, formal e legalista. Já se conhece a paixão de Saint-Just e de seus contemporâneos pela Antiguidade romana. O jovem decadente que em Reims passava horas com as persianas fechadas, num quarto de reposteiros pretos, enfeitados com lágrimas brancas, sonhava com a república espartana. O autor de *Organt*, poema longo e licencioso, sentia ainda mais necessidade de frugalidade e de virtude. Em suas instituições, Saint-Just abolia a carne para menores de dezesseis anos e sonhava com uma nação vegetariana e revolucionária. "O mundo está vazio desde a época dos romanos", exclamava. Mas anunciavam-se tempos heroicos — Catão, Brutus, Cévola tornavam-se novamente possíveis. Reflorescia a retórica dos moralistas latinos. "Vício, virtude, corrupção" são termos que ressurgem constantemente na retórica daquele tempo e, mais ainda, nos discursos de Saint-Just, que eles tornavam sempre pesados. A razão é simples. Como Montesquieu já vira, o belo edifício não podia prescindir da virtude. A Revolução Francesa, ao pretender construir a história sobre um princípio de pureza absoluta, inaugura os tempos modernos e ao mesmo tempo a era da moral formal.

Que é a virtude, na verdade? Para o filósofo burguês de então, é a conformidade com a natureza[38] e, em política, a conformidade com a lei que expressa a vontade geral. "A moral", diz Saint-Just, "é mais forte que os tiranos." Efetivamente, ela acabava de matar Luís XVI. Toda desobediência à lei não decorre, portanto, de uma imperfeição, supostamente impossível, dessa lei, mas de uma falta de virtude no cidadão refratário. Por isso, a república não é somente um senado, como diz Saint-Just com veemência, ela é a virtude. Toda corrupção moral é ao mesmo tempo corrupção política, e vice-versa. Oriundo da própria doutrina, instala-se então um princípio de repressão infinita. Sem dúvida, Saint-Just era sincero em seu desejo de idílio universal. Ele sonhou realmente com uma república de ascetas, com uma humanidade reconciliada e entregue aos castos jogos da inocência primeira, sob a guarda desses velhos sábios que ele, antecipadamente, enfeitava com um lenço tricolor e um penacho branco. Sabe-se também, que desde o início da Revolução Saint-Just se pronunciara, junto com Robespierre, contra a

---

38. Mas a natureza, tal como a encontramos em Bernardin de Saint-Pierre, é em si mesma conforme uma virtude preestabelecida. A natureza também é um princípio abstrato.

pena de morte. Exigia somente que os assassinos se vestissem de preto pelo resto da vida. Desejava uma justiça que não procurasse "achar que o acusado era culpado, mas sim fraco", e isso é admirável. Sonhava também com uma república do perdão que reconhecesse que, se a árvore do crime era dura, sua raiz era tenra. Pelo menos um de seus brados vem do coração e não pode ser esquecido: "É uma coisa terrível atormentar o povo." Sim, é terrível. Mas um coração pode senti-lo e submeter-se, contudo, a princípios que implicam em última instância o tormento do povo.

A moral, quando é formal, devora. Parafraseando Saint-Just, ninguém é virtuoso inocentemente. A partir do momento em que as leis não fazem reinar a concórdia, em que a unidade a ser criada pelos princípios é destruída, quem é culpado? As facções. Quem são os facciosos? Aqueles que negam por sua própria atividade a unidade necessária. A facção divide o soberano. Ela é, portanto, blasfema e criminosa. Ela, e só ela, deve ser combatida. Mas e se houver muitas facções? Todas serão combatidas, sem remissão. Saint-Just exclama: "Ou as virtudes ou o Terror." É preciso endurecer a liberdade, e o projeto de constituição na Convenção menciona então a pena de morte. A virtude absoluta é impossível, a república do perdão conduz, por uma lógica implacável, à república das guilhotinas. Montesquieu já havia denunciado essa lógica como uma das causas da decadência das sociedades, ao dizer que o abuso de poder é maior quando as leis não o preveem. A lei pura de Saint-Just não tinha levado em conta a verdade, velha como a própria história, de que a lei em sua essência está fadada à transgressão.

O Terror

Saint-Just, contemporâneo de Sade, chegou à justificação do crime, se bem que partindo de princípios diferentes. Saint-Just é sem dúvida o anti-Sade. Se a fórmula do marquês podia ser: "Abram as prisões ou provem sua virtude", a do convencional seria: "Provem sua virtude ou entrem nas prisões." Ambas, no entanto, legitimam um terrorismo, individual no libertino, e estatal no padre da virtude. O bem absoluto ou o mal absoluto, se aí aplicarmos a lógica necessária, exigem o mesmo furor. Há certamente ambiguidade no caso de Saint-Just. A carta que escreveu a Vilain d'Aubigny, em 1792, tem algo de loucura. Essa profissão de fé de um perseguido perseguidor termina com uma confissão histérica: "Se Brutus não mata os outros, vai se matar." Um personagem tão obstinadamente sério, tão voluntariamente frio, lógico e imperturbável, permite imaginar todos os desequilíbrios e todos os distúrbios. Saint-Just inventou essa espécie de seriedade que faz da história dos dois últimos séculos uma tediosa novela policial. "Aquele que brinca à frente de um governo tende à tirania", diz ele. Máxima estarrecedora, sobretudo se pensarmos no que acarretava uma simples acusação de tirania, e que prepara em todo o caso o caminho para a era dos Césares pedantes. Saint-Just dá o exemplo; o seu próprio tom é definitivo. Essas afirmações peremptórias em cascata, esse estilo axiomático e sentencioso, servem para retratá-lo melhor do que as mais fiéis pinturas. As sentenças ronronam, como a própria sabedoria da nação, as definições, que constituem a ciência, sucedem-se como mandamentos frios e claros. "Os princípios devem ser moderados; as leis, implacáveis; as penas, irreversíveis." É o estilo guilhotina.

Um tal endurecimento da lógica supõe, entretanto, uma paixão profunda. Aí, como em outros lugares, voltamos a encontrar a paixão pela unidade. Toda revolta supõe uma unidade. A de 1789 exige a unidade da pátria. Saint-Just sonha com a cidade ideal, na qual os costumes, finalmente conforme à lei, proclamarão a inocência do homem e a identidade de sua natureza com a razão. E se as facções vêm atrapalhar esse sonho, a paixão vai exagerar a sua lógica. Não se imaginará então que, se as facções existem, os princípios talvez estejam errados. As facções são criminosas porque os princípios continuam intangíveis. "Chegou o momento em que todo mundo deve voltar à moral, e a aristocracia, ao Terror." Mas as facções aristocratas não são as únicas, deve-se contar com as republicanas, e com todos aqueles que em geral criticam a ação do Legislativo e da Convenção. Estes também são culpados, já que ameaçam a unidade. Saint-Just proclama então o grande princípio das tiranias do século XX: "Patriota é todo aquele que apoia a república no geral; quem quer que a combata no detalhe é um traidor." Quem critica é traidor; quem não apoia ostensivamente a república, um suspeito. Quando nem a razão nem a livre expressão dos indivíduos conseguem firmar sistematicamente a unidade, é preciso decidir-se a eliminar os corpos estranhos. A guilhotina torna-se desse modo um enredador cuja função é refutar. "Um bandido que foi condenado à morte pelo tribunal diz que quer resistir à opressão, porque quer resistir ao cadafalso!" Fica difícil compreender a indignação de Saint-Just já que, até aquele momento, o cadafalso era justamente apenas um dos símbolos mais evidentes da opressão. Mas no interior desse delírio lógico, no extremo dessa moral de virtude, o cadafalso é liberdade. Ele garante a unidade racional, a harmonia da cidade. Ele depura — o termo é esse — a república, eliminando as fraudes que vêm contradizer a vontade geral e a razão universal. "Contestam-me o título de filantropo", exclama Marat, com um estilo totalmente diferente. "Ah! Que injustiça! Quem não vê que desejo cortar um pequeno número de cabeças para salvar um grande número delas?" Um pequeno número, uma facção? Sem dúvida, e toda ação histórica paga esse preço. Mas Marat, ao fazer os seus cálculos finais, exigiu duzentas e setenta e três mil cabeças. Mas ele comprometia o aspecto terapêutico da operação, urrando durante o massacre: "Marquem-nos com ferro em brasa, cortem-lhes os polegares, rachem-lhes a língua." O filantropo escrevia com o vocabulário mais monótono que existe, dia e noite, sobre a necessidade de matar para criar. Ele continuava escrevendo nas noites de setembro, no fundo de seu porão, à luz de vela, enquanto os verdugos instalavam bancos para os espectadores nos pátios de nossas prisões — homens à direita, mulheres à esquerda —, para oferecer-lhes, como um gracioso exemplo de filantropia, a degola de nossos aristocratas.

Não misturemos, nem por um segundo que seja, a pessoa grandiosa de um Saint-Just com o triste Marat, macaco de imitação de Rousseau, como é chamado com muita propriedade por Michelet. Mas o drama de Saint-Just, por motivos superiores, e por uma exigência mais profunda, foi ter feito coro, em certos momentos, com Marat. As facções somam-se às facções, as minorias às minorias, já não se pode dizer com certeza que o cadafalso funcione a serviço da vontade de todos. Saint-Just, porém, não deixará de afirmar até o fim que ele funciona a serviço da vontade geral, já que funciona a serviço da virtude. "Uma revolução como a nossa não é um processo, mas uma tempestade sobre os maus." O bem fulmina, a inocência se faz raio, e raio justiceiro. Mesmo aqueles que buscam os prazeres, e sobretudo estes, são contrarrevolucionários. Saint-Just, que disse que a ideia de felicidade era nova na Europa (na verdade era nova sobretudo para Saint-Just, para quem a história parava em Brutus), se dá conta de que algumas pessoas têm uma "ideia terrível da felicidade e confundem-na com o prazer". Também contra eles é preciso usar de rigor. No final, não se trata mais de maioria nem de minoria. O paraíso perdido e sempre cobiçado da inocência universal se distancia; na terra infeliz, cheia dos gritos da guerra civil e nacional, Saint-Just decreta, contra si próprio e contra os seus princípios, que todo mundo é culpado quando a pátria está ameaçada. A série de relatórios sobre as facções do estrangeiro, a lei do dia 22 do mês revolucionário *Prairial* e o discurso de 15 de abril de 1794 sobre a necessidade da polícia marcam as etapas dessa conversão. O homem que com tanta grandeza considerava infâmia depor as armas enquanto existissem, em algum lugar, um senhor e um escravo é o mesmo que iria aceitar a suspensão da Constituição de 1793 e o exercício do arbítrio. No discurso que fez em defesa de Robespierre, ele nega a fama e a posteridade e só se refere a uma providência abstrata. Ao mesmo tempo, reconhecia que a virtude, da qual fazia uma religião, só tinha como recompensa a história e o presente, e que ela devia, a qualquer preço, fundar o seu próprio reino. Ele não amava o poder "cruel e mau", e que, segundo dizia, "sem regras, marchava para a opressão". Mas a regra era a virtude e vinha do povo. Com o enfraquecimento do povo, a regra ficava obscurecida, e a opressão crescia. Logo, o povo era culpado, e não o poder, cujo princípio devia ser inocente. Uma contradição tão extrema e tão sanguinária só podia ser resolvida por uma lógica ainda mais extrema e pela aceitação final dos princípios, no silêncio e na morte. Saint-Just ao menos permaneceu neste nível de exigência. Nisso, afinal, ele deveria encontrar a sua grandeza, e a vida independente no tempo e no espaço da qual falou com tanta emoção.

Há muito ele pressentira que a sua exigência pressupunha de sua parte um dom total e sem reservas, dizendo ele próprio que aqueles que fazem as revoluções no mundo, "aqueles que fazem o bem", só podem dormir no túmulo. Seguro de que os seus princípios, para vencerem, deviam culminar na virtude e na felicidade de seu povo; consciente talvez de que exigia o impossível, descartou de antemão a própria retirada, ao declarar publicamente que se apunhalaria no dia em que perdesse a esperança nesse povo. Ei-lo, no entanto, que se desespera, já que duvida do próprio terror. "A revolução está paralisada, todos os princípios, enfraquecidos; só restam os barretes vermelhos usados pela intriga. O exercício do terror estragou o crime, assim como os licores fortes estragam o paladar." A própria virtude "une-se ao crime nos tempos de anarquia". Ele tinha dito que todos os crimes decorriam da tirania, que era o maior de todos, e, diante da incansável obstinação do crime, a própria Revolução recorria à tirania, tornando-se criminosa. Não se pode, portanto, reduzir o crime, nem as facções, nem o terrível espírito de gozo; é preciso perder a esperança nesse povo e subjugá-lo. Mas também não se pode mais governar inocentemente. É necessário, pois, sofrer o mal ou a ele servir, admitir que os princípios estão errados ou reconhecer que o povo e a humanidade são culpados. Então, Saint-Just desvia sua misteriosa e bela face: "Não haveria muito a perder abandonando uma vida na qual se precisaria ser cúmplice ou testemunha muda do mal." Brutus, que devia se matar se não matasse os outros, começa matando os outros. Mas os outros são muitos, não se pode matar tudo. É preciso então morrer, demonstrando uma vez mais que a revolta, quando é desregrada, oscila da aniquilação à destruição de si próprio. É uma tarefa fácil; basta, ainda uma vez, seguir a lógica até o fim. No discurso em defesa de Robespierre, pouco antes de sua morte, Saint-Just reafirma o grande princípio de sua ação, o mesmo que irá condená-lo: "Não sou de nenhuma facção e combaterei todas." Reconhecia assim, e antecipadamente, a decisão da vontade geral, quer dizer, da Assembleia. Aceitava marchar para a morte por amor aos princípios e contra toda realidade, já que a opinião da Assembleia só podia ser vencida, justamente, pela eloquência e pelo fanatismo de uma facção. Mas, qual!, quando os princípios enfraquecem, os homens só têm um modo de salvá-los, que é morrer por eles. No calor abafado de Paris no mês de julho, Saint-Just, recusando ostensivamente a realidade e o mundo, confessa que entrega sua vida à decisão dos princípios. Dito isso, ele parece entender, de modo fugaz, uma outra verdade e termina com uma denúncia moderada de Billaud-Varenne e de Collot d'Herbois. "Desejo que eles se justifiquem e que nós nos tornemos mais sensatos." O estilo e a guilhotina ficam suspensos por um instante. Mas a virtude não é a sensatez, por ter orgulho demais. A guilhotina vai tornar a cair sobre essa cabeça bela e fria como a moral. A partir do momento em que a Assembleia o condena, até o momento em que oferece a nuca à lâmina, Saint-Just emudece. Este longo silêncio é mais importante do que a própria morte.

Ele lamentara que o silêncio reinava em volta dos tronos e foi por isso que havia desejado falar tanto e tão bem. Mas no fim, desprezando a tirania e o enigma de um povo que não se conforma à Razão pura, ele próprio retorna ao silêncio. Seus princípios não podiam adequar-se ao que existe, as coisas não são o que deveriam ser; logo, os princípios estão sós, mudos e fixos. Abandonar-se a eles é na verdade morrer, e morrer de um amor impossível que é o contrário do amor. Saint-Just morre, e com ele morre a esperança de uma nova religião.

"Todas as pedras são talhadas para o edifício da liberdade", dizia Saint-Just, "com as mesmas pedras, vocês podem construir-lhe um templo ou um túmulo." Os próprios princípios do *Contrato social* presidiram à construção do túmulo que Napoleão veio lacrar. Rousseau, a quem não faltava bom senso, compreendera efetivamente que a sociedade do *Contrato* só convinha aos deuses. Seus sucessores levaram-no ao pé da letra e trataram de criar a divindade do homem. A bandeira vermelha, símbolo da lei marcial, e, portanto, do executivo, sob o antigo regime, torna-se símbolo revolucionário no dia 10 de agosto de 1792. Transferência significativa, que Jaurès comenta dessa forma: "Nós, o povo, é que somos o direito... Não somos revoltados. Os revoltados estão nas Tulherias." Mas ninguém se torna deus com tanta facilidade. Os próprios deuses antigos não morrem ao primeiro golpe, e as revoluções do século XIX deverão completar a liquidação final do princípio divino. Paris levanta-se então para colocar o rei uma vez mais sob a lei do povo, impedindo-o de restaurar uma autoridade de princípio. Esse cadáver, que os revoltosos de 1830 arrastaram pelas salas das Tulherias e instalaram no trono para render-lhe honras ridículas, não tem outro significado. O rei ainda podia ser nessa época um respeitado encarregado pelos negócios, mas sua delegação é agora conferida pela nação, sua regra é a Constituição. Ele não é mais Majestade. Desaparecendo o antigo regime, definitivamente na França, depois de 1848 é preciso que o novo regime se consolide, e a história, do século XIX até 1914, é a da restauração das soberanias populares contra as monarquias do antigo regime, a história do princípio das nacionalidades. Este princípio triunfa em 1919, quando se vê o desaparecimento de todos os absolutismos do antigo regime na Europa.[39] Em todos os lugares, a soberania da nação substitui, de direito e de fato, o rei soberano. Só então podem surgir as consequências dos princípios de 89. Nós, que vivemos agora, somos os primeiros a poder julgá-los de modo claro.

Os jacobinos reforçaram os princípios morais eternos, na própria medida em que acabavam de suprimir o que amparava até então esses princípios. Pregadores de evangelho, quiseram fundamentar a fraternidade no direito abstrato dos romanos. Substituíram os mandamentos divinos pela lei que supunham devesse ser reconhecida por todos, já que era a expressão da vontade geral. A lei encontrava sua justificação na virtude natural e justificava-a por sua vez. Mas, a partir do instante em que uma única facção se manifesta, o raciocínio desmorona, e entende-se que a virtude tem necessidade de justificação para não ser abstrata. Ao mesmo tempo, os juristas burgueses do século XVIII, ao esmagarem sob

---

39. Exceto a monarquia espanhola. Mas desmorona o império alemão, do qual Guilherme II dizia que era "a prova de que nós, os Hohenzollern, recebemos nossa coroa somente do céu, e é apenas ao céu que temos contas a prestar".

os seus princípios as justas e vitais conquistas de seu povo, abriram caminho para os dois niilismos contemporâneos: o do indivíduo e o do Estado.

A lei pode efetivamente reinar desde que seja a lei da razão universal.[40] Mas ela não o é nunca, e sua justificação se perde se o homem não for naturalmente bom. Chega o dia em que a ideologia entra em choque com a psicologia. Não há mais então poder legítimo. A lei evolui, portanto, até confundir-se com o legislador e um novo bel-prazer. Para onde voltar-se? Ei-la sem rumo; ao perder sua precisão, ela torna-se cada vez mais imprecisa até fazer de tudo um crime. A lei continua a reinar, mas não tem mais limites fixos. Saint-Just previra essa tirania exercida em nome do povo silencioso. "O crime hábil erigir-se-ia em uma espécie de religião, e os bandidos estariam na arca sagrada." Mas isso é inevitável. Se os grandes princípios não têm fundamentos, se a lei só exprime uma tendência provisória, ela só é feita para ser transgredida ou imposta. Sade ou a ditadura, o terrorismo individual ou o terrorismo de Estado, ambos justificados pela mesma ausência de justificação, aí se acha, desde o instante em que a revolta é cortada de suas raízes e privada de qualquer moral concreta, uma das alternativas do século XX.

O movimento de insurreição que nasce em 1789 não pode, portanto, deter-se aí. Deus não está totalmente morto para os jacobinos, não mais do que para os românticos. Eles preservavam ainda o Ser Supremo. A Razão, de certa maneira, é ainda mediadora. Ela implica uma ordem preexistente. Mas Deus

---

40. Hegel viu efetivamente que a Filosofia das Luzes quis libertar o homem do irracional. A razão une os homens que o irracional divide.

está ao menos desencarnado e reduzido à existência teórica de um princípio moral. A burguesia não reinou durante todo o século XIX senão se apoiando nesses princípios abstratos. Só que, menos digna que Saint-Just, ela usou esse apoio como álibi, praticando em todas as ocasiões os valores contrários. Por sua corrupção essencial e sua desanimadora hipocrisia, ela ajudou a desacreditar de modo definitivo os princípios que proclamava. Nesse sentido, sua culpa é infinita. A partir do instante em que os princípios eternos, assim como a virtude formal, forem questionados, no momento em que todo valor for desacreditado, a razão se porá em movimento, não se apoiando em mais nada além dos próprios sucessos. Ela desejará reinar, negando tudo aquilo que existiu, afirmando tudo aquilo que virá a existir. Ela se tornará conquistadora. O comunismo russo, por sua crítica violenta de toda virtude formal, completa a obra revoltada do século XIX ao negar qualquer princípio superior. Aos regicídios do século XIX sucedem-se os deicídios do século XX, que chegam aos extremos da lógica revoltada e querem fazer da terra o reino em que o homem será deus. Começa o reino da história, e, identificando-se unicamente com a sua história, o homem, infiel à sua verdadeira revolta, de agora em diante estará fadado às revoluções niilistas do século XX, que, ao negarem toda moral, buscam desesperadamente a unidade do gênero humano através de um extenuante acúmulo de crimes e de guerras. À revolução jacobina, que tentava instituir a religião da virtude, a fim de nela criar a unidade, suceder-se-ão as revoluções cínicas, quer de direita ou de esquerda, que vão tentar conquistar a unidade do mundo para finalmente fundarem a religião do homem. Tudo o que era de Deus será de agora em diante dado a César.

Os Deicídios

A justiça, a razão e a verdade brilhavam ainda no céu jacobino; essas estrelas fixas podiam ao menos servir de pontos de referência. Os pensadores alemães do século XIX, particularmente Hegel, quiseram continuar a obra da revolução francesa,[41] ao suprimirem as causas de seu malogro. Hegel acreditou discernir que o Terror estava de antemão contido na abstração dos princípios jacobinos. Segundo ele, a liberdade absoluta e abstrata devia conduzir ao terrorismo; o reino do direito abstrato coincide com o da opressão. Hegel observa, por exemplo, que o período que vai de Augusto a Alexandre Severo (235 d.C.) é o do maior conhecimento do direito, mas também o da tirania mais implacável. Para superar essa contradição, era preciso então querer uma sociedade concreta, revigorada por um princípio que não fosse formal, em que a liberdade se conciliasse com a necessidade. O pensamento alemão acabou, portanto, substituindo a razão universal, porém abstrata, de Saint-Just e de Rousseau,

---

41. E da Reforma, a "revolução dos alemães", segundo Hegel.

por uma noção menos artificial, porém mais ambígua — o universal concreto. Até aquele momento, a razão pairava acima dos fenômenos que com ela se relacionavam. Ei-la de agora em diante incorporada ao fluxo dos acontecimentos históricos, que ela explica, ao mesmo tempo em que estes lhe dão um corpo.

Pode-se afirmar com segurança que Hegel racionalizou até o irracional. Mas, ao mesmo tempo, ele dava à razão uma vibração desarrazoada, nela introduzindo uma desmedida cujos resultados estão diante de nossos olhos. No pensamento fixo de seu tempo, o pensamento alemão introduziu subitamente um movimento irresistível. De repente, a verdade, a razão e a justiça encarnaram-se no devir do mundo. Mas, ao lançá-las numa aceleração perpétua, a ideologia alemã confundia a sua existência com o seu movimento, fixando o término dessa existência no fim do devir histórico, se é que houvesse um fim. Esses valores deixaram de ser referências para se tornarem fins. Quanto aos meios de alcançar esses fins, isto é, a vida e a história, nenhum valor preexistente podia orientá-los. Ao contrário, uma grande parte da demonstração hegeliana consiste em provar que a consciência moral, em sua banalidade, aquela que obedece à justiça e à verdade como se tais valores existissem fora do mundo, compromete justamente o advento desses valores. A regra da ação tornou-se, portanto, a própria ação, que deve se desenrolar nas trevas enquanto espera a iluminação final. A razão, anexada por esse romantismo, não é mais que uma paixão inflexível.

Os fins continuaram os mesmos, só a ambição aumentou; o pensamento tornou-se dinâmico, a razão, devir e conquista. A ação é apenas um cálculo em função dos resultados, e não dos princípios. Ela se confunde, consequentemente, com um movimento perpétuo. Da mesma forma, todas as disciplinas, no século XIX, desviaram-se da fixidez e da classificação que caracterizavam o pensamento do século XVIII. Assim como Darwin substituiu Lineu, os filósofos da dialética incessante substituíram os harmônicos e estéreis construtores da razão. Data desse momento a ideia (hostil a todo o pensamento antigo que, pelo contrário, se encontrava em parte no espírito revolucionário francês) de que o homem não tem uma natureza humana definitiva, que ele não é uma criatura terminada, mas uma aventura da qual pode ser em parte o criador. Com Napoleão e Hegel, filósofo napoleônico, começa a época da eficácia. Até Napoleão, os homens descobriram o espaço do universo; a partir dele, o tempo do mundo e o futuro. O espírito revoltado se verá profundamente transformado.

De toda maneira, é uma experiência singular encontrar a obra de Hegel nessa nova etapa do espírito de revolta. Em certo sentido, na verdade, toda a sua obra respira o horror à dissidência: ele quis ser o espírito da reconciliação. Mas essa é apenas uma das faces de um sistema que, por seu próprio método, é o mais ambíguo da literatura filosófica. Na medida em que, para ele, o que é real é racional, ele justifica todas as iniciativas do ideólogo em relação ao real. O que se denominou panlogismo de Hegel é uma justificação do estado de fato. Mas a sua filosofia também exalta a destruição pela destruição. Sem dúvida, tudo se reconcilia na dialética, e não se pode colocar um extremo sem que surja o outro; em Hegel, como em todo grande pensamento, há material para contrariar Hegel. Mas os filósofos raramente são lidos apenas com a inteligência, mas, muitas vezes, com o coração e suas paixões, que nada reconciliam.

De Hegel, em todo o caso, os revolucionários do século XX tiraram o arsenal que destruiu definitivamente os princípios formais da virtude. Dela, preservaram a visão de uma história sem transcendência, resumida a uma contestação perpétua e à luta entre as vontades de poder. Sob seu aspecto crítico, o movimento revolucionário de nosso tempo é em primeiro lugar uma denúncia violenta da hipocrisia formal que preside a sociedade burguesa. A pretensão, parcialmente fundamentada, do comunismo moderno, como a do fascismo, mais frívola, é denunciar a mistificação que corrompe a democracia burguesa, os seus princípios e as suas virtudes. A transcendência divina, até 1789, servia para justificar o arbítrio real. Após a Revolução francesa, a transcendência dos princípios formais, razão ou justiça, serve para justificar uma dominação que não é justa nem racional. Essa transcendência é, portanto, uma máscara que precisa ser arrancada. Deus está morto, mas, como Stirner havia previsto, é preciso matar a moral dos princípios onde ainda se encontra a memória de Deus. O ódio à virtude formal, testemunha degradada da divindade, falsa testemunha a serviço da injustiça, continua sendo uma das molas da história atual. Nada é puro, este grito convulsiona o século. O impuro, logo a história, vai tornar-se a regra, e a terra deserta será entregue à força nua que irá decidir se o homem é ou não divino. Entra-se assim na mentira e na violência, como se entra na religião, e do mesmo modo patético.

Mas a primeira crítica fundamental da boa consciência, a denúncia da bela alma e das atitudes ineficazes, nós a devemos a Hegel, para quem a ideologia do bem, da verdade e da beleza é a religião daqueles que não têm religião. Enquanto a existência das facções surpreende Saint-Just e transgride a ordem ideal que ele afirma, Hegel não só não se surpreende, como até afirma, ao contrário, que a facção é o prelúdio do espírito. Todo mundo é virtuoso para o jacobino. O movimento que começa com Hegel, e que triunfa atualmente, supõe, ao contrário, que ninguém é virtuoso, mas que um dia todo mundo o será. No começo, tudo é idílio para Saint-Just; segundo Hegel, tudo é tragédia. Mas no final dá tudo no mesmo. É preciso destruir aqueles que destroem o idílio ou destruir para criar o idílio. Em ambos os casos, a vitória é da violência. A superação do Terror, empreendida por Hegel, consegue apenas ampliar o Terror.

Isso não é tudo. O mundo de hoje só pode ser, aparentemente, um mundo de senhores e de escravos, porque as ideologias contemporâneas, aquelas que modificam a face do mundo, aprenderam com Hegel a pensar a história em função da dialética domínio/servidão. Se, sob o céu deserto, na primeira manhã do mundo, só há um senhor e um escravo; se até mesmo, do deus que transcende a humanidade, há apenas uma ligação senhor-escravo, não pode haver outra lei no mundo a não ser a lei da força. Somente um deus ou um princípio acima do senhor e do escravo podiam intervir até então, fazendo com que a história dos homens não se resumisse unicamente à história de suas vitórias ou de suas derrotas. O esforço de Hegel, e dos hegelianos em seguida, foi ao contrário no sentido de destruir cada vez mais toda transcendência e toda nostalgia da transcendência. Se bem que haja infinitamente mais em Hegel do que nos hegelianos de esquerda, que de qualquer modo se lhe impuseram, ele fornece, no entanto, no nível da dialética do senhor e do escravo, a justificação decisiva do espírito de poder no século XX. O vencedor sempre tem razão, esta é uma das lições que se pode tirar do maior sistema alemão do século XIX. É bom observar que há na prodigiosa estrutura hegeliana material para contradizer, em parte, esses dados. Mas a ideologia do século XX não está ligada ao que se chama, impropriamente, de idealismo do mestre de Iena. A face de Hegel, que ressurge no comunismo russo, foi sucessivamente remodelada por David Strauss, Bruno Bauer, Feuerbach, Marx e toda a esquerda hegeliana. Neste trabalho, só Hegel nos interessa, já que só ele teve peso na história de nosso tempo. Se Nietzsche e Hegel servem de álibis para os senhores de Dachau e de Karaganda,[42] isso não condena toda a sua filosofia, mas deixa a suspeita de que um dos aspectos de seus pensamentos, ou de sua lógica, possa levar a esses terríveis confins.

O niilismo nietzschiano é metódico. A *Phénoménologie de l'Esprit* (*Fenomenologia do espírito*) tem também um caráter pedagógico. No ponto de junção de dois séculos, ela descreve, em suas etapas, a educação da consciência a caminho da verdade absoluta. É um *Emílio* metafísico.[43] Cada etapa é um erro, acompanhado, além disso, de sanções históricas quase sempre fatais, quer para a consciência, quer para a civilização em que ela se reflete. Hegel propõe-se a mostrar a necessidade dessas etapas dolorosas. Sob um de seus aspectos, a *Phénoménologie* é uma meditação sobre o desespero e a morte. Só que esse desespero se quer metódico, já que no fim da história deve ser transfigurado na satisfa-

---

42. Que encontraram modelos menos filosóficos nas polícias prussiana, napoleônica, czarista ou nos campos ingleses da África do Sul.

43. A comparação de Hegel com Rousseau faz algum sentido. O êxito da *Phéno-ménologie* foi, em suas consequências, do mesmo tipo que o do *Contrato social*. Ela modelou o pensamento político de seu tempo. A teoria da vontade geral de Rousseau é, aliás, reencontrada no sistema hegeliano.

ção e na sabedoria absoluta. Esta pedagogia, contudo, tem o defeito de só contar com alguns superiores e foi levada ao pé da letra, enquanto, literalmente, ela desejava apenas proclamar o espírito. O mesmo acontece com a célebre análise do domínio e da servidão.[44]

O animal, segundo Hegel, tem uma consciência imediata do mundo exterior, um sentimento de si, mas não a consciência de si mesmo, que distingue o homem. Este só nasce verdadeiramente a partir do instante em que toma consciência de si mesmo, na qualidade de ser racional. Ele é, portanto, essencialmente autoconsciência. Para que a autoconsciência se afirme, ela deve distinguir-se daquilo que não é ela. O homem é a criatura que, para afirmar sua existência e sua diferença, nega. O que distingue a autoconsciência do mundo natural não é a simples contemplação em que ela se identifica com o mundo exterior, esquecendo-se de si mesma, mas o desejo que pode sentir em relação ao mundo. Este desejo remete-a à sua identidade, quando ela lhe mostra o mundo exterior como diferente. Em seu desejo, o mundo exterior é o que ela não tem, e que existe, mas que ela quer ter para existir, e que não mais exista. Logo, a autoconsciência é necessariamente desejo. Mas, para existir, é preciso que ela seja satisfeita, e ela só pode satisfazer-se com a realização de seu desejo. Ela age, portanto, com o

---

44. Segue-se uma exposição esquemática da dialética senhor/escravo. Aqui só nos interessam as consequências dessa análise. É por isso que nos pareceu necessária uma nova exposição, que ressalte certas tendências em vez de outras. Ao mesmo tempo, isso excluía toda exposição crítica. Não será difícil, entretanto, verificar que, se o raciocínio se mantém na lógica, por meio de alguns artifícios, ele não pode pretender instituir verdadeiramente uma fenomenologia, na medida em que se baseia em uma psicologia totalmente arbitrária. A utilidade e a eficácia da crítica de Kierkegaard contra Hegel é que ela se apoia muitas vezes na psicologia. Isso, de resto, nada subtrai ao valor de certas análises admiráveis de Hegel.

fim de realizar-se e, ao fazê-lo, nega, suprime o meio pelo qual ela se realiza. Ela é negação. Agir é destruir para fazer nascer a realidade espiritual da consciência. Mas destruir um objeto inconscientemente, como se destrói a carne, por exemplo, no ato de comer, faz também parte da natureza do animal. Consumir não é ainda estar consciente. É preciso que o desejo da consciência seja dirigido a alguma coisa que não seja a natureza inconsciente. A única coisa no mundo que se distingue dessa natureza é justamente a autoconsciência. Portanto, o desejo deve estar centrado em outra forma de desejo, a autoconsciência deve satisfazer-se com outra forma de autoconsciência. Em linguagem simples: o homem não é reconhecido e não se reconhece como homem enquanto se limitar a subsistir como animal. Ele precisa ser reconhecido pelos outros homens. Toda consciência, em seu princípio, é desejo de ser reconhecida e saudada como tal pelas outras consciências. São os outros que nos engendram. Só recebemos um valor humano, superior ao valor animal, na sociedade.

Já que o valor supremo para o animal é a preservação da vida, a consciência deve alçar-se acima desse instinto a fim de alcançar o valor humano. Ela deve ser capaz de colocar a sua vida em jogo. Para ser reconhecido por outra consciência, o homem deve estar pronto a arriscar a vida e aceitar a oportunidade da morte. As relações humanas fundamentais são assim relações de puro prestígio, uma luta perpétua, que se paga com a morte, pelo reconhecimento de um ser humano por outro.

Na primeira etapa de sua dialética, Hegel afirma que, sendo a morte o terreno comum ao homem e ao animal, é ao aceitá-la e até mesmo desejá-la que o primeiro se distinguirá do segundo. No âmago dessa luta primordial pelo reconhecimento, o homem é então identificado com a morte violenta. "Morra e torne-se o que você é", o lema tradicional é retomado por Hegel. Mas o "torne-se o que você é" dá lugar ao "torne-se o que você ainda não é". Esse desejo primitivo e apaixonado pelo reconhecimento, que se confunde com a vontade de existir, só se satisfará com um reconhecimento que se estende pouco a pouco até o reconhecimento de todos. Da mesma forma, na medida em que todos querem ser reconhecidos por todos, a luta pela vida só irá cessar com o reconhecimento de todos por todos, que marcará o fim da história. O ser que a consciência hegeliana procura obter nasce na glória, duramente conquistada, de uma aprovação coletiva. É importante assinalar que, no pensamento que vai inspirar nossas revoluções, o bem supremo não coincide realmente, portanto, com o ser, mas com um parecer absoluto. A história dos homens como um todo nada mais é, de qualquer sorte, que uma longa luta até a morte pela conquista do prestígio universal e do poder absoluto. Em sua essência, ela é imperialista. Estamos longe do bom selvagem do século XVIII e do *Contrato social*. No som e na fúria dos séculos, cada consciência, para existir, de agora em diante deseja a morte do outro. Além disso, essa tragédia implacável é absurda, já que, no caso da aniquilação de uma das consciências, a consciência vitoriosa deixa por isso mesmo de ser reconhecida, pois não pode ser reconhecida pelo que não existe mais. Na realidade, a filosofia do parecer encontra aqui o seu limite.

Nenhuma realidade humana teria sido, portanto, engendrada, se, por uma disposição que se pode considerar feliz para o sistema de Hegel, ele não tivesse encontrado, desde a origem, dois tipos de consciências, das quais uma não tem coragem de renunciar à vida, aceitando assim reconhecer a outra consciência sem ser por ela reconhecida. Em resumo, ela aceita ser considerada como uma coisa. Essa consciência que, para preservar a vida animal, renuncia à vida independente é a consciência do escravo. Aquela que, reconhecida, obtém a independência é a do senhor. Distinguem-se uma da outra no momento em que se defrontam e no qual uma se curva diante da outra. Nesse estágio, o dilema não é mais ser livre ou morrer, mas matar ou escravizar. O dilema repercutirá na sequência da história, se bem que o absurdo, neste momento, ainda não esteja reduzido.

Seguramente, a liberdade do senhor é total em relação ao escravo em primeiro lugar, já que este o reconhece totalmente, e em relação ao mundo natural em seguida, uma vez que pelo seu trabalho escravo transforma-o em objetos de gozo que o senhor irá consumir numa perpétua afirmação de si mesmo. No entanto, essa autonomia não é absoluta. O senhor, para sua desgraça, é reconhecido em sua autonomia por uma consciência que ele próprio não reconhece como autônoma. Logo, ele não pode ser satisfeito, e sua autonomia é somente negativa. O domínio é um impasse. Já que ele não consegue mais renunciar ao domínio e voltar a ser escravo, o destino eterno dos senhores é viverem insatisfeitos ou serem mortos. Na história, o senhor só serve para suscitar a consciência servil, justamente a única que cria a história. O escravo, na verdade, não está ligado à sua condição, ele quer mudá-la. Ele pode, portanto, educar-se, ao contrário do senhor; o que se denomina história não é mais que a sequência de seus longos esforços para obter a liberdade real. Pelo trabalho, pela transformação do mundo natural em mundo técnico, ele já se emancipou dessa natureza, que estava na origem de sua escravidão, porque ele não soubera elevar-se acima dela pela aceitação da morte.[45] Ele não chega até a angústia da morte sentida na humilhação de todo ser que não eleva o escravo ao nível da totalidade humana. De agora em diante, ele sabe que esta totalidade existe; só lhe resta conquistá-la, através de uma longa sequência de lutas contra a natureza e contra os senhores. A história identifica-se, portanto, com a história do trabalho e da revolta. Não é de admirar que o marxismo-leninismo tenha tirado dessa dialética o ideal contemporâneo do soldado-operário.

Deixaremos de lado a descrição das atitudes da consciência servil (estoicismo, ceticismo, consciência infeliz) que se encontram a seguir na *Phénoménologie*. Mas não se pode desprezar, quanto às suas consequências, um outro aspecto dessa dialética, a identificação da relação senhor-escravo com a relação entre o antigo deus e o homem. Um comentador de Hegel[46] observa que, se o senhor realmente existisse, ele seria Deus. O próprio Hegel chama o Senhor do mundo de deus real. Em sua descrição da consciência infeliz, ele mostra como o escravo cristão, querendo negar aquilo que o oprime, refugia-se no mundo do além, atribuindo-se por conseguinte um novo senhor na pessoa de Deus. Em outro lugar, Hegel identifica o senhor supremo com a morte absoluta. Trava-se então, novamente, em um escalão superior, a luta entre o homem subjugado e o deus cruel de Abraão.

---

45. A bem dizer, o equívoco é profundo, pois não se trata da mesma natureza. O advento do mundo técnico suprime a morte ou o medo da morte no mundo natural? Eis a questão importante que Hegel deixa em suspenso.

46. Jean Hyppolite. *Genèse et structure de la* Phénoménologie de l'Esprit (Gênese e estrutura da *Fenomenologia do espírito*), p. 168.

A resolução desse novo conflito entre o deus universal e o ser humano será fornecida pelo Cristo, que reconcilia em si o universal e o singular. Mas o Cristo faz de algum modo parte do mundo sensível. Ele pôde ser visto, viveu e morreu. Logo, ele é apenas uma etapa no caminho do universal; ele também deve ser negado dialeticamente. É preciso somente reconhecê-lo como homem-deus para obter uma síntese superior. Saltando os escalões intermediários, bastará dizer que essa síntese, depois de se ter encarnado na Igreja e na Razão, termina no Estado absoluto, erigido pelos soldados-operários, no qual o espírito do mundo se refletirá enfim em si mesmo no reconhecimento mútuo de cada um por todos e na reconciliação universal de tudo aquilo que existiu sob o sol. Neste momento, "em que coincidem os olhos do espírito e os do corpo", cada consciência não será mais portanto que um espelho que reflete outros espelhos, ele próprio refletido ao infinito em imagens repercutidas. A cidade humana coincidirá com a de Deus; a história universal, tribunal do mundo, proferirá a sua sentença, na qual o bem e o mal serão justificados. O Estado desempenhará o papel de Destino e proclamará a sua aprovação de toda realidade no "dia espiritual da Presença".

Isso resume as ideias essenciais que, a despeito ou por causa da extrema abstração do exposto, literalmente conduziram o espírito revolucionário a direções aparentemente diferentes e que agora acabamos por reencontrar na ideologia de nosso tempo. O imoralismo, o materialismo científico e o ateísmo, que substituiu definitivamente o antiteísmo dos antigos revoltados, formaram uma só coisa, sob a influência paradoxal de Hegel, com um movimento revolucionário que, até sua época, jamais se separara realmente de suas origens morais, evangélicas ou idealistas. Essas tendências, se às vezes estão longe de pertencerem especificamente a Hegel, encontraram sua fonte na ambiguidade de seu pensamento e sua crítica da transcendência. A originalidade incontestável de Hegel foi ter destruído definitivamente toda transcendência vertical, e sobretudo a dos princípios. Sem dúvida, ele restaura, no devir do mundo, a imanência do espírito. Mas esta imanência não é fixa, ela nada tem em comum com o panteísmo do pensamento antigo. O espírito está, e não está, no mundo; ele aí se faz e estará. O valor fica, portanto, adiado para o fim da história. Até lá, não há critério próprio para fundamentar um juízo de valor. É preciso agir e viver em função do futuro. Toda moral torna-se provisória. Os séculos XIX e XX, em sua tendência mais profunda, são séculos que tentaram viver sem transcendência.

Um comentador,[47] hegeliano, de esquerda é verdade, mas, apesar disso, ortodoxo quanto a esse ponto preciso, observa, aliás, a hostilidade de Hegel em relação aos moralistas, assinalando que seu único axioma é viver de acordo com os usos e costumes de sua nação. Máxima de conformismo social da qual Hegel deu efetivamente as provas mais cínicas. Kojève acrescenta, contudo, que esse conformismo só é legítimo na medida em que os costumes dessa nação corresponderem ao espírito do tempo, quer dizer, enquanto forem sólidos e resistirem às críticas e aos ataques revolucionários. Mas quem decidirá sobre essa solidez, quem julgará sua legitimidade? Há cem anos os regimes capitalistas do Ocidente resistem a violentas investidas. Deve-se, por isso,

---

47. Alexandre Kojève.

considerá-los legítimos? Inversamente, aqueles que eram fiéis à República de Weimar deveriam desviar-se deste caminho, comprometendo-se com Hitler em 1933, porque a primeira sucumbira aos golpes do segundo? A República Espanhola deveria ser traída no próprio instante em que o regime do general Franco triunfava? São conclusões que o pensamento reacionário tradicional teria justificado em suas próprias perspectivas. A novidade, de incalculáveis consequências, é o fato de o pensamento revolucionário tê-las assimilado. A supressão de todo valor moral e dos princípios, sua substituição pelo fato — rei provisório, mas real —, só pôde conduzir, como vimos, ao cinismo político, quer do indivíduo, quer, mais seriamente, de Estado. Os movimentos políticos ou ideológicos inspirados por Hegel reúnem-se todos no abandono ostensivo da virtude.

Hegel não pôde realmente impedir que aqueles que o leram com uma angústia que não era metódica, numa Europa já dilacerada pela injustiça, se vissem lançados num mundo sem inocência e sem princípios, justamente nesse mundo que Hegel diz ser em si mesmo um pecado, já que está separado do espírito. Sem dúvida, Hegel perdoa os pecados no fim da história. Até lá, no entanto, toda atividade humana será culpada. "Inocente, portanto, é somente a ausência de atividade, o ser de uma pedra e nem mesmo o de uma criança." A inocência das pedras, portanto, nos é estranha. Sem inocência — nenhuma relação, nenhuma razão. Sem razão — a força nua, o senhor e o escravo, esperando que um dia impere a razão. Entre o senhor e o escravo, o sofrimento é solitário, a alegria, sem raízes; ambas imerecidas. Como viver então, como suportar, quando a amizade é para o fim dos tempos? A única saída é criar a regra, de arma na mão. "Matar ou escravizar" — aqueles que leram Hegel com sua única e terrível paixão só retiveram o primeiro termo do dilema. Dele só tiraram a filosofia do desprezo e do desespero, julgando-se escravos e somente escravos, ligados pela morte ao Senhor absoluto, e aos senhores terrestres pelo chicote. Essa filosofia da má consciência lhes ensinou apenas que todo escravo só o é pelo consentimento, e que só se liberta por uma recusa que coincide com a morte. Respondendo ao desafio, os mais orgulhosos entre eles identificaram-se inteiramente com essa recusa e devotaram-se à morte. Afinal, dizer que a negação é em si mesma um ato positivo justificava antecipadamente todas as espécies de negação e anunciava o brado de Bakunin e Netchaiev: "Nossa missão é destruir, não construir." Para Hegel, niilista era apenas o cético, que não tinha outra saída a não ser a contradição ou o suicídio filosófico. Mas ele próprio deu origem a um outro tipo de niilista, que, ao fazer do tédio um princípio de ação, identificava o seu suicídio com o assassinato filosófico.[48] Nesse ponto nascem os terroristas, que decidiram que era necessário matar e morrer a fim de existir, já que o homem e a história só podem ser criados pelo sacrifício e pelo assassinato. Esta grande ideia de que todo idealismo é vão, se não for pago com o risco da própria vida, devia ser levada ao extremo pelos jovens que não se empenhavam em propugná-la do alto de uma cátedra universitária antes de morrerem em seus leitos, mas que morriam em meio às

---

48. Este niilismo, apesar das aparências, é ainda niilismo no sentido nietzschiano, na medida em que é calúnia da vida presente em benefício de um além histórico no qual nos esforçamos para acreditar.

bombas e até na forca. Desta forma, pelos próprios erros, eles corrigiam o seu mestre e mostravam, contrariamente aos seus ensinamentos, que pelo menos uma aristocracia é superior à horrenda aristocracia da vitória exaltada por Hegel: a aristocracia do sacrifício.

Uma outra espécie de seguidores, que irá ler Hegel com mais seriedade, escolherá o segundo termo do dilema, declarando que o escravo só se emancipa ao escravizar por sua vez. As doutrinas pós-hegelianas, esquecendo o aspecto místico de certas tendências do mestre, levaram esses seguidores ao ateísmo absoluto e ao materialismo científico. Mas essa evolução não pode ser imaginada sem o desaparecimento absoluto de todo princípio de explicação transcendente e sem a destruição total do ideal jacobino. Sem dúvida, imanência não é ateísmo. Mas a imanência em movimento é, se assim podemos dizer, ateísmo provisório.[49] A vaga figura de Deus, que em Hegel ainda se reflete no espírito do mundo, não será difícil de apagar. Da fórmula ambígua de Hegel: "Deus sem o homem não é mais que o homem sem Deus", seus sucessores vão tirar conclusões decisivas. David Strauss, na sua *Vida de Jesus*, isola a teoria do Cristo considerado como Deus homem. Bruno Bauer (*Crítica da história evangelista*) cria uma espécie de cristianismo materialista ao insistir na humanidade de Jesus. Finalmente, Feuerbach (que Marx considerava um grande espírito, e de quem se reconhecerá o discípulo crítico), em sua *Essência do cristianismo*, substituirá toda teologia

---

49. De qualquer modo, a crítica de Kierkegaard é válida. Fundamentar a divindade na história é fundamentar, paradoxalmente, um valor absoluto em um conhecimento aproximado. Algo "eternamente histórico" é uma contradição em termos.

por uma religião do homem e da espécie que converteu grande parte do pensamento contemporâneo. Sua tarefa será mostrar que a distinção entre o humano e o divino é ilusória; ela nada mais é do que a distinção entre a essência da humanidade, isto é, a natureza humana, e o indivíduo. "O mistério de Deus é apenas o mistério do amor do homem por si próprio." Então, já ressoam os acentos de uma nova e estranha profecia: "A individualidade tomou o lugar da fé; a razão, o da Bíblia; a política, o da religião e da Igreja; a terra, o do céu; o trabalho, o da oração; a miséria, o do inferno; e o homem, o lugar do Cristo." Só há, portanto, um inferno, e ele é deste mundo: é contra ele que se precisa lutar. A política é religião, e o cristianismo transcendente, o do além, fortalece os senhores da terra pela renúncia do escravo e suscita um senhor a mais no fundo dos céus. É por isso que o ateísmo e o espírito revolucionário são apenas as duas faces de um mesmo movimento de liberação. Essa é a resposta à pergunta sempre formulada: por que o movimento revolucionário se identificou com o materialismo em vez de se identificar com o idealismo? Porque subjugar Deus, fazer dele um escravo, é o mesmo que destruir a transcendência que mantinha o poder dos antigos senhores, preparando, com a ascensão dos novos, os tempos do homem-rei. Quando a miséria tiver acabado, quando as contradições históricas estiverem resolvidas, "o verdadeiro deus, o deus humano, será o Estado". O *homo homini lupus* torna-se então *homo homini deus*. Esse pensamento está nas origens do mundo contemporâneo. Assiste-se, com Feuerbach, ao nascimento de um terrível otimismo, que vemos ainda atualmente em ação e que parece o antípoda do desespero niilista. Mas é apenas uma aparência. É preciso conhecer as derradeiras conclusões de Feuerbach em sua *Teogonia* para entender a origem profundamente niilista desses pensamentos inflamados. Contra o próprio Hegel, Feuerbach irá afirmar, na verdade, que o homem é aquilo que ele come, resumindo desta forma o seu pensamento e o futuro: "A verdadeira filosofia é a negação da filosofia. Nenhuma religião é a minha religião. Nenhuma filosofia é a minha filosofia."

O cinismo, a deificação da história e da matéria, o terror individual e o crime de Estado, essas consequências desmesuradas vão nascer, todas armadas, de uma concepção equivocada do mundo, que remete unicamente à história o cuidado de produzir os valores e a verdade. Se nada pode ser entendido claramente antes que a verdade, no fim dos tempos, tenha sido revelada, toda ação é arbitrária, a força acaba reinando. "Se a realidade é inconcebível", exclamava Hegel, "é preciso que forjemos conceitos inconcebíveis." Um conceito que não se pode conceber precisa efetivamente, como o erro, ser forjado. Mas, para ser aceito, ele não pode depender da persuasão, que é da ordem da verdade, ele deve finalmente ser imposto. A atitude de Hegel consiste em dizer: "Isto é a verdade, que, no entanto, nos parece o erro, mas que é verdadeira justamente porque lhe acontece ser o erro. Quanto à prova, não sou eu, mas a história, em seu término, que a fornecerá." Essa pretensão só pode acarretar duas atitudes: ou a suspensão de toda afirmativa até que se forneça a prova ou a afirmativa de tudo aquilo que, na história, parece votado ao sucesso, particularmente a força. Em ambos os casos, um niilismo. Não se consegue compreender, de qualquer modo, o pensamento revolucionário do século XX se se desprezar o fato de que, por um acaso infeliz, grande parte de sua inspiração venha de uma filosofia do conformismo e do oportunismo. A verdadeira revolta não é colocada em causa pelas distorções deste pensamento.

De resto, o que autorizava a pretensão de Hegel é o que a torna intelectualmente, e para sempre, suspeita. Ele acreditou que a história em 1807, com Napoleão e ele próprio, havia terminado, que a afirmação era possível e que o niilismo fora vencido. A *Phénoménologie*, bíblia que só teria profetizado o passado, colocava um limite nos tempos. Em 1807, todos os pecados eram perdoados, e as épocas, terminadas. Mas a história continuou. Outros pecados, desde então, saltam aos olhos e fazem estourar o escândalo dos antigos crimes, absolvidos para sempre pelo filósofo alemão. O endeusamento de Hegel por ele mesmo, após a deificação de Napoleão, a partir de agora inocente porque havia conseguido estabilizar a história, só durou sete anos. Em vez da afirmação total, o niilismo recobriu o mundo. A filosofia, mesmo a filosofia dos escravos, tem também seu Waterloo.

Mas nada pode desencorajar o apetite pela divindade no coração do homem. Surgiram e ainda surgem outros que, esquecendo-se de Waterloo, pretendem sempre terminar a história. A divindade do homem está ainda em andamento e só será digna de adoração no fim dos tempos. É preciso servir esse apocalipse e, na falta de Deus, construir pelo menos a Igreja. Afinal, a história, que ainda não parou, deixa entrever uma perspectiva que poderia ser a do sistema hegeliano; mas pela simples razão de que é provisoriamente arrastada, se não conduzida, pelos filhos espirituais de Hegel. Quando a cólera leva em plena glória o filósofo da batalha de Iena, tudo está preparado para o que se seguirá. O céu está vazio, a terra, entregue ao poder sem princípios. Aqueles que escolheram matar e os que escolheram escravizar vão ocupar, sucessivamente, a frente do palco, em nome de uma revolta desviada de sua verdade.

O Terrorismo Individual

Pisarev, teórico do niilismo russo, constata que os maiores fanáticos são as crianças e os jovens. Isso também é verdade em relação às nações. Nessa época, a Rússia era uma nação adolescente extraída a fórceps, havia apenas um século, por um czar ainda suficientemente ingênuo para cortar ele próprio as cabeças dos revoltados. Não é de admirar que ela tenha levado a ideologia alemã aos extremos de sacrifício e de destruição de que os mestres alemães só tinham sido capazes em pensamento. Stendhal via uma primeira diferença dos alemães com os outros povos no fato de se exaltarem pela meditação em vez de se acalmarem. Isso é verdadeiro, mas muito mais no que diz respeito à Rússia. Neste país jovem, sem tradição filosófica,[50] a juventude, irmã dos trágicos colegiais de Lautréamont, apoderou-se do pensamento alemão e encarnou, com o sangue, as suas consequências. Um "proletariado" de colegiais[51] liderou então o grande movimento

---

50. Dostoievski.
51. O mesmo Pisarev observa que a civilização na Rússia, em seu material ideológico, sempre foi importada. Ver Armand Coquart: *Pisarev et l'idéologie du nihilisme russe* (*Pisarev e a ideologia do niilismo russo*).

de emancipação do homem, para dar-lhe o seu aspecto mais violento. Até o fim do século XIX, esses colegiais nunca passaram de alguns milhares. No entanto, diante do absolutismo mais compacto daquele tempo, eles só pretendiam libertar a si próprios e, provisoriamente, contribuíram para libertar na verdade quarenta milhões de mujiques. A quase totalidade deles pagou essa libertação com o suicídio, a execução, a prisão ou a loucura. Toda a história do terrorismo russo pode ser resumida à luta de um punhado de intelectuais contra a tirania, diante do povo silencioso. Sua vitória extenuada foi finalmente traída. Mas, por seu sacrifício, e até em suas negações mais extremas, eles deram forma a um valor, ou a uma nova virtude, que mesmo atualmente não parou de enfrentar a tirania e de ajudar a verdadeira liberação.

A germanização da Rússia no século XIX não é um fenômeno isolado. A influência da ideologia alemã naquele momento era preponderante, e sabe-se efetivamente, por exemplo, que o século XIX na França, com Michelet, com Quinet, é o dos estudos germânicos. Mas na Rússia essa ideologia não encontrou um pensamento já estabelecido, ao passo que na França ela precisou lutar e equilibrar-se com o socialismo libertário. Na Rússia, ela estava em território conquistado. A primeira universidade russa, a de Moscou, fundada em 1750, é alemã. A lenta colonização da Rússia pelos educadores, burocratas e militares alemães, que tinha começado com Pedro, o Grande, transformou-se, graças a Nicolau I, em germanização sistemática. A *intelligentsia* apaixona-se por Schelling ao mesmo tempo que pelos franceses na década de 1830, por Hegel, na de 1840, e, na segunda metade do século XIX, pelo socialismo alemão oriundo de Hegel.[52] A juventude russa derrama então nesses pensamentos abstratos a força apaixonada e desmedida que lhe é própria, vivendo autenticamente essas ideias mortas. À religião do homem, já formulada pelos doutores alemães, ainda faltavam apóstolos e mártires. Os cristãos russos, desviados de sua vocação original, desempenharam esse papel. Para tanto, tiveram que aceitar a vida sem transcendência e sem virtude.

A Renúncia à Virtude

Na década de 1820, entre os primeiros revolucionários russos, os dezembristas, a virtude ainda existe. O idealismo jacobino ainda não foi corrigido nesses fidalgos. Trata-se mesmo de uma virtude consciente: "Nossos pais eram sibaritas, assim como nós somos Catões", diz um deles, Pierre Viasemski. Acrescente-se a isso somente o sentimento, que se reencontrará em Bakunin e nos socialistas revolucionários de 1905, de que o sofrimento é regenerador. Os dezembristas fazem pensar nesses nobres franceses que se aliaram ao povo e renunciaram a seus privilégios. Fidalgos idealistas, fizeram a sua noite de 4 de agosto e escolheram sacrificar-se pela liberação do povo. Se bem que o seu chefe, Pestel, tivesse um pensamento político e social, sua conspiração abortada não tinha programa fixo; nem é mesmo certo que tenham acreditado no sucesso. "Sim, vamos morrer", dizia um deles, na véspera da insurreição, "mas será uma bela morte." Foi realmente uma bela morte. Em dezembro de 1825, a tropa dos revoltosos foi destruída pelos canhões na praça do Senado, em São Petersburgo. Os sobreviventes foram deportados,

---

52. *O capital* foi traduzido em 1872.

não sem antes que cinco deles fossem enforcados, mas de forma tão inábil que foi preciso fazê-lo duas vezes. Compreende-se sem qualquer dificuldade que essas vítimas, ostensivamente ineficazes, tenham sido veneradas com um sentimento de exaltação e de horror por toda a Rússia revolucionária. Se não eficazes, eram exemplares. Marcaram, no início dessa história revolucionária, os direitos e a grandeza daquilo que Hegel chamava ironicamente de bela alma e em relação à qual, no entanto, o pensamento revolucionário russo ainda deveria definir-se.

Nesse clima de exaltação, o pensamento alemão veio combater a influência francesa e impor o seu prestígio a espíritos dilacerados entre o seu desejo de vingança, de justiça, e o sentimento de sua solidão impotente. Ele foi acolhido a princípio como a própria revelação, festejado e comentado como tal. Uma mania de filosofia inflamou os melhores espíritos. Chegou-se mesmo a colocar em versos a *Lógica* de Hegel. Em sua maioria, os intelectuais russos extraíram inicialmente do sistema hegeliano a justificação de um quietismo social. Tomar consciência da racionalidade do mundo era suficiente, o espírito se realizaria, em todo o caso, no fim dos tempos. Esta é a primeira reação de Stankevitch,[53] de Bakunin e de Bielinski, por exemplo. Em seguida, a paixão russa recuou diante dessa cumplicidade de fato, se não de intenção, com o absolutismo e logo se lançou ao extremo oposto.

Nada mais revelador a esse respeito do que a evolução de Bielinski, um dos espíritos mais notáveis e mais influentes das décadas de 1830 e 1840. Partindo de um idealismo libertário bastante vago, Bielinski subitamente descobre Hegel. Em seu quarto, à meia-noite, sob o choque

---

53. "O mundo é regido pelo espírito da razão, isso me tranquiliza quanto a todo o resto."

da revelação, ele se desmancha em lágrimas como Pascal e subitamente torna-se um novo homem: "Não há arbítrio nem acaso; despeço-me dos franceses." Ao mesmo tempo, ei-lo conservador e partidário do quietismo social. Ele escreve isso sem hesitação, defende sua posição como a sente, isto é, com coragem. Mas esse coração generoso vê-se então aliado àquilo que ele mais detestou neste mundo, a injustiça. Se tudo é lógico, tudo se justifica. É preciso aceitar o chicote, a servidão e a Sibéria. Aceitar o mundo e seus sofrimentos pareceu-lhe, por um momento, o mesmo que tomar o partido da grandeza, porque imaginava ter apenas que suportar os seus próprios sofrimentos e as suas contradições. Mas, quando se trata de também aceitar o sofrimento dos outros, falta-lhe de repente coragem. Ele retoma o caminho no sentido inverso. Se não se pode aceitar o sofrimento dos outros, algo no mundo não se justifica, e a história, pelo menos em um de seus pontos, não coincide mais com a razão. Mas é preciso que ela seja inteiramente racional, ou não é mais história. O protesto solitário do homem, por um instante tranquilizado pela ideia de que tudo se justifica, vai irromper novamente em termos veementes. Bielinski dirige-se ao próprio Hegel: "Com toda a estima que convém à sua filosofia filistina, tenho a honra de lhe fazer saber que, se tivesse a oportunidade de ascender ao mais alto grau na escala da evolução, eu lhe pediria contas por todas as vítimas da vida e da história. Não quero felicidade, mesmo gratuita, se não estou tranquilo quanto aos meus irmãos de sangue."[54]

---

54. Citado por Hepner. *Bakounine et le panslavisme révolutionnaire* (*Bakunin e o pan-eslavismo revolucionário*). Rivière.

Bielinski compreendeu que o que ele desejava não era o absoluto da razão, mas a plenitude da existência. Recusa-se a identificá-los. Ele quer a imortalidade do homem como um todo, nele corporificada, e não a abstrata imortalidade da espécie tornada Espírito. Ele argumenta com a mesma paixão contra novos adversários e, desse grande debate interior, tira conclusões que deve a Hegel, mas voltando-as contra ele.

Essas conclusões serão as do individualismo revoltado. O indivíduo não pode aceitar a história tal como ela ocorre. Ele deve destruir a realidade para afirmar o que ele é, não para colaborar com ela. "A negação é o meu deus, como outrora a realidade. Meus heróis são os destruidores do antigo: Lutero, Voltaire, os enciclopedistas, os terroristas, Byron em *Caim*." Dessa forma, voltamos a encontrar de um só golpe todos os temas da revolta metafísica. É bem verdade que a tradição francesa do socialismo individualista continuava sempre viva na Rússia. Saint-Simon e Fourier, que são lidos nos anos 1830, Proudhon, importado nos anos 1840, inspiram o grande pensamento de Herzen e, bem mais tarde, o de Pierre Lavrov. Mas esse pensamento, que continuava ligado aos valores éticos, acabou sucumbindo, pelo menos provisoriamente, em meio ao grande debate com os pensamentos cínicos. Bielinski redescobre pelo contrário, com ou contra Hegel, as mesmas tendências do individualismo social, mas sob o ângulo da negação, na recusa dos valores transcendentes. Quando ele morre, em 1848, seu pensamento está muito mais próximo, aliás, do de Herzen. Mas, em seu confronto com Hegel, ele definiu com precisão uma atitude que será a dos niilistas e, pelo menos em parte, dos terroristas. Ele fornece um tipo de transição entre os grandes fidalgos idealistas de 1825 e os estudantes "nadistas" de 1860.

Três Possessos

Quando Herzen, ao fazer a apologia do movimento niilista — na verdade, apenas enquanto via nele uma maior emancipação em relação às ideias prontas —, escreveu: "Aniquilar o passado é engendrar o futuro", ele vai retomar a linguagem de Bielinski. Kotliarevski, falando naqueles que eram também chamados de radicais, definia-os como apóstolos, "que julgavam ser necessário renunciar completamente ao passado e forjar a personalidade humana segundo outro molde. A reivindicação de Stirner ressurge com a rejeição de toda história e a decisão de forjar o futuro, não mais em função do espírito histórico, mas em função do indivíduo-rei. O indivíduo-rei, porém, não pode alçar-se sozinho ao poder. Ele tem necessidade dos outros e cai então em uma contradição niilista, que Pisarev, Bakunin e Netchaiev tentarão resolver, cada um deles ampliando um pouco mais o campo da destruição e da negação, até que o terrorismo mate a própria contradição, no sacrifício e no assassinato simultâneos.

O niilismo dos anos 1860 começou, aparentemente, pela negação mais radical possível, rejeitando qualquer ação que não fosse puramente egoísta. Sabe-se que o próprio termo "niilismo" foi inventado por Turgueniev no romance *Pais e filhos*, cujo herói, Bazarov, era o retrato fiel desse tipo de homem. Pisarev, ao escrever a crítica desse romance, proclamou que os niilistas reconheciam Bazarov como o seu modelo. "Nada temos para nos vangloriarmos", dizia Bazarov, "a não ser a estéril consciência de compreender, até um certo ponto, a esterilidade daquilo que existe." "É a isso", perguntam-lhe, "que chamam niilismo?" "É a isso que chamam niilismo." Pisarev louva esse modelo que, para maior clareza, define dessa maneira: "Sou um estranho para a ordem existente das coisas, não devo misturar-me a elas." O único valor reside, portanto, no egoísmo racional.

Ao negar tudo aquilo que não é autossatisfação, Pisarev declara guerra à filosofia, à arte — julgada absurda —, à moral mentirosa, à religião e até mesmo aos costumes e à polidez. Ele constrói a teoria de um terrorismo intelectual que faz pensar no dos nossos surrealistas. A provocação é erigida em doutrina, mas com uma profundidade da qual Raskolnikov dá uma ideia exata. No auge desse belo arroubo, Pisarev formula seriamente a questão de saber se se pode matar a própria mãe, e responde: "E por que não, se eu o desejo e acho isso útil?"

A partir daí, é surpreendente não vermos os nossos niilistas ocupados em fazer fortuna, conseguir um título ou ainda desfrutarem cinicamente de tudo que lhes é oferecido. A bem dizer, não faltam niilistas em boa situação na sociedade. Mas eles não constroem uma teoria com o seu cinismo, preferindo em todas as ocasiões render, visivelmente, uma homenagem e sem consequência à virtude. Quanto àqueles de que tratamos, eles se contradiziam no desafio que lançavam à sociedade e que em si mesmo era a afirmação de um valor. Diziam-se materialistas, seu livro de cabeceira era *Força e matéria*, de Buchner. Mas um deles confessava: "Cada um de nós está disposto a ir para o cadafalso e dar a sua cabeça por Moleschott e Darwin", colocando dessa forma a doutrina bem acima da matéria. Nesse estágio, a doutrina tinha um ar de religião e de fanatismo. Para Pisarev, Lamarck era um traidor, porque Darwin tinha razão. Quem quer que nesse meio falasse de imortalidade da alma era então excomungado. Wladimir Weidlé[55] tem, portanto, razão ao definir o niilismo como um obscurantismo racionalista. Para eles, a razão anexava curiosamente os preconceitos da fé; a menor contradição desses individualistas não era escolher, como protótipo de razão, o mais vulgar cientificismo. Eles negavam tudo, menos os valores mais contestáveis, os do Sr. Homais.

É, no entanto, ao resolverem fazer da razão mais tacanha um artigo de fé que os niilistas darão a seus sucessores um modelo. Eles não acreditavam em nada, a não ser na razão e no interesse. Mas, em vez do ceticismo, escolhem o apostolado, tornando-se socialistas. Esta é a sua contradição. Como os espíritos adolescentes, eles sentiam ao mesmo tempo a dúvida e a necessidade de crer. Sua solução pessoal consiste em atribuir à sua negação a intransigência e a paixão da fé. Aliás, que há de espantoso nisso? Weidlé cita a frase desdenhosa do filósofo Soloviev, ao denunciar essa contradição: "O homem descende do macaco; portanto, amemo-nos uns aos outros." No entanto, a verdade de Pisarev encontra-se nesse dilema. Se o homem é a imagem de Deus, então não importa que ele seja privado do amor humano, chegará o dia em que será saciado. Mas, se é criatura cega, que erra nas trevas numa condição cruel e limitada, ele tem necessidade de seus semelhantes e de seu amor efêmero. Onde pode refugiar-se a caridade, afinal, a não ser no mundo sem deus? No outro, a graça provê a todos, mesmo aos ricos. Aqueles que negam tudo compreendem pelo menos que a negação é uma desgraça. Podem então tornar-se acessíveis à desgraça de outrem, negando enfim a si próprios. Pisarev não recua-

---

55. *La Russie absente et présente* (*A Rússia ausente e presente*). Gallimard.

va diante da ideia de matar a mãe; no entanto, encontrou palavras adequadas para falar da injustiça. Queria desfrutar egoisticamente a vida, mas foi preso e depois ficou louco. Tanto cinismo ostentado levou-o, enfim, a conhecer o amor, a exilar-se dele e por ele sofrer até o suicídio, reencontrando dessa forma, no lugar do indivíduo-rei que desejava criar, o velho homem miserável e sofredor, cuja grandeza é a única a iluminar a história.

Bakunin encarnava, mas de um outro modo espetacular, as mesmas contradições. Ele morreu na véspera da epopeia terrorista.[56] Aliás, ele rejeitou antecipadamente os atentados individuais, denunciando "os Brutus de sua época". Respeitava-os, contudo, já que acusou Herzen de ter criticado abertamente o atentado frustrado de Karakosov, que atirou no czar Alexandre II, em 1866. Este respeito tinha suas razões. Bakunin influiu no rumo dos acontecimentos, da mesma forma que Bielinski e os niilistas, no sentido da revolta individual. Mas ele contribuiu com algo mais: um germe de cinismo político que vai tomar corpo como doutrina com Nechaiev, levando o movimento revolucionário a extremos.

Mal saído da adolescência, Bakunin sente-se transtornado, sacudido pela filosofia hegeliana, como que por uma prodigiosa comoção. Nela mergulha dia e noite, "até a loucura", diz ele. "Eu não via mais nada além das categorias de Hegel." Quando sai dessa iniciação, é com a exaltação dos neófitos. "Meu eu pessoal está morto para sempre, minha vida é a verdadeira vida. Ela se identifica, de alguma forma, com a vida absoluta." Ele precisa de pouco tempo para

---

56. 1876.

perceber os perigos desta confortável posição. Aquele que entendeu a realidade não se insurge contra ela, antes se rejubila; ei-lo conformista. Nada em Bakunin o predestinava a essa filosofia de cão de guarda. É possível também que sua viagem à Alemanha e a lastimável opinião que passou a ter dos alemães o tenham preparado mal para admitir, com o velho Hegel, que o Estado prussiano fosse o depositário privilegiado dos fins do espírito. Mais russo que o próprio czar, a despeito de seus sonhos universais, ele não podia em todo o caso subscrever a apologia da Prússia, quando ela se apoiava numa lógica bastante frágil que afirmava: "A vontade dos outros povos não tem direitos, pois o povo é o representante dessa vontade (do Espírito) que domina o mundo." Nos anos 1840, por outro lado, Bakunin descobria o socialismo e o anarquismo francês, dos quais ele veiculou algumas tendências. Bakunin rejeita com estardalhaço a ideologia alemã. Ele tinha chegado até o absoluto, assim como chegaria até a destruição total, com o mesmo movimento apaixonado, com a fúria do "Tudo ou Nada", que nele vamos encontrar em estado puro.

Depois de ter louvado a Unidade absoluta, Bakunin lança-se ao maniqueísmo mais elementar. Sem dúvida ele quer, e de uma vez por todas, "a Igreja universal e autenticamente democrática da liberdade". Eis a sua religião; ele pertence ao seu século. No entanto, não é certo que sua fé a esse respeito tenha sido total. Em sua *Confissão* a Nicolau I, seu tom parece sincero quando diz que só conseguiu acreditar na revolução final "por um esforço sobrenatural e doloroso, ao sufocar à força a voz interior que me sussurrava o absurdo de minhas esperanças". Seu imoralismo teórico é bem mais firme, pelo contrário, e aí o vemos constantemente agitar-se com a naturalidade e a alegria de um animal fogoso. A história só é regida por dois princípios, o Estado e a revolução social, a revolução e a contrarrevolução, que não é o caso de conciliar, mas que estão empenhados em uma luta mortal. O Estado é o crime. "O menor e mais inofensivo Estado é ainda criminoso em seus sonhos." A revolução, portanto, é o bem. Esta luta, que ultrapassa a política, é também a luta dos princípios luciferinos contra o princípio divino. Bakunin reintroduz explicitamente na ação revoltada um dos temas da revolução romântica. Proudhon já decretava que Deus é o Mal e bradava: "Venha, Satã, caluniado pelos medíocres e pelos reis!" Bakunin deixa também entrever toda a profundidade de uma revolta aparentemente política: "O Mal é a revolta satânica contra a autoridade divina, revolta na qual vemos ao contrário o germe profícuo de todas as emancipações humanas. Como os *fraticelli* da Boêmia no século XIV(?), reconhecemos os socialistas revolucionários de hoje por estas palavras: 'Em nome daquele a quem se fez um grande mal.'"

A luta contra a criação será travada, portanto, sem piedade e sem moral, e a única salvação reside no extermínio. "A paixão pela destruição é uma paixão criadora." As páginas inflamadas de Bakunin sobre a revolução de 1848[57] proclamam com veemência essa alegria de destruir. "Festa sem começo nem fim", diz ele. Na verdade, tanto para ele quanto para todos os oprimidos a revolução é a festa, no sentido sagrado da palavra. Isso faz lembrar o anarquista francês Coeurderoy,[58] que em seu livro *Hurrah, ou la révolution*

---

57. *Confissão*, pp. 102 e seg. Rieder.
58. Claude Harmel e Alain Sergent. *Histoire de l'anarchie* (*História da anarquia*), vol. I.

par les cosaques (*Hurra, ou a Revolução segundo os cossacos*) conclamava as hordas do Norte a tudo devastarem. Ele também queria "atear fogo à casa do pai" e exclamava que só havia esperança no dilúvio humano e no caos. A revolta é entendida através dessas manifestações em estado puro, em sua verdade biológica. Por isso, Bakunin foi o único de seu tempo a criticar o governo dos sábios com uma perspicácia excepcional. Contra toda abstração, ele defendeu a causa do homem completo, totalmente identificado com a sua revolta. Se ele glorifica o malfeitor, o líder das revoltas camponesas, se seus modelos preferidos são Stenka Razine e Pugachev, é porque esses homens lutaram, sem doutrina e sem princípios, por um ideal de liberdade pura. Bakunin introduz no âmago da revolução o princípio nulo da revolta. "A tempestade e a vida, é disso que precisamos. Um mundo novo, sem leis e, consequentemente, livre."

Mas um mundo sem leis é um mundo livre? Eis a pergunta que toda revolta faz. Se fosse preciso pedir uma resposta a Bakunin, ela não seria duvidosa. Apesar de se opor, em todas as circunstâncias e com a mais extrema lucidez, ao socialismo autoritário, a partir do instante em que ele próprio define a sociedade do futuro, ele a apresenta, sem se preocupar com a contradição, como uma ditadura. Os estatutos da Fraternidade Internacional (1864-1867), que ele mesmo redigiu, já estabelecem a subordinação absoluta do indivíduo ao comitê central durante o período da ação. O mesmo ocorre em relação ao tempo que se seguirá à revolução. Ele espera para a Rússia liberada "um forte poder ditatorial... um poder mantido por partidários, iluminado por seus conselhos, fortalecido por sua livre colaboração, mas que não seja limitado por nada nem por ninguém".

Bakunin, da mesma forma que seu inimigo Marx, contribuiu para a doutrina leninista. O sonho do império eslavo revolucionário, aliás, tal como evocado por Bakunin diante do czar, é o mesmo, até nos detalhes de fronteira, que foi realizado por Stalin. Oriundas de um homem que soubera dizer que a força motriz da Rússia czarista era o medo e que recusava a teoria marxista de uma ditadura de partido, essas concepções podem parecer contraditórias. Mas a contradição mostra que as origens dessas doutrinas são em parte niilistas. Pisarev justifica Bakunin. Este certamente queria a liberdade total, mas buscava-a através de uma total destruição. Destruir tudo implica construir sem fundações; as paredes têm de ser mantidas de pé pela força dos próprios braços. Aquele que rejeita todo o passado, sem dele preservar nada daquilo que poderia servir para revigorar a revolução, está condenado a só encontrar justificação no futuro e, enquanto espera, encarrega a polícia de justificar o provisório. Bakunin anunciava a ditadura, não a despeito de seu desejo de destruição, mas de acordo com ele. Na verdade, nada podia desviá-lo desse caminho, já que na fogueira da negação total os valores éticos também haviam derretido. Por sua *Confissão* ao czar, abertamente obsequiosa, mas que escreveu para ser libertado, ele introduz de modo espetacular o jogo duplo na política revolucionária. Através desse *Catecismo do revolucionário*, supostamente escrito na Suíça, com Nechaiev, ele dá forma, ainda que viesse a renegá-lo em seguida, a esse cinismo político que não mais deixaria de influir no movimento revolucionário e que o próprio Nechaiev ilustrou de maneira provocadora.

Figura menos conhecida do que Bakunin, mais misteriosa, porém mais significativa para os nossos propósitos,

Nechaiev levou a coerência do niilismo tão longe quanto pôde. Um espírito quase sem contradição. Ele surgiu em 1866, nos meios da *intelligentsia* revolucionária, e morreu obscuramente em janeiro de 1882. Nesse breve espaço de tempo, nunca deixou de seduzir: os estudantes à sua volta, o próprio Bakunin e os revolucionários refugiados, e os seus carcereiros, enfim, que ele convenceu a participarem de uma conspiração maluca. Quando ele surge, já está seguro do que pensa. Se Bakunin ficou a tal ponto fascinado por ele que o cumulou de mandatos imaginários, é porque reconhecia nessa figura implacável o que ele havia recomendado que se fosse e, de certa forma, o que ele próprio teria sido se tivesse conseguido curar o seu coração. Nechaiev não se contentou em dizer que era preciso unir-se "ao mundo selvagem dos bandidos, este verdadeiro e único ambiente revolucionário da Rússia", nem em escrever uma vez mais, como Bakunin, que de agora em diante a política seria a religião, e a religião, a política. Ele se fez o monge cruel de uma revolução desesperada; o seu sonho mais evidente era fundar a ordem assassina que permitiria propagar e finalmente entronizar a divindade sinistra que se decidira a servir.

Ele não dissertou apenas sobre a destruição universal; sua originalidade foi reivindicar friamente, para aqueles que se devotavam à revolução, ao "Tudo é permitido" e, efetivamente, tudo se permitir. "O revolucionário é um homem condenado antecipadamente. Ele não deve ter relações românticas, nem coisas ou seres amados. Ele deveria despojar-se até de seu nome. Nele, tudo deve concentrar-se em uma única paixão: a revolução." Se a história, independentemente de qualquer princípio, é realmente feita apenas da luta entre a revolução e a contrarrevolução, não há outra saída a não ser abraçar por inteiro um desses valores, para nele morrer ou ressuscitar. Nechaiev leva essa lógica a extremos. Com ele, pela primeira vez a revolução vai separar-se explicitamente do amor e da amizade.

Já se entreveem em Nechaiev as consequências da psicologia arbitrária veiculada pelo pensamento de Hegel. Este, no entanto, admitira que o reconhecimento mútuo das consciências pode dar-se no ajustamento do amor.[59] No entanto, Nechaiev recusara-se a colocar em primeiro plano de sua análise esse "fenômeno" que, segundo ele, "não tinha a força, a paciência e o trabalho do negativo". Ele decidira mostrar as consciências numa luta de caranguejos cegos, que tateiam obscuramente na areia das praias, para travarem por fim um combate mortal, deixando de lado essa outra imagem, igualmente legítima, dos faróis que se buscam com dificuldade na noite, até que se ajustam para produzir uma claridade maior. Aqueles que se amam, os amigos, os amantes, sabem que o amor não é somente uma fulguração, mas também uma longa e dolorosa luta nas trevas pelo reconhecimento e a reconciliação definitivos. Afinal, se a virtude histórica é reconhecida como prova de paciência, o verdadeiro amor é tão paciente quanto o ódio. A reivindicação de justiça não é, aliás, a única que pode justificar ao longo dos séculos a paixão revolucionária, que se apoia também em uma exigência dolorosa da amizade por todos, até mesmo, e sobretudo, diante de um céu inimigo. Aqueles que morrem pela justiça, sempre foram chamados de "irmãos". Para todos eles, a violência está reservada ao inimigo, em favor da comunidade dos oprimidos. Mas, se a revolução é o

---

59. Ele pode ocorrer também na admiração, em que a palavra "mestre" assume então um sentido maior: aquele que forma sem destruir.

único valor, ela exige tudo e até mesmo a delação; portanto, o sacrifício do amigo. A partir de agora, a violência será voltada contra todos, em favor de uma ideia abstrata. Foi necessário o advento do reino dos possuídos para que se dissesse de repente que a revolução, em si mesma, era mais importante do que aqueles que ela queria salvar, e que a amizade, que até aí transfigurava as derrotas, deveria ser sacrificada e transferida para o dia ainda invisível da vitória.

A originalidade de Nechaiev é justificar, dessa forma, a violência feita aos irmãos. Ele formula o *Catecismo* com Bakunin. Mas uma vez que este, numa espécie de desvario, encarrega-o da missão de representar na Rússia uma União Revolucionária Europeia que só existia em sua imaginação, Nechaiev parte efetivamente para a Rússia, funda a sua Sociedade do Machado, definindo ele próprio os seus estatutos. Necessário sem dúvida a qualquer ação militar ou política, aí encontramos o comitê central secreto a quem todos devem jurar fidelidade absoluta. Mas Nechaiev faz mais do que militarizar a revolução, a partir do momento em que admite que, para dirigir os subordinados, os chefes têm o direito de empregar a violência e a mentira. Para começar, ele vai mentir, com efeito, quando se dirá delegado desse comitê central ainda inexistente e quando, com o objetivo de atrair militantes hesitantes para a ação que pensa empreender, irá descrever o comitê como fonte de recursos ilimitados. E mais: irá distinguir categorias entre os revolucionários, os de primeira categoria (entenda-se: os chefes), reservando-se o direito de considerar os outros como "um capital que se pode despender". Talvez todos os líderes da história tenham pensado dessa maneira, mas não o disseram. Até Nechaiev, em todo o caso, nenhum chefe revolucionário ousara fazer disso o princípio de sua conduta. Até aquele momento, nenhuma revolução havia colocado no início de suas tábuas da lei que o homem podia ser um instrumento. Tradicionalmente, o recrutamento recorria à coragem e ao espírito de sacrifício. Nechaiev decide que se pode chantagear ou aterrorizar os céticos e enganar os confiantes. Até os revolucionários imaginários podem ser ainda utilizados, se forem sistematicamente levados a realizar os atos mais perigosos. Quanto aos oprimidos, já que se trata de salvá-los de uma vez por todas, pode-se oprimi-los ainda mais. Se perdem com isso, os futuros oprimidos irão ganhar. Nechaiev estabelece como princípio que é necessário obrigar os governos a tomar medidas repressivas, que não se deve tocar nos representantes oficiais mais detestados pela população e, finalmente, que a sociedade secreta deve empregar todos os seus recursos para aumentar o sofrimento e a miséria das massas.

Embora esses belos pensamentos tenham atualmente alcançado todo o seu sentido, Nechaiev não viveu para ver o triunfo de seus princípios. Tentou pelo menos aplicá-los quando do assassinato do estudante Ivanov, impressionando de tal forma as imaginações daquele tempo que Dostoievski fez dele um de seus temas em *Os possessos*. Ivanov, cujo único erro, ao que parece, foi ter tido dúvidas sobre o comitê central, do qual Nechaiev se dizia delegado, opunha-se à revolução porque se opunha ao homem que com ela se identificara. Logo, devia morrer. "Que direito temos nós de tirar a vida de um homem?", pergunta Ouspensky, um dos camaradas de Nechaiev. "Não se trata de direito, mas sim do nosso dever de eliminar tudo que possa prejudicar a causa." Quando a revolução é o único valor, não há mais direitos; na verdade, só há deveres. Mas, por uma inversão imediata, em nome desses deveres assumem-se todos os direitos. Em nome da causa, Nechaiev, que nunca atentou contra a vida de qualquer tirano, mata Ivanov em uma emboscada. Depois, deixa a Rússia e vai encontrar-se com Bakunin, que lhe dá as costas, condenando essa "tática repugnante". "Pouco a pouco, ele chegou a convencer-se", escreveu Bakunin, "de que, para fundar uma sociedade indestrutível, é preciso tomar como base a política de Maquiavel e adotar o sistema dos jesuítas: para o corpo, só a violência; para a alma, a mentira." O comentário está correto. Mas como decidir que essa tática é repugnante, se a revolução, como queria Bakunin, é o único bem? Nechaiev realmente está a serviço da revolução; não está servindo a si mesmo, mas à causa. Extraditado, não cede um palmo aos seus juízes. Condenado a vinte e cinco anos de prisão, reina ainda nas prisões, organiza os carcereiros numa sociedade secreta, projeta o assassinato do czar e é novamente julgado. A morte na masmorra encerra, ao fim de doze anos de reclusão, a vida desse revoltado que inaugura a raça desdenhosa dos grandes senhores da revolução.

Neste momento, no seio da revolução, tudo é realmente permitido, o assassinato pode ser erigido como princípio. No entanto, acreditou-se, com a renovação do populismo em 1870, que este movimento revolucionário, oriundo das tendências religiosas e éticas que se encontram nos dezembristas e no socialismo de Lavrov e de Herzen, ia refrear a evolução para o cinismo político que Nechaiev tinha ilustrado. O movimento apelava para as "almas vivas", pedia-lhes que fossem até o povo e o educassem, a fim de que ele marchasse por si próprio em direção à liberação. Os "fidalgos arrependidos" abandonavam a família, vestiam-se com roupas pobres e iam para as aldeias pregar para os camponeses. Mas o camponês ficava desconfiado e mantinha-se em silêncio. Quando não se calava, denunciava o apóstolo à polícia. Esse malogro das belas almas devia tornar a lançar o movimento no cinismo de um Nechaiev ou, pelo menos, à violência. Na medida em que a *intelligentsia* não conseguiu atrair o povo, sentiu-se novamente só diante da autocracia; de novo, o mundo lhe surgiu com o aspecto do senhor e do escravo. O grupo da Vontade do Povo vai, portanto, consagrar o terrorismo individual como um princípio, inaugurando a série de assassinatos que prosseguirá até 1905, com o partido socialista revolucionário. É neste ponto que nascem os terroristas, de costas para o amor, unidos contra a culpabilidade dos senhores, mas solitários em seu desespero, em meio a contradições próprias que só poderão resolver com o duplo sacrifício de sua inocência e de sua vida.

Os Assassinos Delicados

1878 é o ano de nascimento do terrorismo russo. Uma moça muito jovem, Vera Zassulitch, no dia seguinte ao julgamento de cento e noventa e três populistas, no dia 24 de janeiro, mata o general Trepov, governador de São Petersburgo. Absolvida pelos jurados, ela escapa em seguida da polícia do czar. Esse tiro de revólver desencadeia uma série de ações repressivas e de atentados, que se respondem uns aos outros, e a cujo respeito já se adivinha que só a exaustão pode colocar um ponto final.

No mesmo ano um membro da Vontade do Povo, Kravchinski, enunciava os princípios do terror, em seu panfleto "Morte por morte". As consequências seguem os princípios. Na Europa, o imperador da Alemanha, o rei da Itália e o rei da Espanha são vítimas de atentados. Ainda em 1878, Alexandre II cria, com a Okhrana, a arma mais eficaz do terrorismo de Estado. A partir daí, os assassinatos, na Rússia e no Ocidente, multiplicam-se no século XIX. Em 1879, novo atentado contra o rei da Espanha e atentado frustrado contra o czar. Em 1881, assassinato do czar pelos terroristas da Vontade do Povo. Sofia Perovskaia, Jeliabov e seus amigos são enforcados. Em 1883, atentado contra o imperador da Alemanha, cujo assassino foi executado a machadadas. Em 1887, execução dos mártires de Chicago e congresso em Valência dos anarquistas espanhóis, que lançam o aviso terrorista: "Se a sociedade não ceder, é preciso que o mal e o vício pereçam, e nós todos deveríamos perecer com eles." A década de 1890 marca na França o ponto culminante daquilo que se chamava de propaganda pela ação. Os feitos de Ravachol, de Vaillant e de Henry são o prelúdio do assassinato de Carnot. Só no ano de 1892 contam-se mais de mil atentados a dinamite na Europa e cerca de quinhentos na América. Em 1898, assassinato de Elisabeth, imperatriz da Áustria. Em 1901, assassinato de Mac Kinley, presidente dos Estados Unidos. Na Rússia, onde os atentados contra os representantes secundários do regime não cessaram, a Organização de Combate do partido socialista revolucionário nasce, em 1903, reunindo os quadros mais extraordinários do terrorismo russo. Os assassinatos de Plehve por Sasonov e do grão-duque Sérgio por Kaliaiev, em 1905, marcam o ponto culminante desses trinta anos de apostolado sanguinário, encerrando, para a religião revolucionária, a idade dos mártires.

O niilismo, estreitamente ligado ao movimento de uma religião desiludida, termina, assim, no terrorismo. No universo da negação total, pela bomba e pelo revólver, e também pela coragem com que caminhavam para o suplício, esses jovens tentavam sair da contradição para criar os valores que lhes faltavam. Até aqui, os homens morriam em nome daquilo que sabiam ou daquilo que acreditavam saber. A partir daí criou-se o hábito, mais difícil, de sacrificar-se por alguma coisa da qual nada se sabia, a não ser que era preciso morrer para que ela existisse. Até então, aqueles que deviam morrer entregavam-se a Deus, desafiando a justiça dos homens. Mas o que impressiona quando se leem as declarações dos condenados dessa época é ver que todos, sem exceção, entregavam-se, desafiando os seus juízes, à justiça de outros homens, que ainda estavam por vir. Esses homens futuros, na ausência de seus valores supremos, continuavam a ser o seu último recurso. O futuro é a única transcendência dos homens sem deus. Sem dúvida, os terroristas querem primeiro destruir, abalar o absolutismo cambaleante sob o impacto das bombas. Mas, ao menos com a sua morte, eles visam recriar uma comunidade de justiça e de amor, retomando assim uma missão que a Igreja traiu. Os terroristas querem na realidade criar uma Igreja de onde brotará um dia o novo Deus. Mas isso é tudo? Se seu ingresso voluntário na culpabilidade e na morte não tivesse feito surgir mais do que a promessa de um valor ainda vindouro, a história atual nos permitiria afirmar, pelo menos por ora, que eles morreram em vão e não deixaram de ser niilistas. Um valor futuro é aliás uma contradição em termos, já que ele não consegue explicar uma ação nem fornecer um princípio de escolha enquanto não tiver sido formulado. Mas foram os próprios homens de 1905, que, torturados pelas contradições, com sua negação e até mesmo com a morte, davam vida a um valor de agora em diante imperioso, que já tornavam visível, mas cujo advento julgavam apenas anunciar. Eles colocavam ostensivamente acima de seus algozes e de si próprios esse bem supremo e doloroso que já encontramos nas origens da revolta. Detenhamo-nos ao menos no exame desse valor, no momento em que o espírito de revolta encontra, pela última vez em nossa história, o espírito de compaixão.

"Pode-se falar da ação terrorista sem dela participar?", exclama o estudante Kaliaiev. Seus camaradas, reunidos a partir de 1903 na Organização de Combate do partido socialista revolucionário, sob a direção de Azev e depois de Boris Savinkov, mantêm-se todos à altura dessa admirável declaração. São homens exigentes. São os últimos na história da revolta, não vão ceder nada de sua condição nem de seu drama. Se viveram no terror, "se nele tiveram fé" (Pokotilov), nunca deixaram de aí ficar dilacerados. A história oferece poucos exemplos de fanáticos que tenham sofrido de escrúpulos inclusive em meio ao conflito. Aos homens de 1905, pelo menos, nunca faltaram dúvidas. A maior homenagem que lhes podemos prestar é dizer que, em 1950, não saberíamos lhes fazer uma única pergunta que eles já não se tivessem feito e à qual, em sua vida ou com a sua morte, já não tivessem respondido em parte.

No entanto, passaram rapidamente à história. Quando Kaliaiev decide, por exemplo, tomar parte em 1903, com Savinkov, na ação terrorista, ele tem vinte e seis anos. Dois anos depois, o "Poeta", como era apelidado, foi enforcado. Uma carreira curta. Mas, para quem examinar com um pouco de paixão a história desse período, Kaliaiev, em sua passagem vertiginosa, mostra-lhe o aspecto mais significativo do terrorismo. Sasonov,

Schweitzer, Pokotilov, Voinarovski e a maior parte dos outros surgiram, assim, na história da Rússia e do mundo, em riste por um instante, condenados à destruição, testemunhas breves e inesquecíveis de uma revolta cada vez mais dilacerada.

Quase todos são ateus. Boris Voinarovski, que morreu ao atirar uma bomba no almirante Dubassov, escreve: "Eu me lembro que antes mesmo de entrar para o ginásio eu pregava o ateísmo a um de meus amigos de infância. Só uma pergunta me constrangia. Mas de onde vinha isso? Pois eu não tinha a menor ideia da eternidade." O próprio Kaliaiev acreditava em Deus. Alguns minutos antes de um atentado malogrado, Savinkov o vê na rua, plantado diante de uma imagem, segurando a bomba em uma das mãos e fazendo o sinal da cruz com a outra. Mas ele repudia a religião. Em sua cela, antes da execução, ele recusa o seu socorro.

A clandestinidade obriga-os a viver na solidão. Eles não conhecem, a não ser de forma abstrata, a poderosa alegria de todo homem de ação em contato com uma grande comunidade humana. Mas o elo que os une substitui para eles todos os relacionamentos. "Fidalguia!", escreve Sasonov, comentando: "Nossa fidalguia estava permeada por um sentimento tal que a palavra 'irmão' não traduz ainda, com suficiente clareza, a essência dessas relações recíprocas." Da prisão, o mesmo Sasonov escreve aos amigos: "No que me diz respeito, a condição indispensável à felicidade é preservar para sempre a consciência de minha perfeita solidariedade com vocês." Por sua vez, a uma mulher amada que o retinha, Voinarovski confessa ter dito essa frase, que ele reconhece ser "um tanto cômica" mas que, segundo ele, comprova o seu estado de espírito: "Eu te amaldiçoaria, se me atrasasse para um encontro com os camaradas."

Esse pequeno grupo de homens e de mulheres, perdidos na multidão russa, ligados uns aos outros, escolhe o papel de carrascos, para o qual nada os predestinava. Vivem no mesmo paradoxo, unindo em si o respeito pela vida humana em geral e um desprezo pela própria vida, que chega até a nostalgia do sacrifício supremo. Para Dora Brilliant, as questões programáticas não contavam. A ação terrorista embelezava-se, em primeiro lugar, com o sacrifício que lhe fazia o terrorista. "Mas o terror pesava sobre ela como uma cruz", diz Savinkov. O próprio Kaliaiev está sempre pronto a sacrificar a vida. "E mais, ele desejava apaixonadamente esse sacrifício." Durante a preparação do atentado contra Plehve, ele propõe atirar-se sob os cascos dos cavalos e morrer com o ministro. Com Voinarovski também o gosto pelo sacrifício coincide com a atração pela morte. Depois de sua prisão, ele escreve aos pais: "Quantas vezes, durante minha adolescência, me ocorria a ideia de me matar..."

Ao mesmo tempo, esses algozes que colocavam a própria vida em jogo, e de maneira tão completa, só tocavam na dos outros com a consciência mais escrupulosa. O atentado contra o grão-duque Sérgio fracassa na primeira tentativa, porque Kaliaiev, com a aprovação de todos os camaradas, recusa-se a matar as crianças que se encontravam na carruagem do grão-duque. Savinkov escreve sobre Rachel Louriée, outra terrorista: "Ela tinha fé na ação terrorista, considerava uma honra e um dever participar dela, mas o sangue transtornava-a tanto quanto à própria Dora." O mesmo Savinkov opõe-se a um atentado contra o almirante Dubassov no expresso Petersburgo—Moscou: "À menor imprudência, a explosão poderia ter ocorrido no vagão, matando estranhos." Mais tarde, Savinkov, "em nome da consciência terrorista", negará com indignação ter feito um jovem de dezesseis anos participar de um atentado. No momento de fugir de uma prisão czarista, ele decide atirar nos oficiais que poderiam impedir a sua fuga, mas teria preferido matar-se a voltar sua arma contra soldados. Voinarovski, por sua vez, que não hesita em matar homens, confessa nunca ter caçado, "achando isso coisa de bárbaros", e declara: "Se Dubassov estiver acompanhado da mulher, não atirarei a bomba."

Um esquecimento tão grande de si mesmos, aliado a uma preocupação tão profunda com a vida dos outros, permite supor que esses assassinos delicados viveram o destino revoltado em sua contradição mais extrema. Pode-se acreditar que, mesmo reconhecendo o caráter inevitável da violência, admitiam, contudo, que ela é injustificada. Necessário e indesculpável, assim lhes parecia o assassinato. Mentes medíocres, confrontadas com esse terrível problema, podem refugiar-se no esquecimento de um dos termos. Vão contentar-se, em nome dos princípios formais, em achar indesculpável qualquer violência imediata, permitindo então essa violência difusa que ocorre na escala do mundo e da história. Ou se consolarão, em nome da história, com o fato de a violência ser necessária, acrescentando então o assassinato, até fazer da história nada mais do que uma única e longa violação de tudo aquilo que no homem protesta contra a injustiça. Isso define as duas faces do niilismo contemporâneo, burguês e revolucionário.

Mas esses corações extremados nada esqueciam. Desde então, incapazes de justificarem o que, no entanto, consideravam necessário, imaginaram que poderiam oferecer a si próprios como justificação e responder com o sacrifício pessoal à questão que se faziam. Para eles, assim como para todos os revoltados antes deles, o assassinato identificou-se com o suicídio. Logo, uma vida se paga com outra vida, e, desses dois holocaustos, surge a promessa de um valor. Kaliaiev, Voinarovski e os outros acreditam na equivalência das vidas. Não colocam, portanto, nenhuma ideia acima da vida humana, embora matem pela ideia. Vivem exatamente à altura da ideia. Justificam-na, finalmente, encarnando-a até a morte. Estamos ainda diante de um conceito, se não religioso, pelo menos metafísico da revolta. Depois desses virão outros homens que, animados pela mesma fé devoradora, irão, no entanto, considerar esses métodos sentimentais, recusando-se a admitir que qualquer vida seja equivalente a qualquer outra. Colocarão acima da vida humana uma ideia abstrata, mesmo que a chamem de história, à qual, antecipadamente submissos, vão arbitrariamente decidir subjugar também os outros. O problema da revolta não se resolverá mais na aritmética, mas sim no cálculo das probabilidades. Diante de uma futura realização da ideia, a vida humana pode ser tudo ou nada. Quanto maior a fé que o calculador deposita nessa realização, menos vale a vida humana. Em última instância, ela não vale mais nada.

Chegaremos a examinar esse limite, isto é, o tempo dos carrascos filósofos e do terrorismo de Estado. Mas enquanto isso os revoltados de 1905, na fronteira em que se mantêm, nos ensinam, ao som da explosão das bombas, que a revolta não pode conduzir, sem deixar de ser revolta, ao consolo e ao conforto dogmático. Sua única vitória aparente é triunfar pelo menos sobre a solidão e a negação. No mundo que eles negam e que os rejeita, eles tentam, como todas as grandes almas, refazer, homem por homem, uma fraternidade. O amor que têm um pelo outro, que lhes traz felicidade até no deserto da prisão, que se estende à imensa massa de seus irmãos escravizados e silenciosos, dá a medida de seu infortúnio e de sua esperança. Para servir a esse amor, precisam primeiro matar; para afirmar o reino da inocência, precisam aceitar uma certa culpabilidade. Esta contradição só se resolverá para eles no momento último. Solidão e fidalguia, desamparo e esperança só serão superados pela livre aceitação da morte. Já Jeliabov, que organizou em 1881 o atentado contra Alexandre II, detido quarenta e oito horas antes do assassinato, havia pedido para ser executado ao mesmo tempo que o autor real do atentado. "Só a covardia do governo", diz ele em sua carta às autoridades, "explicaria que se erguesse apenas um cadafalso em vez de dois." Armaram cinco, um deles para a mulher que ele amava. Mas Jeliabov morreu sorrindo, enquanto Rissakov, que fraquejara durante os interrogatórios, foi arrastado para o cadafalso meio louco de terror.

É que havia uma espécie de culpabilidade que Jeliabov não queria, mas que sabia ser o seu quinhão, como Rissakov, se continuasse solitário após haver matado ou mandado matar. Ao pé da forca, Sofia Perovskaia beijou o homem que amava e dois outros amigos, mas deu as costas para Rissakov, que morreu solitário, como um réprobo da nova religião. Para Jeliabov, a morte no meio de seus irmãos coincidia com a sua justificação. Aquele que mata só é culpado se consente em continuar vivendo ou se, para continuar vivendo, trai os irmãos. Morrer, ao contrário, anula a culpabilidade e o próprio crime. Charlotte Corday grita, então, para Fouquier-Tinville: "Oh, que monstro!, ele me toma por uma assassina!" É a descoberta torturante e efêmera de um valor humano que se mantém a meio caminho entre a inocência e a culpabilidade, a razão e a insensatez, a história e a eternidade. No instante desta descoberta, mas só então, chega para esses desesperados uma paz estranha, a das vitórias definitivas. Em sua cela, Polivanov diz que lhe teria sido "fácil e suave" morrer. Voinarovski escreve que venceu o medo da morte. "Sem que um único músculo de meu rosto se mova, sem falar, subirei ao cadafalso... E não será uma violência exercida sobre mim mesmo, será o resultado muito natural de tudo o que vivi." Bem mais tarde, o tenente Schmidt irá também escrever, antes de ser fuzilado: "Minha morte irá consumar tudo e, coroada pelo suplício, minha causa será irrepreensível e perfeita." E Kaliaiev, condenado à forca depois de se ter erguido como acusador diante do tribunal, declara com firmeza: "considero minha morte como um protesto supremo contra um mundo de lágrimas e de sangue"; é ainda Kaliaiev quem escreve: "A partir do instante em que me vi atrás das grades, não tive nem por um momento o desejo de continuar de alguma maneira a viver." Seu desejo será atendido. No dia 10 de maio, às duas horas da manhã, ele caminhará para a única justificação que reconhece. Todo vestido de negro, sem sobretudo, usando um chapéu de feltro, ele sobe ao cadafalso. Ao padre Florinski, que lhe estende o crucifixo, o condenado, desviando o rosto do Cristo, responde apenas: "Eu já lhe disse que acabei com a vida e que me preparei para a morte."

Sim, o antigo valor renasce aqui, no extremo do niilismo, aos pés da própria forca. Ele é o reflexo, desta vez histórico, do "nós existimos" que encontramos no final de uma análise do espírito revoltado. Ele é ao mesmo tempo privação e certeza iluminada. É ele que resplandece com um brilho mortal no rosto transtornado de Dora Brilliant, quando pensava naquele que morria simultaneamente por si próprio e pela amizade irrestrita; ele, que leva Sasonov a matar-se na prisão como protesto e para "se fazer respeitar pelos irmãos"; é ele ainda que absolve até Nechaiev no dia em que, pedindo-lhe um general que denunciasse os colegas, ele o derruba com um único golpe. Através dele, esses terroristas, ao mesmo tempo em que afirmam o mundo dos homens, colocam-se acima deste mundo, demonstrando, pela última vez em nossa história, que a verdadeira revolta é criadora de valores.

Graças a eles, 1905 marca o ponto mais alto do arrebatamento revolucionário. Naquela data, começa um declínio. Os mártires não constroem as Igrejas: eles são o seu cimento ou o seu álibi. Em seguida, vêm os padres e os carolas. Os revolucionários futuros não exigirão uma troca de vidas. Eles aceitarão o risco da morte, mas também consentirão em se preservarem ao máximo para servir à revolução. Logo, aceitarão para si próprios a culpabilidade total. O consentimento na humilhação, esta é a verdadeira característica dos revolucionários do século XX, que colocam a revolução e a Igreja dos homens acima de si mesmos. Kaliaiev prova, pelo contrário, que a revolução é um meio necessário, mas não um fim suficiente. Ao mesmo tempo, ele eleva o homem em lugar de rebaixá-lo. São Kaliaiev e seus irmãos, russos ou alemães, quem, na história do mundo, se opõem realmente a Hegel,[60] já que o reconhecimento universal é inicialmente considerado necessário e, depois, insuficiente. As aparências não lhe bastavam. Mesmo que o mundo inteiro se dispusesse a reconhecê-lo, uma dúvida ainda subsistiria em Kaliaiev:

---

60. Duas raças de homens. Uma mata uma única vez e paga com a vida. A outra justifica milhares de crimes e aceita honras como pagamento.

ele precisava de seu próprio consentimento, e a totalidade das aprovações não teria bastado para fazer calar essa dúvida que já fazem nascer em todo homem sincero cem aclamações entusiasmadas. Kaliaiev duvidou até o fim, e essa dúvida não o impediu de agir; é nisso que ele é a imagem mais pura da revolta. Aquele que aceita morrer, pagar uma vida com outra vida, quaisquer que sejam as suas negações, afirma ao mesmo tempo um valor que supera a si próprio como indivíduo histórico. Kaliaiev devota-se à história até a morte e, no momento de morrer, coloca-se acima da história. De certa forma, é verdade que ele se prefere a ela. Mas o que prefere, ele mesmo, a quem mata sem hesitação, ou o valor que ele encarna e faz viver? A resposta não deixa dúvidas. Kaliaiev e seus irmãos triunfam sobre o niilismo.

O Chigalevismo

Mas esse triunfo não terá um amanhã: ele coincide com a morte. O niilismo, provisoriamente, sobrevive aos seus vencedores. No próprio seio do partido socialista revolucionário, o cinismo político continua a encaminhar-se para a vitória. O chefe que envia Kaliaiev para a morte, Azev, faz jogo duplo, denunciando os revolucionários à Okhrana, ao mesmo tempo em que manda executar ministros e grão-duques. A provocação restaura o "Tudo é permitido", identificando ainda a história e o valor absoluto. Este niilismo, após ter influenciado o socialismo individualista, vai contaminar o socialismo chamado científico, que surge na década de 1880 na Rússia.[61] O legado conjunto de Nechaiev e de Marx dará origem à revolução totalitária do século XX. Enquanto o terrorismo individual perseguia os últimos representantes do direito divino, o terrorismo de Estado preparava-se para destruir definitivamente esse direito na própria raiz das sociedades. A técnica da tomada do poder para a realização dos fins últimos toma o lugar da afirmação exemplar desses fins.

Lenin, na verdade, irá pedir emprestado a Tkachev, camarada e irmão espiritual de Nechaiev, uma concepção da tomada de poder que ele achava "majestosa" e que ele próprio assim resumia: "segredo rigoroso, escolha minuciosa dos membros e formação de revolucionários profissionais". Tkachev, que morreu louco, faz a transição do niilismo para o socialismo militar. Ele pretendia criar um jacobinismo russo e só tomou aos jacobinos a sua técnica de ação, já que também negava todo princípio e toda virtude. Inimigo da arte e da moral, ele concilia na tática somente o racional e o irracional. Seu objetivo é realizar a igualdade humana pela tomada do poder de Estado. Organização secreta, alianças revolucionárias, poder ditatorial dos chefes, estes temas definem a noção, se não a existência, do "aparelho", que irá conhecer um sucesso tão grande e eficaz. Quanto ao método propriamente dito, ter-se-á dele uma ideia justa quando se souber que Tkachev propunha suprimir todos os russos de mais de vinte e cinco anos, como incapazes de aceitarem as ideias novas. Método genial, na verdade, e que devia prevalecer na técnica do superestado moderno, em que a educação fanática da criança se realizava no meio de

---

61. O primeiro grupo socialdemocrata, o de Plekhanov, é de 1883.

adultos aterrorizados. O socialismo cesariano irá condenar, sem dúvida, o terrorismo individual, na medida em que ele faz reviver valores incompatíveis com o predomínio da razão histórica. Mas restituirá o terror ao nível do Estado, tendo, como única justificação, a construção da humanidade enfim dividida.

Um ciclo encerra-se aqui, e a revolta, cortada de suas verdadeiras raízes, infiel ao homem porque submissa à história, pretende agora escravizar o universo inteiro. Começa então a era do chigalevismo, exaltada em *Os possessos* por Verkhovenski, o niilista que reclama o direito à desonra. Espírito infeliz e implacável,[62] escolheu a vontade de poder, a única, na verdade, que pode reinar sobre uma história sem outra significação que ela mesma. Chigalev, o filantropo, será sua caução; de agora em diante, o amor pela humanidade justificará a escravização dos homens. Louco pela igualdade,[63] após longas reflexões, Chigalev chega à conclusão, com desespero, de que um único sistema é possível, se bem que seja na verdade um sistema desesperador. "Partindo da liberdade ilimitada, chego ao despotismo ilimitado." A liberdade total, que é negação de tudo, só pode viver e justificar-se pela criação de novos valores identificados com a humanidade inteira. Se esta criação tarda, a humanidade se entredilacera até a morte. O caminho mais curto no sentido desses novos padrões passa pela ditadura total. "Um décimo da humanidade terá direito à personalidade e exercerá autoridade ilimitada sobre os

---

62. "Ele concebia o homem à sua maneira, e depois nunca mais desistia de sua ideia."
63. "A calúnia e o assassinato em casos extremos, mas sobretudo a igualdade."

outros nove décimos. Estes perderão a sua personalidade, tornando-se uma espécie de rebanho, restritos à obediência passiva, sendo reconduzidos à inocência primeira e, por assim dizer, ao paraíso primitivo, onde, de resto, deverão trabalhar." É o governo dos filósofos, com o qual sonhavam os utopistas; só que estes filósofos não acreditam em nada. O reino chegou, mas ele nega a verdadeira revolta; trata-se apenas do reino dos "Cristos violentos", para retomar uma expressão de um literato entusiasta, exaltando a vida e a morte de Ravachol. "O papa no alto", diz Verkhovenski com amargura, "nós ao seu redor e, abaixo de nós, o chigalevismo."

As teocracias totalitárias do século XX, o terror de Estado, são assim anunciados. Os novos senhores e os grandes inquisidores reinam hoje sobre uma parte de nossa história, utilizando-se da revolta dos oprimidos. Seu reino é cruel, mas eles desculpam-se por sua crueldade, como o Satã romântico, alegando que a exercem como um fardo pesado. "Nós nos reservamos o desejo e o sofrimento; os escravos terão o chigalevismo." Nasce nesse momento uma nova e um tanto horrenda raça de mártires. Seu martírio consiste em aceitar que o sofrimento seja infligido aos outros; eles se escravizam ao seu próprio domínio. Para que o homem se torne deus, é preciso que a vítima se rebaixe para tornar-se carrasco. É por isso que vítima e carrasco estão igualmente desesperados. Nem a escravidão nem o poder coincidem mais com a felicidade; os senhores serão morosos, e os servos, mal-humorados. Saint-Just tinha razão, é uma coisa horrível atormentar o povo. Mas como evitar esse tormento se se decidiu fazer deles deuses? Da mesma forma que Kirilov, que se mata para ser deus, aceita ver seu suicídio utilizado pela "conspiração" de Verkhovenski, também a divinização do homem por si próprio rompe o limite que a revolta, no entanto, revelava, seguindo irresistivelmente os caminhos enlameados da tática e do terror, dos quais a história ainda não saiu.

O Terrorismo de Estado
e o Terror Irracional

Todas as revoluções modernas resultaram num fortalecimento do Estado. 1789 traz Napoleão; 1848, Napoleão III; 1917, Stalin; os distúrbios italianos da década de 1920, Mussolini; a república de Weimar, Hitler. Essas revoluções, sobretudo depois que a Primeira Guerra Mundial liquidou os vestígios do direito divino, propuseram-se, entretanto, com uma audácia cada vez maior, a construção da cidade humana e da liberdade real. A crescente onipotência do Estado sancionou essa ambição em todos os casos. Seria errado dizer que isso não podia deixar de acontecer. Mas é possível examinar como isso ocorreu; talvez se siga uma lição.

Paralelamente a um pequeno número de explicações, que não são objeto deste ensaio, o estranho e aterrorizante crescimento do Estado moderno pode ser considerado como a conclusão lógica de ambições técnicas e filosóficas desmedidas, estranhas ao verdadeiro espírito de revolta, mas que deram origem, no entanto, ao espírito revolucionário de nosso tempo. O sonho profético de Marx e as poderosas antecipações de Hegel ou de Nietzsche acabaram suscitando, depois que a cidade de Deus foi arrasada, um Estado racional ou irracional, mas em ambos os casos terrorista.

A bem dizer, as revoluções fascistas do século XX não merecem o título de revolução. Faltou-lhes ambição universal. Não há dúvida de que Mussolini e Hitler procuraram criar um império e que os ideólogos nacional-socialistas pensaram, explicitamente, em império mundial. A diferença entre eles e o movimento revolucionário clássico é que, no legado niilista, eles decidiram deificar o irracional, e apenas o irracional, em vez de divinizar a razão. Ao mesmo tempo, renunciavam ao universal. Isso não impede que Mussolini invoque Hegel, e Hitler, Nietzsche; eles ilustram, na história, algumas das profecias da ideologia alemã. A este título pertencem à história da revolta e do niilismo. Foram os primeiros a construírem um Estado baseado na ideia de que nada tinha sentido e que a história nada mais era do que o acaso da força. A consequência não tardou.

A partir de 1914, Mussolini anunciava a "santa religião da anarquia", declarando-se inimigo de todos os cristianismos. Quanto a Hitler, sua religião confessa justapunha, sem hesitação, o Deus-Providência e o Walhalla. O seu deus, na verdade, era um argumento de comício e uma maneira de suscitar o debate no final de seus discursos. Enquanto durou o sucesso, ele preferiu julgar-se inspirado. No momento da derrota, ele se julgou traído por seu povo. Entre os dois, nada veio anunciar ao mundo que ele algum dia pudesse ter sido capaz de achar-se culpado em relação a algum princípio. O único homem de cultura superior que deu ao nazismo uma aparência de filosofia, Ernst Jünger, escolheu inclusive as próprias fórmulas do niilismo: "A melhor resposta à traição da vida pelo espírito é a traição do espírito pelo espírito, e um dos grandes e cruéis gozos deste tempo é participar desse trabalho de destruição."

Os homens de ação, quando não têm fé, só acreditam no movimento da ação. O paradoxo insustentável de Hitler foi justamente querer fundar uma ordem estável baseada em um movimento perpétuo e uma negação. Rauschning, em sua *Revolução do niilismo*, tem razão em dizer que a revolução hitlerista era dinamismo puro. Na Alemanha, abalada até as raízes por uma guerra sem precedentes, pela derrota e pelo desequilíbrio econômico, nenhum valor se mantinha mais de pé. Embora seja necessário levar em conta o que Goethe chamava de "o destino alemão de tornar tudo difícil", a epidemia de suicídios que afetou o país inteiro, entre as duas guerras, dá uma ideia da confusão mental reinante. Para aqueles que desesperam de tudo, os raciocínios não podem devolver a fé, mas apenas a paixão, e, no caso, a própria paixão que jazia no âmago desse desespero, quer dizer, a humilhação e o ódio. Não havia mais um valor, ao mesmo tempo comum e superior a todos esses homens, em nome do qual lhes seria possível julgarem-se uns aos outros. A Alemanha de 1933, portanto, aceitou adotar os valores degradados de alguns homens, tentando impô-los a toda uma civilização. Privada da moral de Goethe, ela escolheu e sofreu a moral da gangue.

A moral da gangue é triunfo e vingança, derrota e ressentimento, inesgotavelmente. Quando Mussolini exaltava "as forças elementares do indivíduo", anunciava a exaltação dos poderes obscuros do sangue e do instinto, a justificação biológica daquilo que o instinto de dominação produz de pior. No julgamento de Nuremberg, Frank ressaltou "o ódio à forma" que animava Hitler. É bem verdade que este homem era somente uma força em movimento, dirigida e tornada mais eficaz pelos cálculos da esperteza e pela implacável clarividência tática. Até mesmo sua forma física, medíocre e banal, não representava para ele um limite, fundia-o com a massa.[64] Somente a ação o mantinha de pé. Para ele, ser era fazer. Eis por que Hitler e seu regime não podiam prescindir de inimigos. Dândis frenéticos,[65] só podiam ser definidos em relação a esses inimigos, só podiam assumir uma forma no combate ferrenho que iria abatê-los. O judeu, os maçons, as plutocracias, os anglo-saxões e o eslavo bestial se sucederam na propaganda e na história para reerguer, cada vez um pouco mais alto, a força cega que marchava para o seu fim. O conflito perpétuo exigia estimulantes perpétuos.

Hitler era a história em estado puro. "Tornar-se vale mais do que viver", dizia Jünger. Ele pregava, portanto, a identificação total com a corrente da vida, em seu nível mais baixo, desafiando qualquer realidade superior. O regime que inventou a política externa biológica contrariava os seus próprios interesses. Mas ele obedecia ao menos à sua lógica particular. Da mesma forma, Rosenberg dizia pomposamente que a vida é "o estilo de uma coluna em marcha, e pouco importam o destino e a finalidade para onde essa coluna marcha". Embora a coluna vá semear a história com ruínas, devastando o seu próprio país, ela terá pelo menos vivido. A verdadeira lógica desse dinamismo era a derrota total ou, de conquista

---

64. Ver o excelente livro de Max Picard: *L'Homme du néant* (*O homem do nada*), Cahiers du Rhône.
65. Sabe-se que Goering recebia às vezes os visitantes fantasiado de Nero e fardado.

em conquista, de inimigo em inimigo, o estabelecimento do Império do sangue e da ação. É pouco provável que Hitler tenha no começo concebido esse Império. Ele não estava à altura de seu destino, nem pela cultura, nem mesmo pelo instinto ou pela inteligência tática. A Alemanha desmoronou por ter travado uma luta imperial com um pensamento político provinciano. Mas Jünger havia percebido essa lógica e dera a sua fórmula. Ele teve a visão de um "Império mundial e técnico", de uma "religião da técnica anticristã", cujos fiéis e soldados fossem os próprios operários, porque (e nisto Jünger reencontra Marx), por sua estrutura humana, o operário é universal. "O estatuto de um novo regime de comando substitui a mudança do contrato social. O operário é retirado da esfera de negociações, da piedade, da literatura, e elevado à esfera da ação. As obrigações jurídicas transformam-se em obrigações militares." O Império, como se vê, é simultaneamente a fábrica e a caserna mundiais, onde reina como escravo o soldado operário de Hegel. Hitler foi detido relativamente cedo no caminho desse império. Mas se de qualquer modo tivesse ido ainda mais longe, ter-se-ia assistido apenas ao desdobramento cada vez mais amplo de um dinamismo irresistível e ao fortalecimento cada vez mais violento dos princípios cínicos, os únicos capazes de servirem a esse dinamismo.

Falando de uma revolução como essa, Rauschning diz que ela não é mais liberação, justiça e mola do espírito: ela é "a morte da liberdade, o domínio da violência e a escravidão do espírito". O fascismo, na verdade, é o desprezo. Inversamente, qualquer forma de desprezo, se intervém na política, prepara ou instaura o fascismo. É preciso acrescentar que o fascismo não pode ser outra coisa sem se renegar a si próprio. Jünger tirava de seus próprios princípios a conclusão de que era melhor ser criminoso do que burguês. Hitler, que tinha menos talento literário, mas, naquela ocasião, mais coerência, sabia que não fazia diferença ser um ou outro a partir do momento em que só se acredita no sucesso. Ele se permitiu, portanto, ser os dois ao mesmo tempo. "O fato é tudo", dizia Mussolini. E Hitler: "Quando a raça corre o risco de ser oprimida... a questão da legalidade desempenha apenas um papel secundário." Se a raça, aliás, tem sempre necessidade de ser ameaçada para existir, nunca há legalidade. "Estou pronto a assinar tudo, tudo subscrever... No que me concerne, sou capaz, com toda a boa-fé, de assinar tratados hoje e rompê-los friamente amanhã, se o futuro do povo alemão estiver em jogo." Antes de desencadear a guerra, aliás, o Führer declarou a seus generais que não se perguntaria ao vencedor, mais tarde, se ele havia dito a verdade ou não. O *leitmotiv* da defesa de Goering no julgamento de Nuremberg retoma essa ideia: "O vencedor será sempre juiz, e o vencido, réu." Sem dúvida, isso pode ser discutido. Nesse caso, não se pode compreender Rosenberg, quando ele diz no julgamento de Nuremberg que não havia previsto que esse mito levaria ao assassinato. Quando o procurador inglês observa que "de *Minha luta*, a estrada levava diretamente às câmaras de gás de Majdanek", ele toca, pelo contrário, no verdadeiro assunto do julgamento, o das responsabilidades históricas do niilismo ocidental, o único, no entanto, que não foi realmente discutido em Nuremberg, por motivos evidentes. Não se pode conduzir um julgamento anunciando a culpabilidade geral de uma civilização. Julgaram-se apenas os atos que, esses pelo menos, eram gritantes diante do mundo inteiro.

Hitler, em todo o caso, inventou o movimento perpétuo da conquista, sem o qual ele nada teria sido. Mas o inimigo perpétuo é o terror perpétuo, desta vez no nível de Estado. O Estado identifica-se com "o aparelho", isto é, com o conjunto de mecanismos de conquista e de repressão. A conquista dirigida para o interior do país chama-se propaganda ("o primeiro passo em direção ao inferno", segundo Frank) ou repressão. Dirigida para o exterior, cria o exército. Todos os problemas são, dessa forma, militarizados, colocados em termos de poderio e de eficácia. O comandante-geral determina a política e, aliás, todos os principais problemas de administração. Este princípio, irrefutável quanto à estratégia, é generalizado na vida civil. Um único líder, um único povo significa um único senhor e milhões de escravos. Os intermediários políticos que, em todas as sociedades, são as salvaguardas da liberdade desaparecem, dando lugar a um Jeová de botas, que reina sobre multidões silenciosas ou, o que dá no mesmo, limitadas a gritar palavras de ordem. Não se interpõe entre o chefe e o povo um organismo de conciliação ou de mediação, mas justamente o aparelho, quer dizer, o partido, que é opressor. Nasce assim o primeiro e único princípio desta baixa mística, o *Führerprinzip* (princípio autoritário), que restaura no mundo do niilismo uma idolatria e uma degradação do sagrado.

Mussolini, jurista latino, contentava-se com a razão de Estado, que ele transformava apenas, com muita retórica, em absoluto. "Nada além do Estado, acima do Estado, contra o Estado. Tudo ao Estado, para o Estado, no Estado." A Alemanha hitlerista deu a essa falsa razão a sua verdadeira linguagem, que era a de uma religião. "Nossa missão divina", escreve um jornal nazista durante um congresso do partido, "era reconduzir cada qual às suas origens, às Mães. Era realmente uma missão divina." As origens, no caso, estão no grito primal. De que deus se trata? Uma declaração oficial do partido nos responde: "Todos nós, aqui embaixo, acreditamos em Adolf Hitler, nosso *Führer*... e (nós confessamos) que o nacional-socialismo é a única fé que leva o nosso povo à salvação." Os mandamentos do chefe, de pé na sarça ardente dos projetores, sobre um Sinai de tábuas e de bandeiras, determinam então a lei e a virtude. Se os microfones sobre-humanos ordenam uma só vez o crime, então, de chefes para subchefes, o crime desce até o escravo, que recebe as ordens sem dá-las a ninguém. Um dos verdugos de Dachau chora, em seguida, na prisão: "Só cumpri ordens. O *Führer* e o *Reichsführer* foram os únicos a produzir tudo isto, depois se foram. Glueks recebeu ordens de Kaltenbrunner, e, finalmente, eu recebi a ordem de fuzilar. Eles me passaram todas as ordens, porque eu era apenas um pequeno *Hauptscharführer* e não havia mais ninguém abaixo de mim a quem pudesse transmiti-las. Agora, eles dizem que sou eu o assassino." Goering protestava no julgamento a sua fidelidade ao *Führer*, dizendo que "existia ainda um código de honra nesta vida maldita". A honra estava na obediência, que às vezes se confundia com o crime. A lei militar pune com a morte a desobediência, e sua honra é servidão. Quando todos são militares, o crime é não matar se a ordem assim o exigir.

A ordem, por desgraça, raramente exige que se faça o bem. O puro dinamismo doutrinário não pode se dirigir para o bem, mas somente para a eficácia. Enquanto houver inimigos haverá terror; e haverá inimigos enquanto o dinamismo existir, e, para que ele exista, "todas as influências suscetíveis de enfraquecer a soberania do povo, exercida pelo

Führer, com a ajuda do partido... devem ser eliminadas". Os inimigos são hereges, devem ser convertidos pela pregação ou pela propaganda; exterminados pela inquisição ou, em outras palavras, pela Gestapo. O resultado é que o homem, se for membro do partido, não passa de um instrumento a serviço do Führer, uma engrenagem do aparelho; ou, se inimigo do *Führer*, um produto de consumo do aparelho. O arrebatamento irracional, nascido da revolta, só se propõe a reduzir aquilo que faz com que o homem não seja uma engrenagem, isto é, a própria revolta. O individualismo romântico da revolução alemã se realiza, finalmente, no mundo das coisas. O terror irracional transforma os homens em coisas, em "bacilos planetários", segundo a fórmula de Hitler. Ele se propõe a destruir não apenas a pessoa, mas também as possibilidades universais da pessoa, a reflexão, a solidariedade, o apelo ao amor absoluto. A propaganda e a tortura são meios diretos de desintegração; mais ainda a degradação sistemática, o amálgama com o criminoso cínico, a cumplicidade forçada. Aquele que mata ou tortura só conhece uma sombra em sua vitória: não pode se sentir inocente. Logo, é preciso criar a culpabilidade na própria vítima, para que, num mundo sem rumo, a culpabilidade geral legitime apenas o exercício da força, consagre apenas o sucesso. Quando a ideia de inocência desaparece no próprio inocente, o valor de poder reina definitivamente num mundo desesperado. É por isso que uma ignóbil e cruel penitência reina neste mundo, em que apenas as pedras são inocentes. Os condenados são obrigados a enforcarem-se uns aos outros. O próprio grito puro da maternidade é sufocado, como no caso da mãe grega que foi forçada por um oficial a escolher qual dos três filhos seria fuzilado. É assim que, finalmente, se fica livre. O poder de matar e de aviltar salva a alma servil do nada. A liberdade alemã é então cantada ao som da orquestra de prisioneiros nos campos da morte.

Os crimes hitleristas e, entre eles, o massacre dos judeus não têm equivalente na história, porque a história não tem nenhum exemplo de que uma doutrina de destruição total jamais tenha sido capaz de apoderar-se das alavancas de comando de uma nação civilizada. Mas, sobretudo, pela primeira vez na história os governantes de um país utilizaram o seu imenso poder para instaurar uma mística fora de qualquer moral. Esta primeira tentativa de uma Igreja construída sobre o nada pagou-se com a própria aniquilação. A destruição de Lidice mostra efetivamente que a aparência sistemática e científica do movimento hitlerista encobre, na verdade, um movimento irracional, que só pode ser o movimento do desespero e do orgulho. Diante de uma aldeia supostamente rebelde, só se imaginavam até então duas atitudes do conquistador. Ou bem a repressão calculada e a fria execução dos reféns ou o saque selvagem, e obrigatoriamente breve, de soldados enfurecidos. Lidice foi destruída pelos dois sistemas conjugados. Ela ilustra as devastações dessa razão irracional que é o único valor encontrado na história. As casas foram incendiadas, cento e setenta e quatro homens da aldeia fuzilados, duzentas e três mulheres deportadas e cento e três crianças transferidas para serem educadas na religião do *Führer*, além do que equipes especiais passaram meses de trabalho nivelando o terreno a dinamite, destruindo as pedras, aterrando o lago, desviando finalmente o curso do rio. Lidice, depois disso, não era realmente mais nada, a não ser um mero futuro, segundo a lógica do movimento. Para maior segurança, esvaziou-se o cemitério de seus mortos, porque lembravam ainda que algo existira nesse lugar.[66]

A revolução niilista, que se expressou historicamente na religião hitlerista, só suscitou, dessa forma, um furor insensato pelo nada, que acabou voltando-se contra si mesmo. A negação, dessa vez pelo menos e apesar de Hegel, não foi criadora. Hitler exemplifica o caso, talvez único na história, de um tirano que não deixou nenhum saldo. Para si mesmo, para o seu povo e para o mundo, ele foi apenas suicida e assassino. Sete milhões de judeus assassinados, sete milhões de europeus deportados ou assassinados, dez milhões de vítimas da guerra não seriam suficientes para que a história o julgasse: ela está acostumada com assassinos. Mas a própria destruição das justificações últimas de Hitler, isto é, da nação alemã, a partir de agora faz desse homem, cuja presença histórica assombrou durante anos milhões de homens, uma sombra inconsistente e miserável. O depoimento de Speer no julgamento de Nuremberg mostrou que Hitler, embora tivesse podido sustar a guerra antes do desastre total, quis o suicídio geral, a destruição material e política da nação alemã. Para ele, o único valor, até o fim, foi o sucesso. Já que a Alemanha perdia a guerra, ela era covarde e traidora, logo, merecia morrer. "Se o povo alemão não é capaz de vencer, não é digno de viver." Hitler decidiu, portanto, arrastá-lo para a morte e fazer de seu suicídio uma apoteose, quando os canhões russos já derrubavam as paredes dos palácios berlinenses. Hitler, Goering, que

---

66. É impressionante observar que atrocidades que podem lembrar tais excessos foram cometidas nas colônias (Índia, 1857; Argélia, 1945 etc.) por nações europeias que, na verdade, obedeciam ao mesmo preconceito irracional de superioridade racial.

queria ver seus ossos colocados em um túmulo de mármore, Goebbels, Himmler, Ley se matam nos subterrâneos ou em celas. Mas essa morte é uma morte para nada, é como um pesadelo, uma fumaça que se dissipa. Nem eficaz nem exemplar, ela consagra a vaidade sanguinária do niilismo. "Eles se julgavam livres", grita histericamente Frank. "Eles não sabem que ninguém se liberta do hitlerismo!" Eles não o sabiam, assim como não sabiam que a negação de tudo é servidão, e a verdadeira liberdade, uma submissão interior a um valor que enfrenta a história e seus sucessos.

Mas as místicas fascistas, se bem que tenham visado dominar o mundo pouco a pouco, nunca pretenderam realmente um Império universal. No máximo, Hitler, impressionado com suas próprias vitórias, desviou-se das origens provincianas de seu movimento, rumo ao sonho impreciso de um Império dos alemães, que nada tinha a ver com a Cidade universal. O comunismo russo, pelo contrário, por suas próprias origens, pretende abertamente o império mundial. Esta é a sua força, seu significado profundo e sua importância na nossa história. Apesar das aparências, a revolução alemã não tinha futuro. Ela era apenas um ímpeto primitivo, cujas devastações foram maiores do que suas ambições reais. O comunismo russo, ao contrário, assumiu a ambição metafísica que este ensaio descreve, a edificação, após a morte de Deus, de uma cidade do homem enfim divinizado. Esse nome de revolução, ao qual a aventura hitlerista não pode aspirar, o comunismo russo o mereceu e, embora aparentemente não o mereça mais, pretende merecê-lo um dia, e para sempre. Pela primeira vez na história, uma doutrina e um movimento apoiados por um Império armado propõem-se como objetivo a revolução definitiva e a unificação final do mundo. Resta-nos examinar detalhadamente essa pretensão. Hitler, no auge de sua loucura, quis estabilizar a história por mil anos. Ele julgava estar a ponto de fazê-lo, e os filósofos realistas das nações vencidas preparavam-se para tomar consciência disso e absolvê-lo, quando a batalha da Inglaterra e Stalingrado atiraram-no à morte, fazendo com que a história se pusesse novamente em marcha. Mas, tão incansável quanto a própria história, a pretensão humana à divinização ressurgiu, com mais seriedade e maior eficácia, sob a forma do Estado racional, tal como foi edificado na Rússia.

O Terrorismo de Estado e o Terror Racional

Na Inglaterra do século XIX, em meio aos sofrimentos e às terríveis desgraças que a passagem do capital agrícola ao capital industrial provocava, Marx tinha muitos elementos para elaborar uma impressionante análise do capitalismo primitivo. Quanto ao socialismo, independentemente dos ensinamentos, aliás contraditórios em relação à sua doutrina, que podia tirar das revoluções francesas, ele era obrigado a falar nele no futuro, e de forma abstrata. Não é, portanto, de admirar que tenha conseguido misturar em sua doutrina o método crítico mais válido com o messianismo utópico mais contestável. Infelizmente, o método crítico, que por definição estaria adaptado à realidade, viu-se cada vez mais separado dos fatos, na medida em que quis continuar fiel à profecia. Acreditava-se, e isto já é uma indicação, que se retiraria do messianismo aquilo que se concederia à verdade. Esta contradição já era perceptível quando Marx estava vivo. A doutrina do *Manifesto comunista* não é mais rigorosamente exata, vinte anos depois, quando surge *o capital*, obra que aliás, ficou incompleta, porque Marx, no final da vida, debruçava-se sobre uma prodigiosa massa de fatos sociais e econômicos a que era preciso adaptar novamente o sistema. Esses fatos diziam respeito principalmente à Rússia, que ele desprezara até então. Sabe-se enfim que o Instituto Marx-Engels de Moscou interrompeu a publicação das obras completas de Marx em 1935, quando ainda faltavam mais de trinta volumes para serem publicados; sem dúvida, o conteúdo desses volumes não era suficientemente "marxista".

Desde a morte de Marx, em todo o caso, apenas uma minoria de discípulos continuou fiel ao seu método. Os marxistas que fizeram a história apoderaram-se, pelo contrário, da profecia e de seus aspectos apocalípticos, para realizarem uma revolução marxista, nas circunstâncias exatas em que Marx previra que uma revolução não podia se produzir. Pode-se dizer de Marx que a maior parte de suas previsões entrou em choque com os fatos, no mesmo momento em que sua profecia foi objeto de uma fé crescente. A razão é simples: as previsões eram a curto prazo e puderam ser controladas. A profecia aponta para bem mais adiante e tem a seu favor aquilo que consolida as religiões: a impossibilidade de apresentar provas. Quando as previsões desmoronavam, a profecia continuava a ser a única esperança. Daí decorre o fato de ela ser a única a reinar em nossa história. O marxismo e seus seguidores só serão examinados neste ensaio sob o ângulo da profecia.

A Profecia Burguesa

Marx é ao mesmo tempo um profeta burguês e um profeta revolucionário. O segundo é mais conhecido que o primeiro. Mas o primeiro explica muitas coisas no destino do segundo. Um messianismo histórico e científico influenciou o seu messianismo revolucionário, oriundo da ideologia alemã e das insurreições francesas.

Em contraposição ao mundo antigo, a unidade do mundo cristão e do mundo marxista é impressionante. Ambas as doutrinas têm em comum uma visão do mundo que o separa da atitude grega. Jaspers define-a muito bem: "É um pensamento cristão considerar a história dos homens como estritamente singular." Os cristãos foram os primeiros a considerar a vida humana e a sequência dos acontecimentos como uma história que se desenrola a partir de uma origem em direção a um fim, no decorrer da qual o homem ganha a sua salvação ou merece o seu castigo. A filosofia da história nasceu de uma representação cristã, surpreendente para um espírito grego. A noção grega do devir nada tem em comum com a nossa ideia da evolução histórica. A diferença entre as duas é a mesma que distingue um círculo de uma linha reta. Os gregos concebiam o mundo como cíclico. Aristóteles, para dar um exemplo preciso, não se julgava posterior à guerra de Troia. O cristianismo foi obrigado, para estender-se ao mundo mediterrâneo, a helenizar-se, e sua doutrina, ao mesmo tempo, flexibilizou-se. Mas a sua originalidade foi introduzir no mundo antigo duas noções jamais associadas até então, as de história e de castigo. Pela ideia de mediação, o cristianismo é grego. Pela noção de historicidade, ele é judaico e voltará a ser encontrado na ideologia alemã.

Entende-se melhor esse corte ao ressaltar a hostilidade dos pensamentos históricos em relação à natureza, considerada por eles como um objeto não de contemplação, mas de transformação. Tanto para os cristãos quanto para os marxistas, é preciso dominar a natureza. Os gregos acham que é melhor obedecer-lhe. O amor dos antigos pelo cosmos é desconhecido pelos primeiros cristãos, que, de resto, esperavam com impaciência um fim do mundo iminente. O helenismo, associado ao cristianismo, produzirá em seguida o admirável desabrochar albigense, por um lado, e, por outro, São Francisco. Mas com a Inquisição e a destruição da heresia cátara, a Igreja separa-se novamente do mundo e da beleza, devolvendo à história a sua primazia sobre a natureza. Jaspers também tem razão ao dizer: "É a atitude cristã que pouco a pouco esvazia o mundo de sua substância... já que a substância residia em um conjunto de símbolos." Esses símbolos são os do drama divino que se desenrola através dos tempos. A natureza não é mais que o cenário desse drama. O belo equilíbrio entre o humano e a natureza — a aceitação do mundo pelo homem, que soergue e faz resplandecer todo o pensamento antigo — foi esfacelado, em benefício da história, inicialmente pelo cristianismo. O ingresso nessa história, pelos povos nórdicos, que não têm uma tradição de amizade com o mundo, precipitou esse movimento. A partir do momento em que a divindade do Cristo é negada, em que, graças aos cuidados da ideologia alemã, ele já não simboliza mais que o homem-deus, desaparece a noção de mediação e um mundo judaico é ressuscitado. O deus implacável dos exércitos reina novamente, toda beleza é insultada como fonte de prazeres ociosos, a própria natureza é escravizada. Deste ponto de vista, Marx é o Jeremias do deus histórico e o Santo Agostinho da revolução. Uma simples comparação com um seu contemporâneo, que foi o doutrinador inteligente da reação, bastaria para explicar os aspectos propriamente reacionários de sua doutrina.

Joseph de Maistre refuta o jacobinismo e o calvinismo, doutrinas que resumiam para ele "tudo o que foi pensado de ruim durante três séculos", em nome de uma filosofia cristã da história. Contra os cismas e as heresias, ele quer refazer "o manto sem costuras" de uma Igreja enfim católica. Seu objetivo — e isso se percebe em virtude de suas aventuras maçônicas[67] — é a cidade cristã universal. Maistre sonha com o Adão protoplasta ou Homem universal, de Fabre d'Olivet, que estaria no princípio das almas diferenciadas e com o Adão Kadmon dos cabalistas, que precedeu a queda e que agora deve ser ressuscitado. Quando a Igreja tiver recoberto o mundo, ela dará um corpo a esse Adão primeiro e último. A esse respeito, encontra-se nas *Soirées de Saint-Pétersbourg* (*Noites de São Petersburgo*) um sem-número de fórmulas cuja semelhança com as fórmulas messiânicas de Hegel e de Marx é impressionante. Na Jerusalém ao mesmo tempo terrestre e celestial que Maistre imagina, "todos os habitantes permeados pelo mesmo espírito se permearão mutuamente e uns refletirão a felicidade dos outros". Maistre não chega a negar a personalidade após a morte; ele sonha apenas com uma misteriosa unidade reconquistada em que, "aniquilado o mal, não haverá mais paixão nem interesse pessoal" e em

---

67. E. Dermenghem. *Joseph de Maistre mystique* (*Joseph de Maistre místico*).

que "o homem se reunirá a si mesmo quando desaparecer esta lei de duas faces e os seus dois centros se confundirem".

Na cidade do conhecimento absoluto, onde os olhos do espírito se confundiam com os do corpo, Hegel reconciliava também as contradições. Mas a visão de Maistre encontra uma vez mais a de Marx, que anunciava "o fim da querela entre essência e existência, entre a liberdade e a necessidade". Para Maistre, o mal não é mais que a ruptura da unidade. Mas a humanidade deve reencontrar sua unidade na terra e no céu. Por que caminhos? Maistre, reacionário do antigo regime, é menos explícito sobre esta questão do que Marx. Ele esperava, contudo, uma grande revolução religiosa da qual 1789 era apenas "o espantoso prefácio". Citava São João, ao pedir que *façamos* a verdade, o que é precisamente o programa do espírito revolucionário moderno, assim como São Paulo anunciando que "o último inimigo a ser destruído é a morte". A humanidade, através dos crimes, da violência e da morte, marcha para essa consumação que irá justificar tudo. A terra, para Maistre, não é mais que "um imenso altar, onde tudo o que vive deve ser imolado sem fim, sem medida e sem descanso, até a consumação das coisas, até a extinção do mal, até a morte da morte". No entanto, seu fatalismo é ativo. "O homem deve agir como se pudesse tudo e resignar-se como se nada pudesse." Encontra-se em Marx a mesma espécie de fatalismo criador. Maistre justifica, sem dúvida, a ordem estabelecida. Mas Marx justifica a ordem que se estabelece em seu tempo. O elogio mais eloquente do capitalismo foi feito por seu maior inimigo. Marx só é anticapitalista na medida em que o capitalismo prescreveu. Dever-se-á estabelecer uma nova ordem que reclamará, em nome da história, um novo conformismo. Quanto aos meios, são os mesmos, tanto para Marx quanto para Maistre: o realismo político, a disciplina, a força. Quando Maistre retoma o pensamento corajoso de Bossuet, "herege é quem tem ideias pessoais", em outras palavras, ideias sem referência a uma tradição, social ou religiosa, ele dá a fórmula do mais antigo e do mais novo dos conformismos. O procurador-geral, o bardo pessimista do carrasco, anuncia então nossos procuradores diplomatas.

Naturalmente, essas semelhanças não fazem de Maistre um marxista, nem de Marx um cristão tradicional. O ateísmo marxista é absoluto. No entanto, restitui o ser supremo à estatura do homem. "A crítica da religião termina na doutrina de que o homem é para o homem o ser supremo." Sob esse ângulo, o socialismo é assim um empreendimento de divinização do homem e assumiu algumas características das religiões tradicionais.[68] Esta reconciliação é em todo o caso ilustrativa quanto aos aspectos cristãos de todo messianismo histórico, mesmo revolucionário. A única diferença reside numa mudança de sinal. Tanto em Maistre quanto em Marx o fim dos tempos satisfaz o grande sonho de Vigny, a reconciliação do lobo e do cordeiro, a marcha do criminoso e da vítima para o mesmo altar, a reabertura, ou a abertura, de um paraíso terrestre. Para Marx, as leis da história refletem a realidade material; para Maistre elas refletem a realidade divina. Mas, para o primeiro, a matéria é a substância; para o segundo, a substância de seu deus encarnou-se aqui embaixo. A eternidade os separa no princípio, mas a historicidade acaba reunindo-os numa conclusão realista.

---

68. Saint-Simon, que irá influenciar Marx, é ele próprio, aliás, influenciado por Maistre e Bonald.

Maistre odiava a Grécia (que irritava Marx, avesso a qualquer beleza solar), que ele dizia ter corrompido a Europa legando-lhe o seu espírito de divisão. Teria sido mais justo dizer que o pensamento grego era o espírito da unidade, justamente porque ele não podia prescindir de intermediários, e que, ao contrário, ignorava o espírito histórico de totalidade inventado pelo cristianismo, o qual, cortado de suas origens religiosas, atualmente ameaça matar a Europa. "Existe uma fábula, uma loucura ou um vício que não tenha um nome grego, um emblema grego ou uma máscara grega?" Deixemos de lado o furor do puritano. Essa veemente repugnância exprime na realidade o espírito da modernidade em ruptura com o mundo antigo e em continuidade estreita, ao contrário, com o socialismo autoritário, que vai dessacralizar o cristianismo, incorporando-o a uma Igreja conquistadora.

O messianismo científico de Marx é de origem burguesa. O progresso, o futuro da ciência, o culto à técnica e à produção são mitos burgueses que se constituíram em dogma no século XIX. Deve-se observar que o *Manifesto comunista* é publicado no mesmo ano em que saiu o *Futuro da ciência*, de Renan. Esta última profissão de fé, consternadora aos olhos de um leitor contemporâneo, dá, no entanto, a ideia mais precisa das esperanças quase místicas levantadas no século XIX pela expansão da indústria e pelos avanços surpreendentes da ciência. Esta esperança é a da própria sociedade burguesa, beneficiária do progresso técnico.

A noção de progresso é contemporânea da era das luzes e da revolução burguesa. Pode-se encontrar, sem dúvida, as suas fontes de inspiração no século XVII; a querela entre antigos e modernos já introduz na ideologia europeia a noção perfeitamente absurda de um progresso artístico. De maneira mais séria, pode-se tirar do cartesianismo também a ideia de uma ciência sempre crescente. Mas Turgot, em 1750, é o primeiro a dar uma definição clara da nova fé. Seu discurso sobre o progresso do espírito humano retoma no fundo a história universal de Bossuet. A vontade divina é substituída unicamente pela ideia do progresso. "A massa total do gênero humano, alternando calma e agitação, bens e males, caminha, embora a passos lentos, para uma perfeição maior." Otimismo que fornecerá o essencial das considerações retóricas de Condorcet, doutrinador oficial do progresso, que ele ligava ao progresso do Estado, do qual foi igualmente vítima oficiosa, também, vítima oficial, já que o Estado das luzes obrigou-o a envenenar-se. Sorel[69] tinha toda razão em dizer que a filosofia do progresso era precisamente aquela que convinha a uma sociedade ávida de desfrutar da prosperidade material devida aos progressos técnicos. Quando se está seguro de que o amanhã, na própria ordem do mundo, será melhor do que hoje, é possível divertir-se em paz. O progresso, paradoxalmente, pode servir para justificar o conservantismo. Letra sacada contra a confiança no futuro, ele autoriza, desta forma, a boa consciência do senhor. Ao escravo, àqueles cujo presente é miserável e que não têm nenhum consolo no céu, assegura-se que o futuro, pelo menos, é deles. O futuro é a única espécie de propriedade que os senhores concedem de bom grado aos escravos.

Como se vê, essas reflexões não estão desatualizadas. Mas não estão desatualizadas porque o espírito revolucionário retomou esse tema ambíguo e cômodo do progresso. Certamente,

---

69. *Les Illusions du Progrès* (*As ilusões do progresso*).

não se trata do mesmo tipo de progresso; Marx não dispõe de zombarias suficientes para o otimismo racional dos burgueses. Sua razão, como veremos, é diferente. Mas a árdua marcha para um futuro reconciliado define, contudo, o pensamento de Marx. Hegel e o marxismo destruíram os valores formais que iluminavam para os jacobinos a estrada reta dessa história feliz. No entanto, preservaram a ideia dessa marcha para a frente, confundida simplesmente por eles com o progresso social e afirmada como necessária. Davam continuidade desse modo ao pensamento burguês do século XIX. Tocqueville, entusiasticamente revezado por Pecqueur (que influenciou Marx), tinha proclamado solenemente: "O desenvolvimento gradual e progressivo da igualdade é ao mesmo tempo o passado e o futuro da história dos homens." Para obter o marxismo, é preciso substituir igualdade por nível de produção e imaginar que no último escalão da produção produz-se uma transfiguração, realizando a sociedade reconciliada.

Quanto à necessidade da evolução, Auguste Comte, com a lei dos três estágios do homem, formulada em 1822, dá a esse respeito a definição mais sistemática. As conclusões de Comte parecem-se curiosamente com as que o socialismo científico devia aceitar.[70] O positivismo mostra com muita clareza as repercussões da revolução ideológica do século XIX, da qual Marx é um dos representantes, e que consistiu em colocar no fim da história o Paraíso e a Revelação que a tradição colocava na origem do mundo. A era positivista, que sucederia necessariamente à era metafísica e à era teológica, devia assinalar o advento de uma religião da humanidade.

---

70. O último volume do *Curso de filosofia positiva* é publicado no mesmo ano em que saiu *A essência do cristianismo*, de Feuerbach.

Henri Gouhier define justamente o empreendimento de Comte ao dizer que, para este, tratava-se de descobrir um homem sem traços de Deus. O primeiro objetivo de Comte, que era substituir em tudo o absoluto pelo relativo, transformou-se rapidamente, pela força das coisas, em divinização deste relativo e na pregação de uma religião ao mesmo tempo universal e sem transcendência. Comte via no culto jacobino da Razão uma antecipação do positivismo e considerava-se, com todo o direito, como o verdadeiro sucessor dos revolucionários de 1789. Ele continuava e ampliava essa revolução suprimindo a transcendência dos princípios e fundando, sistematicamente, a religião da espécie. Sua fórmula, "afastar Deus em nome da religião", não tem outro significado. Inaugurando uma mania que, desde então, ficou na moda, ele quis ser o São Paulo dessa nova religião e substituir o catolicismo de Roma pelo catolicismo de Paris. Sabe-se que ele esperava ver nas catedrais "a estátua da humanidade divinizada no antigo altar de Deus". Ele calculava com precisão que iria pregar o positivismo na catedral de Notre-Dame antes do ano de 1860. Este cálculo não era tão ridículo quanto parece. Notre-Dame, em estado de sítio, continua resistindo. Mas a religião da humanidade foi efetivamente pregada por volta do fim do século XIX, e Marx, embora provavelmente não tivesse lido Comte, foi um de seus profetas. Marx apenas compreendeu que uma religião sem transcendência chamava-se precisamente política. Comte não o ignorava ou pelo menos compreendia que a sua religião era antes de tudo uma sociolatria e que implicava o realismo político,[71] a negação

---

71. "Tudo que se desenvolve espontaneamente é necessariamente legítimo durante um certo tempo."

dos direitos individuais e o estabelecimento do despotismo. Uma sociedade cujos sábios seriam sacerdotes, com dois mil banqueiros e técnicos reinando sobre uma Europa de cento e vinte milhões de habitantes, em que a vida privada estaria absolutamente identificada com a vida pública, em que uma obediência absoluta "de ação, de pensamento e de coração" seria prestada ao sumo sacerdote, que reinaria sobre tudo, esta é a utopia de Comte, que anuncia aquilo que se pode chamar de religiões horizontais do nosso tempo. Ela é utópica, porque, convencido do luminoso poder da ciência, ele esqueceu de prever uma polícia. Outros serão mais práticos; e a religião da humanidade será fundada, efetivamente, mas com o sangue e o sofrimento dos homens.

Se acrescentarmos, finalmente, a essas observações que Marx deve aos economistas burgueses a ideia exclusiva que ele faz da produção industrial no desenvolvimento da humanidade, que ele tirou o essencial de sua teoria do valor-trabalho de Ricardo, economista da revolução burguesa e industrial, logo se reconhecerá o nosso direito em falar de sua profecia burguesa. Estas comparações visam apenas demonstrar que Marx, em vez de ser, como querem os desordenados marxistas de nosso tempo, o começo e o fim,[72] participa, pelo contrário, da natureza humana: antes de precursor, ele é herdeiro. Sua doutrina, que ele considerava realista, era efetivamente realista no tempo da religião da ciência, do evolucionismo darwinista, da máquina a vapor e da indústria têxtil. Cem anos depois, a ciência encontrou

---

72. Segundo Jdanov, o marxismo é "uma filosofia qualitativamente diferente de todos os sistemas anteriores". Isto significa que o marxismo, por exemplo, não é o cartesianismo, o que ninguém pensará em negar, ou que o marxismo nada deve essencialmente ao cartesianismo, o que é absurdo.

a relatividade, a incerteza e o acaso; a economia deve levar em conta a eletricidade, a siderurgia e a produção atômica. O malogro do marxismo puro em integrar essas descobertas sucessivas é também o do otimismo burguês de seu tempo. Ele torna ridícula a pretensão dos marxistas de manter inalteradas, sem que deixem de ser científicas, verdades velhas de cem anos. O messianismo do século XIX, revolucionário ou burguês, não resistiu aos desenvolvimentos sucessivos dessa ciência e dessa história, que, em diferentes graus, ele havia divinizado.

A Profecia Revolucionária

A profecia de Marx é também revolucionária em seu princípio. Já que toda realidade humana encontra sua origem nas relações de produção, o devir histórico é revolucionário porque a economia o é. Em cada nível de produção, a economia suscita os antagonismos que destroem, em benefício de um nível superior de produção, a sociedade correspondente. O capitalismo é o último desses estágios de produção, porque produz as condições em que todo antagonismo será resolvido e em que não haverá mais economia. Nesse dia, nossa história tornar-se-á pré-história. Sob outra perspectiva, esse esquema é o de Hegel. A dialética é considerada sob o ângulo do espírito. Certamente, o próprio Marx nunca falou em materialização (*sic*) dialética. Ele deixou para os seus herdeiros o cuidado de celebrar essa monstruosidade lógica. Mas ele diz ao mesmo tempo que a realidade é dialética e que ela é econômica. A realidade é um perpétuo devir, sublinhado pelo choque fértil de antagonismos resolvidos a cada vez em uma síntese superior que suscita, ela própria, o seu contrário, fazendo novamente avançar a história. O que Hegel afirmava sobre a realidade rumo ao espírito, Marx afirma-o sobre a economia rumo à sociedade sem classes; toda coisa é ao mesmo tempo ela própria e o seu contrário, e esta contradição obriga-a a tornar-se outra coisa. O capitalismo, por ser burguês, revela-se revolucionário, abrindo caminho para o comunismo.

A originalidade de Marx reside em afirmar que a história é ao mesmo tempo dialética e economia. Hegel, mais soberano, afirmava que ela era ao mesmo tempo matéria e espírito. Aliás, ela não podia ser matéria senão na medida em que era espírito, e vice-versa. Marx nega o espírito como substância última e afirma o materialismo histórico. Pode-se assinalar de imediato, com Berdiaeff, a impossibilidade de conciliar a dialética e o materialismo. Só pode haver a dialética do pensamento. Mas o próprio materialismo é uma noção ambígua. Até para formar esta palavra, já é preciso dizer que há no mundo algo mais do que a matéria. Com mais razão ainda, esta crítica aplica-se ao materialismo histórico. A história, precisamente, distingue-se da natureza pelo fato de transformá-la pelos meios da vontade, da ciência e da paixão. Marx não é, portanto, um materialista puro, pela razão evidente de que não existe materialismo puro nem absoluto. Ele o é tão pouco que reconhece que, se as armas podem garantir a teoria, a teoria pode do mesmo modo dar origem às armas. Seria mais correto chamar a posição de Marx de determinismo histórico. Ele não nega o pensamento; ele o imagina determinado, de modo absoluto, pela realidade exterior. "Para mim, o movimento do pensamento não é mais que o reflexo do movimento real, transportado e transposto para o cérebro do homem." Esta definição particularmente rudimentar não tem nenhum sentido. Como e por que um movimento externo pode ser "transportado para o cérebro"; esta dificuldade não é nada diante da que constitui, a seguir, a definição da "transposição" desse movimento. Mas Marx tinha a filosofia limitada de seu século. O que ele quer dizer pode ser definido em outros planos.

Para ele, o homem é só história e, particularmente, história dos meios de produção. Marx observa efetivamente que o homem distingue-se do animal pelo fato de produzir os seus meios de subsistência. Se ele não come, não se veste nem se abriga, ele não existe. O *primum vivere* é sua primeira determinação. O pouco que ele pensa nesse momento tem relação direta com as suas necessidades inevitáveis. Marx demonstra em seguida que essa dependência é constante e necessária. "A história da indústria é o livro aberto das faculdades essenciais do homem." Sua generalização pessoal consistirá em tirar dessa afirmação, aceitável de modo geral, a conclusão de que a dependência econômica é única e suficiente, o que ainda está para ser demonstrado. Pode-se admitir que a determinação econômica desempenhe um papel capital na gênese das ações e dos pensamentos humanos, sem por isso concluir, como Marx, que a revolta dos alemães contra Napoleão pode ser explicada unicamente pela falta de açúcar e de café. De resto, o determinismo puro é também absurdo. Se assim não fosse, bastaria uma única afirmação verdadeira para que, de consequência em consequência, se chegasse à verdade total. Como isso não acontece, ou bem nunca pronunciamos uma só afirmação verdadeira, nem mesmo a que situa o determinismo, ou então nos ocorre dizer a verdade, mas sem consequências, e o determinismo é falso. No entanto, Marx tinha suas razões, estranhas à lógica pura, para proceder a uma simplificação tão arbitrária.

Situar a origem do homem na determinação econômica é limitar o homem a suas relações sociais. Não há homem solitário, esta é a descoberta incontestável do século XIX. Uma dedução arbitrária leva então a dizer que o homem só se sente solitário na sociedade por motivos sociais. Se, na verdade, o espírito solitário deve ser explicado por meio de algo que esteja fora do homem, este está a caminho de uma transcendência. O social, ao contrário, só tem o homem como autor; se, além disso, se pode afirmar que o social é ao mesmo tempo criador do homem, chega-se à explicação total que permite expulsar a transcendência. O homem então, como quer Marx, "é autor e ator de sua própria história". A profecia de Marx é revolucionária porque completa o movimento de negação que começou com a filosofia das luzes. Os jacobinos destroem a transcendência de um deus pessoal, mas substituem-na pela transcendência dos princípios. Marx cria o ateísmo contemporâneo destruindo também a transcendência dos princípios. Em 1789, a fé é substituída pela razão, mas essa própria razão, em sua rigidez, é transcendente. De maneira mais radical do que Hegel, Marx destrói a transcendência da razão, precipitando-a na história. Antes deles, ela era reguladora; ei-la conquistadora. Marx avança mais do que Hegel e dá a entender que o considera um idealista (coisa que ele não é ou, pelo menos, não mais do que Marx é materialista), precisamente na medida em que o reino do espírito restitui, de certa forma, um valor supra-histórico. *O capital* retoma a dialética do domínio e da servidão, substituindo a consciência de si pela autonomia econômica, o reino final do espírito absoluto pelo advento do comunismo. "O ateísmo é o humanismo intermediado pela supressão da religião; o comunismo é o humanismo intermediado pela supressão da propriedade privada." A alienação religiosa tem a mesma origem que a alienação econômica. Só se acaba com a religião realizando a liberdade absoluta do homem quanto a suas determinações materiais. A revolução identifica-se com o ateísmo e com o reino do homem.

Eis por que Marx é levado a ressaltar a determinação econômica e social. O seu esforço mais profícuo foi revelar a realidade que se esconde por trás dos valores formais, de que fazia alarde a burguesia de seu tempo. É bem verdade que a sua teoria da mistificação é ainda válida porque é válida universalmente, aplicando-se também às mistificações revolucionárias. A liberdade reverenciada pelo Sr. Thiers era uma liberdade de privilégio consolidada pela polícia; a família exaltada pelos jornais conservadores mantinha-se sob condições sociais em que mulheres e homens desciam seminus às minas, amarrados na mesma corda; a moral prosperava na prostituição operária. Que as exigências da honestidade e da inteligência tenham sido utilizadas para fins egoístas pela hipocrisia de uma sociedade medíocre e gananciosa, eis uma desgraça que Marx, incomparável quando se trata de abrir os nossos olhos, denunciou com uma veemência desconhecida até então. Essa denúncia indignada acarretou outros excessos que exigiram uma nova denúncia. Mas antes de mais nada é preciso saber, e dizer, onde ela nasceu, no sangue da insurreição esmagada em 1834 em Lyon e, em 1871, na ignóbil crueldade dos moralistas de Versalhes. "O homem que nada tem, hoje nada é." Se esta afirmação é falsa, era ao menos quase verdadeira na sociedade otimista do século XIX. O extremo esvaziamento do poder que a economia da prosperidade trouxe iria forçar Marx a colocar em primeiro plano as relações sociais e econômicas, exaltando mais ainda a sua profecia do reino do homem.

Compreende-se melhor então a explicação puramente econômica de Marx sobre a história. Se os princípios mentem, somente a realidade da miséria e do trabalho é verdadeira. Se em seguida se puder demonstrar que ela basta para explicar o passado e o futuro do homem, os princípios serão destruídos para sempre, ao mesmo tempo que a sociedade que deles se beneficia. Este será o empreendimento de Marx.

O homem nasceu com a produção e com a sociedade. A desigualdade das terras, o aperfeiçoamento mais ou menos rápido dos meios de produção e a luta pela vida criaram rapidamente desigualdades sociais que se cristalizaram em antagonismos entre a produção e a distribuição; consequentemente, em lutas de classes. Essas lutas e esses antagonismos são a força motriz da história. A escravidão da Antiguidade, a servidão feudal foram etapas de uma longa estrada que leva ao artesanato dos séculos clássicos, em que o produtor é o dono dos meios de produção. Nesse momento, a abertura das vias mundiais e a descoberta de novos pontos de exportação exigem uma produção menos provinciana. A contradição entre o modo de produção e as novas necessidades da distribuição já anuncia o fim do regime da pequena produção agrícola e industrial. A revolução industrial, a invenção da máquina a vapor e a concorrência pelos novos pontos de exportação para as mercadorias levam, necessariamente, à desapropriação dos pequenos proprietários e à constituição das grandes manufaturas. Os meios de produção ficam então centralizados nas mãos daqueles que conseguiram comprá-los; os verdadeiros produtores, os trabalhadores, só dispõem da força de seus braços, que eles podem vender ao "homem do dinheiro". O capitalismo burguês define-se, desta forma, pela separação do produtor e dos meios de produção. Desse antagonismo vai surgir uma série de consequências inelutáveis que permitem a Marx anunciar o fim dos antagonismos sociais.

À primeira vista, digamos de uma vez, não há razão para que o princípio firmemente estabelecido de uma luta dialética das classes deixe subitamente de ser verdadeiro. Ou ele é sempre verdadeiro ou nunca o foi. Marx diz efetivamente que não haverá mais classes após a revolução, assim como não houve ordens após 1789. Mas as ordens desapareceram sem que as classes desaparecessem, e nada nos garante que as classes não darão lugar a um outro antagonismo social. O essencial da profecia marxista, no entanto, reside nessa afirmação.

O esquema marxista é conhecido. Marx, depois de Adam Smith e de Ricardo, define o valor de toda mercadoria pela quantidade de trabalho que a produz. A quantidade de trabalho, vendida pelo proletário ao capitalista, é em si mesma uma mercadoria cujo valor será definido pela quantidade de trabalho que a produz; em outras palavras, pelo valor dos bens de consumo necessários à sua subsistência. Ao comprar essa mercadoria, o capitalista compromete-se a pagar o suficiente àquele que a vende, o trabalhador, para que este possa alimentar-se e se perpetuar. Mas ao mesmo tempo adquire o direito de fazer este último trabalhar pelo máximo de tempo que puder. E ele pode trabalhar por muito tempo, mais do que o necessário para pagar a sua subsistência. Em uma jornada de doze horas, se a metade basta para produzir um valor equivalente ao valor dos produtos de subsistência, a outra metade são horas não pagas, uma mais-valia, que constitui o lucro próprio do capitalista. O interesse do capitalista é, portanto, alongar ao máximo as horas de trabalho ou, quando não o consegue mais, aumentar ao máximo o rendimento do operário. A primeira exigência é questão de polícia e de crueldade. A segunda, de organização do trabalho. Ela conduz em primeiro lugar à divisão do trabalho e, em seguida, à utilização da máquina, que desumaniza o operário. Por outro lado, a concorrência pelos mercados externos e a necessidade de investimentos cada vez maiores em material novo produzem os fenômenos de concentração e de acumulação. Os pequenos capitalistas são inicialmente absorvidos pelos grandes, que podem manter, por exemplo, preços deficitários durante muito tempo. Uma parte cada vez maior do lucro é investida finalmente em novas máquinas e acumulada na parte estável do capital. Este duplo movimento precipita a derrocada das classes médias, que se unem ao proletariado, e concentra em seguida, em mãos cada vez menos numerosas, as riquezas produzidas unicamente pelos proletários. Desta forma, o proletariado cresce cada vez mais à proporção que aumenta a sua decadência. O capital passa a concentrar-se apenas nas mãos de alguns senhores cujo poder crescente se baseia no roubo. Aliás, abalados pelas crises sucessivas, excedidos pelas contradições do sistema, esses senhores já não conseguem sequer assegurar a subsistência de seus escravos, que começam a depender da caridade privada ou pública. Fatalmente, chega o dia em que um imenso exército de escravos oprimidos se encontra diante de um punhado de senhores indignos. Este é o dia da revolução. "A destruição da burguesia e a vitória do proletariado são igualmente inevitáveis."

Essa descrição, célebre a partir de então, ainda não se dá conta do fim dos antagonismos. Depois da vitória do proletariado, a luta pela vida poderia funcionar e dar origem a novos antagonismos. Intervêm então duas noções, das quais uma é econômica — a identidade do desenvolvimento da produção e do desenvolvimento da sociedade — e a outra, puramente sistemática — a missão do proletariado. Essas duas noções se reúnem no que se pode chamar de fatalismo ativo de Marx.

A mesma evolução econômica, que na verdade concentra o capital em um pequeno número de mãos, torna o antagonismo ao mesmo tempo mais cruel e, até certo ponto, irreal. Parece que, no auge do desenvolvimento das forças produtivas, basta um peteleco para que o proletariado se veja na posse dos meios de produção arrebatados à propriedade privada e concentrados em uma única e enorme massa, doravante comum. A propriedade privada, quando está concentrada nas mãos de um único proprietário, não se separa da propriedade coletiva senão pela existência de um único homem. O resultado inevitável do capitalismo privado é uma espécie de capitalismo de Estado que, em seguida, basta ser colocado a serviço da comunidade para que nasça uma sociedade em que capital e trabalho, confundidos a partir de agora, produzirão em um único movimento abundância e justiça. É em consideração a essa feliz saída que Marx sempre exaltou o papel revolucionário desempenhado, inconscientemente, é verdade, pela burguesia. Ele falou de um "direito histórico" do capitalismo, fonte de progresso e ao mesmo tempo de miséria. A seus olhos, a missão histórica e a justificação do capital têm a tarefa de preparar as condições de um modo de produção superior. Esse modo de produção não é em si mesmo revolucionário, ele será apenas o coroamento da revolução. Por si sós, as bases da produção burguesa são revolucionárias. Quando Marx afirma que a humanidade só se coloca enigmas que ela pode resolver, ele mostra ao mesmo tempo que o germe da solução do problema revolucionário encontra-se no próprio sistema capitalista. Recomenda, portanto, que se tolere o Estado burguês, e até mesmo que se ajude a construí-lo, em vez de voltar a uma produção menos industrializada. Os proletários "podem e devem aceitar a revolução burguesa como uma condição da revolução operária".

Marx é assim o profeta da produção, e é permitido pensar que, neste ponto preciso, e não em qualquer outro, ele pôs o sistema à frente da realidade. Ele nunca deixou de defender Ricardo, economista do capitalismo de Manchester, diante daqueles que o acusavam de querer a produção pela produção ("Com toda a razão!", exclama Marx) e de querê-la sem se preocupar com os homens. "É esse justamente o seu mérito", responde Marx, com a mesma desenvoltura de Hegel. Que importa, na realidade, o sacrifício dos homens, se ele deve servir para a salvação da humanidade inteira! O progresso se parece "com esse horrível deus pagão que só queria beber o néctar no crânio dos inimigos assassinados". Pelo menos, ele é o progresso, que deixará de ser torturante, após o apocalipse industrial, quando chegar o dia da reconciliação.

Mas, se o proletariado não pode evitar essa revolução nem furtar-se à posse dos meios de produção, saberá pelo menos usá-los para o bem de todos? Onde está a garantia de que, em seu próprio seio, não surgirão ordens, classes e antagonismos? A garantia está em Hegel. O proletariado é forçado a usar a sua riqueza para o bem universal. Ele não é o proletariado, ele é o universal em oposição ao particular, quer dizer, ao capitalismo. O antagonismo entre o capital e o proletariado é a última fase da luta entre o singular e o universal, a mesma luta que anima a tragédia histórica do senhor e do escravo. Ao termo do esquema ideal traçado por Marx, o proletariado primeiro englobou todas as classes, deixando de fora apenas um punhado de senhores, representantes do "crime notório" que a revolução, justamente, irá destruir. Além disso, ao levar o proletário até a sua última perda, o capitalismo liberta-o pouco a pouco de todas as determinações que podiam separá-lo dos outros homens. Ele nada tem, nem propriedade, nem moral, nem pátria. Não se agarra, portanto, a nada que não seja a espécie da qual é a partir de agora o representante nu e implacável. Ele afirma tudo e todos, afirmando-se a si próprio. Não porque os proletários são deuses, mas justamente porque estão reduzidos à condição mais desumana. "Só os proletários totalmente excluídos dessa afirmação de sua personalidade são capazes de realizar a completa autoafirmação."

Esta é a missão do proletariado: fazer surgir a suprema dignidade da suprema humilhação. Por suas dores e suas lutas, ele é o Cristo humano que resgata o pecado coletivo da alienação. Ele é inicialmente o portador multiforme da negação total e, em seguida, o arauto da afirmação definitiva. "A filosofia não consegue se realizar sem o desaparecimento do proletariado, o proletariado não pode se libertar sem a realização da filosofia", e mais: "O proletariado só pode existir no plano da história mundial... A ação comunista só pode existir como realidade histórica planetária." Mas esse Cristo é ao mesmo tempo vingativo. Segundo Marx, ele executa a sentença que a propriedade proferiu contra si própria. "Todas as casas estão atualmente marcadas com uma misteriosa cruz vermelha. O juiz é a história, o executor da sentença, o proletário." Dessa forma, a realização é inevitável. As crises se sucederão às crises,[73] a perda do proletariado aumentará, o seu número estender-se-á à crise universal, em que o mundo da troca desaparecerá e no qual a história, por uma violência suprema, deixará de ser violenta. O reino dos fins estará constituído.

Compreende-se que esse fatalismo possa ter sido levado (como aconteceu com o pensamento hegeliano) a uma espécie de quietismo político por marxistas, como Kautsky, para quem os proletários careciam de poder suficiente para criar a revolução, tanto quanto os burgueses para impedi-la. Até mesmo Lenin, que devia escolher ao contrário o aspecto ativista da doutrina, escrevia em 1905, num estilo de excomunhão: "É um pensamento reacionário buscar a salvação da classe operária em algo que não o desenvolvimento maciço do capitalismo." Segundo Marx, a natureza econômica não dá saltos, e não se deve fazê-la queimar etapas. É totalmente falso dizer que os socialistas reformistas continuaram fiéis a Marx neste ponto. O fatalismo, ao contrário, exclui qualquer reforma passível de atenuar o aspecto catastrófico da evolução, retardando, por conseguinte, o êxito inevitável. A lógica de uma atitude como essa leva à aprovação daquilo que pode aumentar a miséria da classe operária. É preciso que não se dê nada ao operário para que ele possa um dia ter tudo.

Isso não impede que Marx tenha sentido o perigo desse quietismo. Não se espera pelo poder ou então espera-se por

---

73. A cada dez ou onze anos, prevê Marx. Mas a periodicidade dos ciclos irá "diminuir gradativamente".

ele indefinidamente. Chega o dia em que é preciso tomá-lo, e é esse dia que continua sendo algo meio nebuloso para os leitores de Marx. Ele não parou de se contradizer em relação a isso. Observou que a sociedade era "historicamente obrigada a passar pela ditadura da classe operária". Quanto ao caráter dessa ditadura, suas definições são contraditórias.[74] É certo que ele condenou o Estado em termos claros, dizendo que sua existência e a da servidão são inseparáveis. No entanto, protestou contra a observação de Bakunin, criteriosa de qualquer modo, que achava a noção de uma ditadura provisória contrária ao que se conhece sobre a natureza humana. É bem verdade que Marx pensava que as verdadeiras dialéticas eram superiores à verdade psicológica. Que dizia a dialética? Que "a abolição do Estado só faz sentido para os comunistas, como resultado necessário da supressão de classes, cujo desaparecimento acarreta automaticamente o desaparecimento da necessidade de um poder organizado por uma classe para opressão de outra". Segundo a fórmula consagrada, o governo das pessoas dava lugar então à administração das coisas. A dialética era, portanto, formal, só justificando o Estado proletário pelo tempo em que a classe burguesa devia ser destruída ou integrada. Mas, infelizmente, a profecia e o fatalismo autorizavam outras interpretações. Se está garantido que o reino chegará, que importa o tempo? O sofrimento nunca é provisório para quem não acredita no futuro. Mas cem anos de sofrimento não são nada para quem afirma, para o centésimo primeiro ano, a cidade definitiva.

---

74. Michel Collinet, em *La Tragédie du marxisme* (*A tragédia do marxismo*), assinala em Marx três formas de tomada de poder pelo proletariado: república jacobina, no *Manifesto comunista*; ditadura autoritária, em *18 Brumário* e governo federal e libertário em *A guerra civil na França*.

Na perspectiva da profecia nada importa. Com o desaparecimento da classe burguesa, o proletário estabelece o reino do homem universal no apogeu da produção, pela própria lógica do desenvolvimento produtivo. Pouco importa que isso ocorra pela ditadura e pela violência. Nessa Jerusalém estrepitante de máquinas maravilhosas, quem ainda se lembrará do grito do degolado?

A idade de ouro adiada para o fim da história, e coincidindo, por uma dupla atração, com um apocalipse, justifica tudo. É preciso meditar sobre a prodigiosa ambição do marxismo, avaliar sua exortação desmedida, a fim de compreender que uma tal esperança obriga a menosprezar problemas que aparecem então como secundários. "O comunismo como apropriação real da essência humana pelo homem e para o homem, como retorno do homem a si mesmo como ser social, quer dizer, de homem humano, retorno completo, consciente, que preserva todas as riquezas do movimento interior, este comunismo, por ser um naturalismo acabado, coincide com o humanismo: ele é o verdadeiro fim da querela entre o homem e a natureza, e entre o homem e o homem... entre a essência e a existência, entre a objetivação e afirmação de si, entre a liberdade e a necessidade, entre o indivíduo e a espécie. Ele resolve o mistério da história e sabe que o faz." Só a linguagem aqui quer parecer científica. No fundo, que diferença tem de Fourier, que anuncia "os desertos férteis, a água do mar potável e com gosto de violeta, a eterna primavera..."? A eterna primavera humana nos é anunciada numa linguagem de encíclica. Que pode querer e esperar o homem sem deus senão o reino do homem? Isto explica a inquietação dos discípulos. "Numa sociedade sem angústia, é fácil ignorar a morte", diz um deles. No entanto, e esta é a verdadeira condenação de nossa sociedade, a angústia da morte é um luxo que está muito mais ligado ao ocioso do que ao trabalhador, asfixiado por sua própria ocupação. Mas todo socialismo é utópico, sobretudo o socialismo científico. A utopia substitui Deus pelo futuro. Ela identifica o futuro e a moral; o único valor é o que serve a esse futuro. Esta a razão por que quase sempre foi coercitiva e autoritária.[75] Marx, como utopista, não difere de seus terríveis antecessores, e uma parte de seu ensinamento justifica os seus sucessores.

Houve certamente razão em insistir na exigência ética que é a base do sonho marxista.[76] Somos obrigados a reconhecer, antes de examinar o malogro do marxismo, que ela constitui a verdadeira grandeza de Marx. Ele colocou o trabalho, sua degradação injusta e sua dignidade profunda no centro de sua reflexão. Rebelou-se contra a redução do trabalho a uma mercadoria e do trabalhador a um objeto. Lembrou aos privilegiados que os seus privilégios não eram divinos, nem a propriedade um direito eterno. Ensejou um sentimento de culpa àqueles que não tinham o direito de manter em paz a consciência e denunciou, com uma perspicácia inigualável, uma classe cujo crime não é tanto ter tido o poder, quanto tê-lo utilizado para os fins de uma sociedade medíocre e sem uma verdadeira nobreza. Nós lhe devemos uma ideia que é o desespero de nosso tempo — mas aqui o desespero vale mais do que qualquer esperança —, a ideia de que, quando o trabalho é uma degradação, ele não é vida, se bem que ocupe todo o tempo da vida. Quem, apesar das pretensões

---

75. Morelly, Babeuf, Godkin descrevem, na realidade, sociedades de inquisição.
76. Maximilien Rubel. *Pages choisies pour une éthique socialiste* (*Páginas escolhidas para uma ética socialista*). Rivière.

dessa sociedade, pode dormir em paz, sabendo que doravante ela tira seus prazeres medíocres do trabalho de milhões de almas mortas? Ao exigir para o trabalhador a verdadeira riqueza, que não é a do dinheiro, mas a do lazer ou da criação, ele reivindicou, a despeito das aparências, a qualidade do homem. Ao fazê-lo, podemos afirmar com convicção, ele não quis a degradação suplementar que foi imposta ao homem em seu nome. Uma de suas frases, clara e contundente, recusa para sempre aos seus discípulos triunfantes a grandeza e a humanidade que tinham sido suas: "Um fim que tem necessidade de meios injustos não é um fim justo."

Voltamos a encontrar aqui a tragédia de Nietzsche. A ambição e a profecia são generosas e universais. A doutrina era restritiva, e a redução de todo valor apenas à história autorizava as mais extremas consequências. Marx acreditou que os fins históricos, pelo menos, se revelariam morais e racionais. Nisto reside sua utopia. Mas a utopia, como ele mesmo não ignorava, tem como destino servir ao cinismo, o que ele não desejava. Marx destrói toda transcendência, e depois ele próprio realiza a passagem do fato ao dever. Mas esse dever só tem origem no fato. A reivindicação de justiça leva à injustiça se não estiver baseada numa justificação ética da justiça. Sem isso, o crime também um dia torna-se dever. Quando o mal e o bem estão reintegrados no tempo, confundidos com os acontecimentos, nada mais é bom ou mau, mas apenas prematuro ou superado. Quem decidirá quanto à oportunidade senão o oportunista? Mais tarde, dizem os discípulos, vocês julgarão. Mas as vítimas não estarão mais lá para julgar. Para a vítima, o presente é o único valor, a revolta, a única ação. Para existir, o messianismo deve ser edificado contra as vítimas. É possível que

Marx não o tenha desejado, mas nisso reside sua responsabilidade, que é preciso examinar; em nome da revolução, ele justifica a luta a partir de então sangrenta contra todas as formas da revolta.

O Malogro da Profecia

Hegel termina soberbamente a história em 1807; os saint-simonistas consideram que as convulsões revolucionárias de 1830 e 1848 são as últimas; Comte morre em 1857, quando se preparava para ocupar a tribuna a fim de pregar o positivismo para uma humanidade afinal desiludida com os seus erros. Com o mesmo romantismo cego, Marx por sua vez profetiza a sociedade sem classes e a resolução do mistério histórico. Mais cauteloso, contudo, ele não marca uma data. Infelizmente, sua profecia descrevia também a marcha da história até a hora da consumação; ela anunciava a tendência dos acontecimentos. Os acontecimentos e os fatos esqueceram-se naturalmente de se organizarem sob uma síntese; isso já explica por que foi necessário arrumá-los à força. Mas, sobretudo a partir do momento em que traduzem a esperança viva de milhões de homens, as profecias não podem continuar impunemente sem um prazo. Chega um tempo em que a decepção transforma a espera paciente em fúria e em que o mesmo fim, afirmado com violenta teimosia, exigido com uma crueldade cada vez maior, obriga à busca de outros meios.

O movimento revolucionário, no fim do século XIX e no início do século XX, viveu, como os primeiros cristãos, à espera do fim do mundo e da parúsia do Cristo proletário. Conhece-se a persistência desse sentimento no seio das comunidades cristãs primitivas. Ainda no fim do século IV, um bispo da África proconsular calculava que restavam 101 anos de vida no mundo. Ao fim desse tempo viria o reino dos céus, que era preciso merecer sem tardança. Esse sentimento é generalizado no século I de nossa era[77] e explica a indiferença mostrada pelos primeiros cristãos em relação às questões puramente teológicas. Se a parúsia está próxima, é mais à fé ardente do que às obras e aos dogmas que tudo deve ser consagrado. Até Clemente e Tertuliano, durante mais de um século, a literatura cristã não se interessa pelos problemas de teologia e não se aperfeiçoa em relação às obras. Mas, a partir do instante em que a parúsia se distancia, é preciso viver com a sua fé, isto é, fazer concessões. Nascem então a devoção e o catecismo. A parúsia evangélica está distante; São Paulo veio constituir o dogma. A Igreja deu um corpo a essa fé, que nada mais era do que uma tensão no sentido do reino vindouro. Foi preciso organizar tudo no século, até mesmo o martírio, cujas testemunhas temporais serão as ordens monásticas, e até mesmo a pregação, que se encontrará sob o manto dos inquisidores.

Um movimento similar nasceu do malogro da parúsia revolucionária. Os textos de Marx já citados dão uma ideia correta da esperança ardente do espírito revolucionário da época. Apesar dos malogros parciais, essa fé não parou de crescer até o momento em que se viu, em 1917, diante de seus sonhos quase realizados. "Lutamos pelas portas do céu", bradara Liebknecht. Em 1917, o mundo revolucionário julgou ter

---

77. Quanto à iminência desse acontecimento, ver *Marcos*, VIII-39, XIII-30; *Mateus*, X-23, XII-27, 28, XXIV-34; *Lucas*, IX-26, 27, XXI-22 etc.

realmente chegado diante dessas portas. Cumpria-se a profecia de Rosa Luxemburgo. "A revolução se levantará amanhã, com toda a sua altivez e com todo o alarde, e, para o terror de vocês, ela anunciará ao som de todas as suas trombetas: eu existia, eu existo, eu existirei." O movimento Spartakus acreditou ter chegado à revolução definitiva, já que, segundo o próprio Marx, esta deveria passar pela revolução russa completada por uma revolução ocidental.[78] Após a revolução de 1917, uma Alemanha soviética teria efetivamente aberto as portas do céu. Mas o movimento Spartakus é esmagado, a greve geral francesa de 1920 fracassa, o movimento revolucionário italiano é estrangulado. Liebknecht reconhece então que a revolução não está madura. "Os tempos não eram ainda chegados." E ainda, e percebemos então como a derrota pode excitar ao extremo a fé vencida até o transe religioso: "Ao fragor do desmoronamento econômico, cujos estrondos já se ouvem, as tropas adormecidas de proletários despertarão como que ao som das fanfarras do juízo final, e os cadáveres dos lutadores assassinados se porão de pé e pedirão contas àqueles que estão carregados de maldições." Enquanto isso, Liebknecht e Rosa Luxemburgo são assassinados; a Alemanha vai atirar-se à servidão. A revolução russa continua só, vivendo contra o seu próprio sistema, ainda longe das portas celestiais, com um apocalipse para organizar. A parúsia afasta-se cada vez mais. A fé continua intacta, mas vergada sob uma enorme massa de problemas e de descobertas que o marxismo não previra. A nova Igreja está de novo diante de Galileu: para preservar sua fé, ela vai negar o sol e humilhar o homem livre.

---

78. Prefácio da tradução russa do *Manifesto comunista*.

Que diz Galileu nesse momento? Quais são os erros da profecia, demonstrados pela própria história? Sabe-se que a evolução econômica do mundo contemporâneo já desmente um certo número de postulados de Marx. Se a revolução deve produzir-se no extremo de dois movimentos paralelos — a concentração indefinida do capital e a extensão indefinida do proletariado —, ela não ocorrerá ou não deveria ter ocorrido. Capital e proletariado foram igualmente infiéis a Marx. A tendência observada na Inglaterra industrial do século XIX mudou de rumo em certos casos e em outros se tornou mais complexa. As crises econômicas que deviam se precipitar tornaram-se, ao contrário, mais esporádicas: o capitalismo aprendeu os segredos do planejamento e contribuiu por sua vez para o crescimento do Estado-Moloch. Por outro lado, com a constituição das sociedades anônimas, o capital, em vez de concentrar-se, deu origem a uma nova categoria de pequenos acionistas cuja última preocupação é a de encorajar greves. As pequenas empresas, em muitos casos, foram destruídas pela concorrência, como previra Marx. Mas a complexidade da produção fez proliferar, em torno das grandes empresas, uma multiplicidade de pequenas manufaturas. Em 1938, Ford foi capaz de anunciar que 5.200 oficinas independentes trabalhavam para ele. A tendência acentuou-se desde então. Inevitavelmente, Ford passou a controlar essas empresas. Mas o essencial é que esses pequenos industriais formam uma camada social intermediária que complica o esquema imaginado por Marx. Finalmente, a lei de concentração se revelou absolutamente falsa em relação à economia agrícola, tratada com alguma negligência por Marx. Nesse caso, a lacuna é importante. Sob um de seus aspectos, a história do socialismo em nosso século pode ser considerada como a luta do movimento proletário contra a classe camponesa. Esta luta continua, no plano da história, a luta ideológica, no século XIX, entre o socialismo autoritário e o socialismo libertário cujas origens camponesas e artesanais são evidentes. Marx tinha, portanto, no material ideológico de seu tempo, elementos para uma reflexão sobre o problema camponês. Mas a vontade de sistematizar simplificou tudo. Esta simplificação ia custar caro aos *kulaks*, que constituíam mais de cinco milhões de exceções históricas, logo reconduzidas à regra pela morte e pela deportação.

A mesma simplificação desviou Marx do fenômeno nacional, no próprio século das nacionalidades. Ele acreditou que pelo comércio e pela troca, pela própria proletarização, cairiam as barreiras. Mas foram as barreiras nacionais que provocaram a queda do ideal proletário. A luta das nacionalidades revelou-se pelo menos tão importante para explicar a história quanto a luta de classes. Mas a nação não pode ser inteiramente explicada pela economia; o sistema, portanto, ignorou-a.

Por sua vez, o proletariado não se alinhou. O temor de Marx confirmou-se inicialmente: o reformismo e a ação sindical obtiveram uma alta dos padrões de vida e uma melhoria das condições de trabalho. Estas vantagens estão longe de constituírem uma solução equitativa do problema social. Mas a condição miserável dos operários ingleses do setor têxtil, na época de Marx, longe de generalizar-se e de agravar-se, como queria ele, foi pelo contrário reabsorvida. Marx não se queixaria disso atualmente, já que o equilíbrio se restabeleceu por um outro erro em suas previsões. Foi possível constatar que a ação revolucionária ou sindical mais eficaz foi sempre a das elites operárias que a fome não dizimava. A miséria e a degenerescência não deixaram de ser o que eram antes de Marx e que ele, contra toda evidência, não queria que fossem: fatores de servidão, não de revolução. Em 1933, um terço da força de trabalho alemã estava desempregada. A sociedade burguesa era então obrigada a garantir a subsistência dos seus desempregados, realizando assim a condição exigida por Marx para a revolução. Mas não é bom que futuros revolucionários se vejam na situação de esperar o próprio sustento pelas mãos do Estado. Esse hábito forçado acarreta outros, menos forçados, dos quais Hitler fez uma doutrina.

Finalmente, a classe proletária não aumentou indefinidamente. As próprias condições da produção industrial, que todo marxista devia estimular, aumentaram de forma considerável a classe média,[79] criando até mesmo uma nova camada social — a dos técnicos. O ideal caro a Lenin de uma sociedade em que o engenheiro seria ao mesmo tempo trabalhador braçal entrou em choque, em todo o caso, com os fatos. O fato essencial é que a tecnologia, assim como a ciência, complicou-se a tal ponto que não é possível a um único homem compreender a totalidade de seus princípios e de suas aplicações. É quase impossível, por exemplo, que um físico tenha atualmente uma visão completa da ciência biológica de seu tempo. No próprio âmbito da física, ele não pode ter pretensões no sentido de dominar igualmente todos os setores desta disciplina. O mesmo acontece com a técnica.

---

79. De 1920 a 1930, em um período de intensa produtividade, os Estados Unidos viram diminuir o número de seus operários metalúrgicos, enquanto o número de vendedores, na mesma indústria, quase dobrava.

A partir do momento em que o desenvolvimento da produtividade, considerada tanto pelos burgueses quanto pelos marxistas como um bem em si, atingiu proporções desmedidas, a divisão do trabalho, que Marx achava possível evitar, tornou-se inevitável. Todo operário foi levado a executar um trabalho particular sem conhecer o plano global em que se inseria a sua ação. Aqueles que coordenavam os trabalhos individuais se constituíram, por sua própria função, numa camada cuja importância social é decisiva.

É mais do que justo lembrar, em relação a essa era dos tecnocratas anunciada por Burnham, que Simone Weil já a descreveu[80] há 17 anos numa forma que se pode considerar como acabada, sem tirar daí as conclusões inaceitáveis de Burnham. Às duas formas tradicionais de opressão que a humanidade conheceu, pelas armas e pelo dinheiro, Simone Weil acrescenta uma terceira, a opressão pela função: "Pode-se suprimir a oposição entre comprador e vendedor do trabalho sem suprimir a oposição entre aqueles que dispõem da máquina e aqueles de quem a máquina dispõe." A vontade marxista de abolir a degradante oposição entre trabalho intelectual e trabalho manual entrou em choque com as necessidades da produção, que Marx exaltava em outro trabalho. Ele previu sem dúvida, em *O capital*, a importância do "gerente", no nível da concentração máxima do capital. Mas ele não achou que essa concentração poderia sobreviver à abolição da propriedade privada. Divisão do trabalho e propriedade privada, dizia ele, são expressões idênticas. A história demonstrou o contrário. O regime ideal baseado na

---

80. "Estamos a caminho de uma revolução proletária?" *Révolution prolétarienne* (*Revolução proletária*), 25 de abril de 1933.

propriedade coletiva queria ser definido como justiça mais eletricidade. Em última instância ele é apenas a eletricidade, menos a justiça.

Até agora a ideia de uma missão do proletariado não conseguiu encarnar-se na história; isto resume o malogro da profecia marxista. A falência da Segunda Internacional provou que o proletariado estava determinado por algo mais que sua condição econômica, e que ele tinha uma pátria, contrariamente à famosa fórmula. Em sua maioria, o proletariado aceitou ou tolerou a guerra e colaborou, a contragosto ou não, com os furores nacionalistas da época. Marx entendia que as classes operárias, antes de triunfarem, deveriam ter adquirido capacidade jurídica e política. O seu erro reside somente em acreditar que a extrema miséria e, particularmente, a miséria industrial podiam levar à maturidade política. É certo, aliás, que a capacidade revolucionária das massas operárias foi refreada pela decapitação da revolução libertária, durante e após a Comuna. Afinal, o marxismo dominou facilmente o movimento operário a partir de 1872, devido, sem dúvida, à sua grandeza própria, mas também porque a única tradição socialista que poderia enfrentá-lo afogou-se no sangue; praticamente não havia marxistas na insurreição de 1871. Essa depuração automática da revolução prosseguiu, por obra dos Estados policiais, até os nossos dias. Cada vez mais a revolução se viu entregue aos seus burocratas e aos seus doutrinadores, por um lado, e, por outro, às massas enfraquecidas e desorientadas. Quando a elite revolucionária é guilhotinada e se deixa Talleyrand viver, quem iria opor-se a Napoleão? Mas a essas razões históricas somam-se as exigências econômicas. É preciso ler os textos de Simone Weil sobre a condição do operário de fábrica[81] para saber a que ponto de esgotamento moral e de desespero silencioso pode levar a racionalização do trabalho. Simone Weil tem razão em dizer que a condição operária é duas vezes desumana, privada de dinheiro e, em seguida, de dignidade. Um trabalho pelo qual o indivíduo pode se interessar, um trabalho criativo, ainda que malremunerado, não degrada a vida. O socialismo industrial nada fez de essencial para a condição operária, porque não tocou no próprio princípio da produção e da organização do trabalho, que, pelo contrário, ele exaltou. O socialismo industrial conseguiu propor ao trabalhador uma justificação histórica que não vale mais do que aquela que reside na promessa de alegrias celestiais para aquele que morre no sofrimento; ele nunca lhe ofereceu a alegria do criador. A forma política da sociedade não está mais em questão neste nível, e sim os credos de uma civilização técnica da qual dependem igualmente capitalismo e socialismo. Qualquer pensamento que não faça avançar esse problema mal toca no infortúnio dos operários.

Unicamente pelo jogo das forças econômicas admiradas por Marx, o proletariado rejeitou a missão histórica da qual Marx justamente o havia encarregado. Desculpa-se o seu erro porque, diante do aviltamento das classes dominantes, um homem preocupado com a civilização procura, instintivamente, elites de substituição. Mas tal exigência não é em si mesma criativa. A burguesia revolucionária tomou o poder em 1789 porque já o detinha. Na época, como diz Jules Monnerot, o direito estava atrasado em relação ao fato. O fato era que a burguesia já dispunha de postos de comando

---

81. *La Condition ouvrière* (*A condição operária*), Gallimard.

e do novo poder, o dinheiro. O mesmo não aconteceu com o proletariado, que contava apenas com suas esperanças e miséria, onde a burguesia o manteve. A classe burguesa aviltou-se por uma febre de produção e de poderio material; a própria organização dessa febre não podia criar elites.[82] A crítica desta organização e o desenvolvimento da consciência revoltada podiam ao contrário forjar uma elite de substituição. Só o sindicalismo revolucionário, com Pelloutier e Sorel, tomou esse rumo e quis criar, pela educação profissional e pela cultura, os novos quadros pelos quais um mundo sem honra clamava e ainda clama. Mas isso não podia ser feito em um só dia, e os novos senhores já estavam lá, interessados em utilizar imediatamente a infelicidade, em prol de uma felicidade longínqua, em vez de sublevar ao máximo, e sem delongas, o terrível sofrimento de milhões de homens. Os socialistas autoritários acharam que a história caminhava de modo demasiadamente lento e que era necessário, para precipitá-la, entregar a missão do proletariado a um punhado de doutrinadores. Por isso mesmo, eles foram os primeiros a negar essa missão. No entanto, ela existe, não no sentido exclusivo que Marx lhe atribuía, mas como existe a missão de todo grupo humano que sabe tirar orgulho e fecundidade de seu trabalho e de seus sofrimentos. Entretanto, para que ela se manifeste, é preciso correr um risco e confiar na liberdade e na espontaneidade dos operários. O socialismo

---

82. Lenin, aliás, foi o primeiro a registrar esta verdade, mas sem amargura aparente. Se sua frase é terrível para as esperanças revolucionárias, ela o é mais ainda para o próprio Lenin. Ele ousou dizer, na verdade, que as massas aceitariam com maior facilidade o seu centralismo burocrático e ditatorial porque "a disciplina e a organização são mais facilmente assimiladas pelo proletariado justamente graças a essa escola de fábrica".

autoritário confiscou ao contrário essa liberdade viva em prol de uma liberdade ideal, ainda vindoura. Ao fazê-lo, quer o tenha desejado ou não, ele fortaleceu a tarefa de escravização iniciada pelo capitalismo de fábrica. Pela ação conjugada desses dois fatores, e durante cento e cinquenta anos, exceto na Paris da Comuna, último refúgio da revolução revoltada, o proletariado não teve outra missão histórica senão a de ser traído. Os proletários lutaram e morreram para dar o poder a militares ou intelectuais, futuros militares, que por sua vez os escravizavam. Essa luta, no entanto, foi a sua dignidade, reconhecida por todos aqueles que escolheram compartilhar sua esperança e sua infelicidade. Mas essa dignidade foi conquistada contra o clã dos antigos e novos senhores. Ela os nega no próprio momento em que eles ousam utilizar-se dela. De certa forma, ela anuncia o seu crepúsculo.

As previsões econômicas de Marx foram, portanto, ao menos questionadas pela realidade. O que continua verdadeiro em sua visão do mundo econômico é a constituição de uma sociedade cada vez mais definida pelo ritmo da produção. Mas ele compartilhou esse conceito, no entusiasmo de seu século, com a ideologia burguesa. As ilusões burguesas concernentes à ciência e ao progresso técnico, compartilhadas pelos socialistas autoritários, deram origem à civilização dos domadores de máquina que, pela concorrência e pela dominação, pode dividir-se em blocos inimigos, mas que no plano econômico está sujeita às mesmas leis: acumulação de capital, produção racionalizada e incessantemente aumentada. A diferença política em relação à maior ou à menor onipotência do Estado é considerável, mas poderia ser reduzida pela evolução econômica. Só a diferença entre as morais, com a virtude formal em oposição ao cinismo histórico, parece sólida. Mas o imperativo da produção domina ambos os universos, fazendo deles, no plano econômico, um único mundo.[83]

De qualquer maneira, se o imperativo econômico não pode mais ser negado,[84] suas consequências não são as que Marx imaginara. Do ponto de vista econômico, o capitalismo é opressor pelo fenômeno da acumulação. Ele oprime pelo que é, acumula para aumentar o que é, explora ainda mais na medida em que acumula cada vez mais. Marx só imaginava como fim desse ciclo infernal a revolução. Nesse momento, a acumulação só seria necessária em escala reduzida, para garantir as ações sociais. Mas a revolução se industrializa por sua vez e percebe então que a acumulação está ligada à própria técnica, não ao capitalismo, que enfim a máquina chama a máquina. Toda coletividade em luta tem necessidade de acumular em vez de distribuir suas rendas. Ela acumula para aumentar e, ao fazê-lo, aumenta o seu poder. Burguesa ou socialista, ela adia a justiça para mais tarde, em benefício apenas do poder. Mas o poder se opõe a outros poderes. Ela se equipa, se arma, porque os outros se armam e se equipam. Ela não deixa de acumular, e não deixará nunca senão a partir do dia em que talvez venha a reinar só no mundo. Para tanto, aliás, é preciso passar pela guerra. Até este dia, o proletário mal recebe o necessário para sua subsistência. A revolução é obrigada a construir,

---

83. É bom esclarecer que a produtividade só é prejudicial quando é vista como um fim, não como um meio que poderia ser liberador.

84. Se bem que ele tenha sido negado — até o século XVIII — durante todo o tempo em que Marx acreditou tê-lo descoberto. Exemplos históricos em que o conflito das formas de civilização não chegou a um progresso na ordem de produção: destruição da sociedade micênica, invasão de Roma pelos bárbaros, expulsão dos mouros da Espanha, extermínio dos albigenses etc.

à custa de muitas vidas humanas, o intermediário industrial e capitalista que seu próprio sistema exigia. A renda é substituída pelo sofrimento do homem. A escravidão é então generalizada, as portas do céu continuam fechadas. Esta é a lei econômica de um mundo que vive do culto da produção, e a realidade é ainda mais sanguinária do que a lei. A revolução, no impasse a que foi levada por seus inimigos burgueses e por seus partidários niilistas, é a escravidão. A menos que mude de princípios e de rumo, ela não tem outra saída a não ser as revoltas servis, esmagadas no sangue, ou a horrenda esperança do suicídio atômico. A vontade de poder e a luta niilista pela dominação fizeram mais do que banir a utopia marxista. Esta por sua vez tornou-se um fato histórico destinado a ser utilizado como os outros. Ela, que queria dominar a história, aí se perdeu; que queria subjugar todos os meios, reduziu-se a um meio, cinicamente manipulado para os fins mais banais e sanguinários. O desenvolvimento ininterrupto da produção não destruiu o sistema capitalista em benefício da revolução. Ele destruiu igualmente a sociedade burguesa e a sociedade revolucionária em benefício de um ídolo que tem o focinho do poder.

De que modo um socialismo, que se dizia científico, pôde entrar em tal conflito com os fatos? A resposta é simples: ele não era científico. Seu malogro decorre ao contrário de um método bastante ambíguo que se mostrava ao mesmo tempo determinista e profético, dialético e dogmático. Se o espírito não é mais que o reflexo das coisas, ele só pode antecipar a progressão delas pela hipótese. Se a teoria é determinada pela economia, ela pode descrever o passado da produção, mas não o seu futuro, que continua apenas provável. A tarefa do materialismo histórico deve ser a de estabelecer a crítica da sociedade atual; quanto à sociedade futura, sem falhar ao espírito científico, ele só saberia fazer suposições. De resto, não é por isso que seu livro fundamental se chama *O capital*, e não *A revolução*? Marx e os marxistas deixaram-se levar pela profecia do futuro e do comunismo em detrimento de seus postulados e do método científico.

Essa previsão só poderia ser científica, pelo contrário, se não tivesse sido profetizada em termos absolutos. O marxismo não é científico; tem, no máximo, preconceitos científicos. Ele mostrou abertamente o divórcio profundo que se estabeleceu entre a razão científica, profícuo instrumento de pesquisa, de pensamento e até mesmo de revolta, e a razão histórica, inventada pela ideologia alemã em sua negação de qualquer princípio. A razão histórica não é uma razão que, segundo suas funções próprias, julga o mundo. Ela o conduz ao mesmo tempo em que pretende julgá-lo. Encerrada no acontecimento, ela o dirige. É a um só instante pedagógica e conquistadora. Estas descrições misteriosas encobrem a realidade mais simples. Quando se reduz o homem à história, não há outra escolha senão perder-se no som e na fúria de uma história absurda, ou dar a essa história a forma da razão humana. A história do niilismo contemporâneo não é mais, portanto, que um longo esforço para dar ordem, apenas pelas forças humanas e simplesmente pela força, a uma história que não tem mais ordem. Essa pseudorrazão acaba identificando-se com o estratagema e a estratégia, enquanto não culmina no Império ideológico. Que teria a ciência a fazer aqui? Nada é menos conquistador do que a razão. Não se faz história com escrúpulos científicos; condenamo-nos inclusive a não fazê-la a partir do momento em que pretendemos aí nos conduzirmos com a objetividade dos cientistas. Não se prega a razão; quando isso acontece, não é mais razão. Por isso, a razão histórica é uma razão irracional e romântica, que lembra a sistematização do obcecado ou a afirmação mística do verbo.

O único aspecto realmente científico do marxismo encontra-se em sua recusa prévia dos mitos e na revelação dos interesses mais rudimentares. Mas a esse respeito Marx não é mais científico do que La Rochefoucauld; e é justamente essa a atitude que ele abandona a partir do instante em que entra na profecia. Não chega a surpreender, portanto, que, para tornar o marxismo científico e preservar tal ficção, útil para o século da ciência, tenha sido necessário previamente tornar a ciência marxista pelo terror. O progresso da ciência, desde Marx, consistiu *grosso modo* em substituir o determinismo e o mecanicismo bastante rudimentar de seu século por um probabilismo provisório. Marx escrevia a Engels que a teoria de Darwin constituía a própria base da teoria deles. Para que o marxismo continuasse infalível, foi, portanto, preciso negar as descobertas biológicas feitas a partir de Darwin. Como essas descobertas, desde as mutações bruscas constatadas por de Vries, consistiram em introduzir na biologia, contrariando o determinismo, a noção de acaso, foi preciso encarregar Lysenko de disciplinar os cromossomos, demonstrando de novo o determinismo mais elementar. Isso é ridículo. Mas dê-se uma polícia ao Sr. Homais, e ele não será mais ridículo — isto é o século XX. Para tanto, o século XX deverá negar também o princípio da indeterminação em física, a relatividade restrita, a teoria dos quanta,[85] e, enfim, a tendência geral da ciência contemporânea. O marxismo hoje em dia só é científico se conseguir desafiar

---

85. Roger Caillois observa que o stalinismo faz objeções à teoria dos quanta, mas utiliza a ciência atômica que dela decorre. *Critique du marxisme* (*Crítica do marxismo*), Gallimard.

Heisenberg, Bohr, Einstein e a maioria dos grandes sábios do nosso tempo. Afinal, o princípio que consiste em usar a ciência a serviço de uma profecia nada tem de misterioso. Ele já foi chamado de princípio de autoridade; é ele quem guia as Igrejas quando elas querem escravizar a verdadeira razão à fé morta e a liberdade da inteligência à manutenção do poder temporal.[86]

Em resumo, da profecia de Marx, que se ergue doravante contra os seus dois princípios, a economia e a ciência, só resta o anúncio apaixonado de um acontecimento a muito longo prazo. O único recurso dos marxistas consiste em dizer que os prazos são simplesmente mais longos e que é preciso esperar que o fim tudo justifique, em um dia ainda invisível. Em outras palavras, estamos no purgatório e nos prometem que não haverá inferno. O problema passa a ser de outra ordem. Se a luta de uma ou duas gerações, ao longo de uma evolução econômica obrigatoriamente favorável, basta para produzir a sociedade sem classes, o sacrifício torna-se concebível para o militante: o futuro tem para ele uma cara concreta, a de seu neto, por exemplo. Mas, se o sacrifício de várias gerações não tendo sido suficiente, tivermos de abordar agora um período infinito de lutas universais mil vezes mais destrutivas, é preciso então ter as certezas da fé para aceitar morrer ou mandar matar. Simplesmente, esta nova fé é tão fundamentada na razão pura quanto as antigas.

Como imaginar esse fim da história? Marx não retomou os termos de Hegel. Ele disse, de maneira bastante obscura, que o comunismo nada mais era do que uma forma necessária

---

86. Ver a este respeito Jean Grenier, *Essai sur l'Esprit d'orthodoxie* (*Ensaio sobre o espírito da ortodoxia*), Gallimard, que continua, depois de 15 anos, um livro atual.

do futuro humano, que ele não era todo o futuro. Mas, ou bem o comunismo não termina a história das contradições e do sofrimento — e não se vê como justificar tantos esforços e sacrifícios —, ou então ele a termina, e só se pode imaginar a sequência da história como a marcha rumo a essa sociedade perfeita. Introduz-se aí de forma arbitrária uma noção mística numa descrição que se quer científica. O desaparecimento final da economia política, tema favorito de Marx e de Engels, significa o fim de todo sofrimento. A economia coincide com o sofrimento e a desgraça da história, que com ela desaparecem. Estamos no Éden.

Não se faz avançar o problema declarando que não se trata do fim da história, mas do salto para uma outra história. Só conseguimos imaginar esta outra história segundo nossa própria história. Para o homem, as duas são apenas uma. Aliás, esta outra história apresenta o mesmo dilema. Ou bem ela não é a resolução das contradições, e nós sofremos, morremos e matamos por quase nada, ou então ela é a resolução das contradições e termina praticamente a nossa história. O marxismo só se justifica neste estágio pela cidade definitiva.

Esta cidade dos fins terá sentido? Ela tem sentido no universo sagrado, uma vez admitido o postulado religioso. O mundo foi criado, ele terá um fim; Adão deixou o Éden, a humanidade deve voltar para o Éden. Não há Éden no universo histórico, admitindo-se o postulado dialético. A dialética aplicada corretamente não pode e não deve parar.[87] Os termos antagônicos de uma situação histórica podem negar-se uns aos outros, depois se superarem numa nova

---

87. Ver a excelente discussão de Jules Monnerot, *Sociologie du Communisme* (*Sociologia do comunismo*), terceira parte.

síntese. Mas não há razão para que esta nova síntese seja superior às primeiras. Ou melhor, só há razão na medida em que se impuser, arbitrariamente, um termo à dialética, nela introduzindo um juízo de valor externo. Se a sociedade sem classes encerra a história, então, na verdade, a sociedade capitalista é superior à sociedade feudal, na medida em que ela torna cada vez mais próximo o advento dessa sociedade sem classes. Mas, se admitirmos o postulado dialético, devemos admiti-lo por inteiro. Da mesma forma que à sociedade das ordens sucedeu uma sociedade sem ordens mas com classes, é preciso dizer que à sociedade das classes sucederá uma sociedade sem classes, mas animada por um novo antagonismo ainda a ser definido. Um movimento ao qual se recusa um começo não pode ter fim. "Se o socialismo é um eterno devir, os seus meios são os seus fins", diz um ensaísta libertário.[88] Ou mais exatamente, ele não tem fim, só tem meios, que não são garantidos por nada senão por um valor estranho ao devir. Neste sentido, é justo observar que a dialética não é nem pode ser revolucionária. Do nosso ponto de vista, ela é somente niilista, puro movimento que visa negar tudo que não for ele mesmo.

Portanto, não existe nesse universo nenhuma razão para que se imagine o fim da história. Ela é, no entanto, a única justificação dos sacrifícios exigidos à humanidade em nome do marxismo. Mas ela não tem outro fundamento razoável senão uma petição de princípio que introduz na história, reino que se queria único e suficiente, um valor estranho à história. Como este valor é ao mesmo tempo estranho à moral, ele não é propriamente um valor no qual se possa

---

88. Ernestan. *Le Socialisme et la Liberté* (*O socialismo e a liberdade*).

basear a conduta, mas um dogma sem fundamento, que se pode adotar no movimento desesperado de um pensamento que sufoca de solidão ou de niilismo, ou que será imposto pelos beneficiários do dogma. O fim da história não é um valor de exemplo e de aperfeiçoamento. É um princípio arbitrário e terrorista.

Marx reconheceu que todas as revoluções antes dele haviam fracassado. Mas pretendeu que a revolução por ele anunciada devia ter um êxito definitivo. Até aqui o movimento operário viveu nesta afirmação que os fatos não deixaram de desmentir e cuja mentira deve ser agora denunciada com tranquilidade. À medida que a parúsia se distanciava, a afirmação do reino final, enfraquecida quanto à razão, tornou-se artigo de fé. O único valor do mundo marxista reside doravante, apesar de Marx, num dogma imposto a todo um império ideológico. O reino dos fins é utilizado, assim como a moral eterna e o reino dos céus, para fins de mistificação social. Elie Halévy declarava-se sem condições de dizer se o socialismo ia conduzir à república suíça universalizada ou ao cesarismo europeu. Atualmente estamos mais bem-informados. As profecias de Nietzsche, pelo menos no que se refere a este ponto, são justificadas. O marxismo passou a apoiar-se, a despeito de si mesmo e por uma lógica inevitável, no cesarismo intelectual, que finalmente devemos descrever. Último representante da luta da justiça contra a graça, ele se encarrega, sem desejá-lo, da luta da justiça contra a verdade. Como viver sem a graça, eis a pergunta que domina o século XIX. "Pela justiça", responderam todos aqueles que não queriam aceitar o niilismo absoluto. Aos povos que perdiam a esperança no reino dos céus, eles prometeram o reino do homem. A exortação da cidade humana acelerou-se até o fim do século XIX, quando se tornou realmente visionária, colocando todas as certezas da ciência a serviço da utopia. Mas o reino se distanciou, guerras prodigiosas devastaram as mais antigas nações, o sangue dos revoltados respingou nos muros das cidades, e a justiça total não se aproximou. A questão do século XX, pela qual morreram os terroristas de 1905 e que atormenta o mundo contemporâneo, pouco a pouco tornou-se mais precisa: como viver sem a graça e sem a justiça?

A essa questão só o niilismo, e não a revolta, respondeu. Só ele falou até o momento, retomando a fórmula dos revoltados românticos: "Frenesi." O frenesi histórico chama-se poder. A vontade de poder veio ocupar o lugar da vontade de justiça, fingindo inicialmente identificar-se com ela, relegando-a depois a algum lugar no fim da história, quando já não houver mais nada para ser dominado na terra. A consequência ideológica venceu a consequência econômica: a história do comunismo russo desmentiu os seus princípios. Voltamos a encontrar ao fim desse longo caminho a revolta metafísica, que desta vez avança no tumulto das armas e das palavras de ordem, mas esquecida de seus verdadeiros princípios, dissimulando sua solidão no seio de multidões armadas, cobrindo as suas negações com uma escolástica obstinada, ainda voltada para o futuro, constituído agora como o seu único deus, mas dele separada por numerosas nações a serem arrasadas e de continentes a serem dominados. Tendo a ação como princípio único, o reino do homem como álibi, ela já começou a construir a sua praça forte no leste europeu, diante de outras praças fortes.

O Reino dos Fins

Marx não imaginava uma apoteose tão aterrorizante. Nem Lenin, que, no entanto, deu um passo decisivo rumo ao Império militar. Marx, bom estrategista e filósofo medíocre, colocou inicialmente o problema da tomada do poder. Observemos logo que é totalmente falso falar, como se costuma fazer, do jacobinismo de Lenin. Apenas a sua ideia sobre a parcela de agitadores e de revolucionários é jacobina. Os jacobinos acreditavam nos princípios e na virtude; morreram por terem tido que negá-los. Lenin só acredita na revolução e na virtude da eficácia. "É preciso estar pronto para todos os sacrifícios; se for necessário, usar de todos os estratagemas, do ardil, de métodos ilegais, estar decidido a ocultar a verdade, com a única finalidade de penetrar nos sindicatos... e aí realizar toda a tarefa comunista." A luta contra a moral formal, inaugurada por Hegel e Marx, é novamente encontrada em Lenin na crítica das atitudes revolucionárias ineficazes. O Império era o objetivo desse movimento.

Se examinarmos as duas obras que estão no início[89] e no fim[90] de sua carreira de agitador, ficaremos impressionados ao ver que ele não deixou de lutar impiedosamente contra as formas sentimentais da ação revolucionária. Ele quis banir a moral da revolução, porque acreditava, com todo o direito, que o poder revolucionário não se estabelece no respeito aos dez mandamentos. Quando chega, após as primeiras experiências, ao palco de uma história em que desempenharia um papel tão importante, vendo-o tomar

---

89. *Que fazer*, 1902.
90. *O Estado e a Revolução*, 1917.

conta com uma liberdade tão natural do mundo tal como fabricado pela ideologia e pela economia do século anterior, ele parece ser o primeiro homem de uma nova era. Indiferente à inquietação, à nostalgia, à moral, ele assume o comando, procura o melhor meio para ligar o motor e decide que determinada virtude convém ao condutor da história e que outra não convém. Ele tateia um pouco no início, hesita quanto à questão de saber se a Rússia deve passar primeiro pelo estágio capitalista e industrial. Mas isso é o mesmo que duvidar que a revolução possa ter lugar na Rússia. Ele é russo, sua missão é fazer a revolução russa. Ele descarta o fatalismo econômico e entra em ação. Desde 1902, afirma categoricamente que os operários não são capazes por si mesmos de elaborarem uma ideologia independente. Ele nega a espontaneidade das massas. A doutrina socialista supõe uma base científica que só os intelectuais podem lhe dar. Quando diz que é preciso apagar qualquer distinção entre operários e intelectuais, é preciso traduzir que se pode não ser proletário e conhecer, melhor que os proletários, os interesses do proletariado. Ele cumprimenta Lassalle por haver empreendido uma luta ferrenha contra a espontaneidade das massas. "A espontaneidade deve subordinar-se à teoria",[91] diz ele. Vê-se claramente que isso quer dizer que a revolução tem necessidade de líderes e de líderes teóricos.

Ele combate ao mesmo tempo o reformismo, culpado pelo enfraquecimento da força revolucionária, e o terrorismo,[92] atitude exemplar e ineficaz. A revolução, antes de ser eco-

---

91. Marx diz igualmente: "O que este ou aquele proletário ou até mesmo o proletariado inteiro imagina ser o seu fim não importa!"
92. Sabe-se que seu irmão mais velho, que havia escolhido o terrorismo, foi enforcado.

nômica ou sentimental, é militar. Até o dia em que eclodir, a ação revolucionária confunde-se com a estratégia. A autocracia é o inimigo; sua força principal, a polícia, corpo profissional de soldados políticos. A conclusão é simples: "A luta contra a polícia política exige qualidades especiais, exige revolucionários profissionais." A revolução terá o seu exército profissional, assim como as massas, que um dia poderão ser recrutadas. Esse corpo de agitadores deve ser organizado antes da própria massa. Uma rede de agentes, esta é a expressão usada por Lenin, que já anuncia o reino da sociedade secreta e dos monges realistas da revolução: "Somos os jovens turcos da revolução, com algo de jesuíta a mais", dizia ele. O proletariado não tem mais missão a partir desse momento. Ele não é mais que um meio poderoso, entre outros, nas mãos de ascetas revolucionários.[93]

O problema da tomada de poder acarreta o problema do Estado. *O Estado e a Revolução* (1917), que trata do assunto, é o mais curioso e mais contraditório dos libelos. Lenin utiliza nele seu método favorito, que é a autoridade. Com a ajuda de Marx e de Engels, começa por insurgir-se contra qualquer reformismo que pretenda utilizar o Estado burguês, organismo de dominação de uma classe sobre a outra. O Estado burguês apoia-se na polícia e no exército, porque é, em primeiro lugar, um instrumento de opressão. Ele reflete ao mesmo tempo o antagonismo inconciliável das classes e a redução forçada desse antagonismo. Essa autoridade de fato só merece desprezo. "Até mesmo o chefe do poder militar de um Estado civilizado poderia invejar o chefe do clã que a

---

93. Heine já chamava os socialistas de "novos puritanos". Puritanismo e revolução andam, historicamente, de mãos dadas.

sociedade patriarcal cercava de um respeito voluntário e não imposto pelo porrete." Engels, aliás, estabeleceu firmemente a noção de que Estado e sociedade livre são inconciliáveis. "As classes desaparecerão com a mesma inevitabilidade com que surgiram. Com o desaparecimento das classes, desaparecerá, de modo inevitável, o Estado. A sociedade reorganizadora da produção com base na associação livre e igual dos produtores relegará a máquina do Estado ao lugar que lhe convém: o museu de antiguidades, ao lado da roda de fiar e do machado de bronze."

Isso explica provavelmente que leitores distraídos tenham atribuído *O Estado e a Revolução* às tendências anarquistas de Lenin e se tenham compadecido pela singular posteridade de uma doutrina tão severa em relação ao exército, à polícia, ao porrete e à burocracia. Mas, para compreender os pontos de vista de Lenin, eles devem ser sempre entendidos em termos de estratégia. Se ele defende com tanta veemência a tese de Engels sobre o desaparecimento do Estado burguês, é porque deseja, de um lado, colocar obstáculos ao puro "economicismo" de Plekhanov ou de Kautsky e, por outro lado, demonstrar que o governo Kerenski é um governo burguês, que deve ser destruído. Aliás, um mês depois ele o destruirá.

Era preciso responder também àqueles que faziam objeções quanto ao fato de a própria revolução ter necessidade de um aparelho de administração e de repressão. Ainda a esse respeito, Marx e Engels são largamente utilizados para provar, com autoridade, que o Estado proletário não é um Estado organizado como os outros, mas um Estado que, por definição, não cessa de deteriorar-se. "Desde que não haja mais classe social para manter na opressão... um Estado deixa de ser necessário. O primeiro ato pelo qual o Estado (proletário) realmente se afirma como representante de toda a sociedade — a tomada dos meios de produção da sociedade — é ao mesmo tempo o último ato próprio do Estado. O governo das pessoas é substituído pela administração das coisas... O Estado não é abolido, ele se deteriora." O Estado burguês é primeiramente suprimido pelo proletariado. Em seguida, mas somente em seguida, o Estado proletário é reabsorvido. A ditadura do proletariado é necessária: primeiro, para oprimir ou suprimir o que resta da classe burguesa; em segundo lugar, para realizar a socialização dos meios de produção. Cumpridas estas duas tarefas, ela começa logo a deteriorar-se.

Lenin parte, portanto, do princípio, claro e firme, de que o Estado morre tão logo se opere a socialização dos meios de produção, sendo então suprimida a classe exploradora. Chega, porém, no mesmo libelo, a legitimar a manutenção, após a socialização dos meios de produção e sem termo previsível, da ditadura de uma parcela revolucionária sobre o resto do povo. O panfleto, que usa como referência constante a experiência da Comuna, contradiz de modo absoluto a corrente de ideias federalistas e antiautoritárias que produziu a Comuna. Ele se opõe, da mesma forma, à descrição otimista de Marx e de Engels. A razão é clara: Lenin não se esqueceu de que a Comuna havia fracassado. Quanto aos meios de uma tão surpreendente demonstração, são ainda mais simples: a cada nova dificuldade encontrada pela revolução, dá-se uma atribuição suplementar ao Estado descrito por Marx. Dez páginas adiante, sem transição, Lenin afirma efetivamente que o poder é necessário para reprimir a resistência dos exploradores "e também para dirigir a grande massa da população, do campesinato, da pequena burguesia, dos semiproletários, para a organização da economia socialista". A mudança é incontestável; o Estado provisório de Marx e Engels vê-se encarregado de uma nova missão, que corre o risco de dar-lhe vida longa. Já encontramos a contradição do regime stalinista às voltas com sua filosofia oficial. Ou bem esse regime realizou a sociedade socialista sem classes, e a manutenção de um formidável aparelho de repressão não se justifica em termos marxistas, ou então não o fez, comprovando-se neste caso que a doutrina marxista está errada e, particularmente, que a socialização dos meios de produção não significa o desaparecimento das classes. Diante de sua doutrina oficial, o regime é obrigado a escolher: ela é falsa ou ele a traiu. Na verdade, com Netchaiev e Tkatchev, é Lassalle, inventor do socialismo de Estado, que Lenin fez triunfar na Rússia, em detrimento de Marx. A partir desse momento, a história das lutas internas do partido, de Lenin a Stalin, irá resumir-se à luta entre a democracia operária e a ditadura militar e burocrática; ou melhor, entre justiça e eficácia.

Julgamos por um momento que Lenin vai encontrar uma espécie de conciliação, ao vê-lo fazer o elogio das medidas tomadas pela Comuna: funcionários elegíveis, demissíveis, remunerados como operários, substituição da burocracia industrial pela gestão operária direta. Surge um Lenin federalista, que louva a instituição das comunas e sua representação. Mas compreende-se rapidamente que esse federalismo só é preconizado na medida em que ele significa a abolição do parlamentarismo. Lenin, contra toda verdade histórica, qualifica-o de centralismo e logo enfatiza a ideia da ditadura do proletariado, censurando aos anarquistas sua intransigência em relação ao Estado. Apoiada em Engels, intervém neste ponto uma nova afirmação que justifica a manutenção da ditadura do proletariado após a socialização, o desaparecimento da classe burguesa e até mesmo a direção, finalmente conseguida, da massa. A manutenção da autoridade terá agora os limites que lhe são traçados pelas próprias condições da produção. Por exemplo, a deterioração definitiva do Estado coincidirá com o momento em que se puder fornecer moradia gratuita para todos. É a fase superior do comunismo: "A cada um segundo suas necessidades." Até esse momento, haverá Estado.

Qual será a rapidez do desenvolvimento rumo a essa fase superior do comunismo, na qual cada um terá segundo suas necessidades? "Isso nós não sabemos nem podemos saber... Não temos dados que nos permitam resolver tais questões." Para maior clareza, Lenin afirma, sempre de modo arbitrário, "que não ocorreu a nenhum socialista prometer o advento da fase superior do comunismo". Pode-se dizer que neste ponto morre definitivamente a liberdade. Do reino da massa, da noção de revolução proletária, passa-se primeiro à ideia de uma revolução feita e dirigida por agentes profissionais. A crítica impiedosa do Estado concilia-se em seguida com a necessária, mas provisória, ditadura do proletariado na pessoa de seus líderes. Por fim, anuncia-se que não se pode prever o término desse Estado provisório e que além do mais ninguém nunca se atreveu a prometer que haveria um término. Depois disso, é lógico que a autonomia dos sovietes seja combatida, que Makhno seja traído, e os marinheiros de Kronstadt esmagados pelo partido.

Certamente, muitas afirmações de Lenin, amante passional da justiça, podem ainda ser contrapostas ao regime stalinista; principalmente a noção de deterioração. Mesmo admitindo que ainda se passe muito tempo até que o Estado proletário desapareça, é ainda preciso, segundo a doutrina, para que possa ser chamado de proletário, que ele tenda a desaparecer e torne-se cada vez menos coercitivo. É certo que Lenin acreditava nessa tendência inevitável e que nisso ele foi superado. O Estado proletário, há mais de trinta anos, não deu nenhum sinal de anemia progressiva. Ao contrário, sua crescente prosperidade é visível. De resto, dois anos depois, numa conferência na universidade Sverdlov, sob a pressão dos acontecimentos externos e da realidade interna, Lenin fará uma observação que deixa prever a manutenção indefinida do super-Estado proletário. "Com esta máquina ou esta maça (o Estado), esmagaremos qualquer forma de exploração, e quando na terra não houver mais possibilidade de exploração, mais gente proprietária de terras e fábricas, mais gente se empanturrando nas barbas dos esfomeados, quando coisas como essas se tiverem tornado impossíveis, só então poremos de lado essa máquina. Então, não haverá nem Estado nem exploração." Enquanto houver na terra, e não mais em determinada sociedade, um único oprimido ou um proprietário, então o Estado continuará a existir. Enquanto isso perdurar, ele será obrigado a aumentar sua força para vencer, uma a uma, as injustiças, os governos da injustiça, as nações obstinadamente burguesas, os povos cegos aos seus próprios interesses. E quando, sobre a terra enfim subjugada e depurada de adversários, a última iniquidade se tiver afogado no sangue dos justos e dos injustos, então, tendo chegado ao limite de todas as forças, ídolo monstruoso cobrindo o mundo inteiro, o Estado será sabiamente reabsorvido na cidade silenciosa da justiça.

Sob a pressão, contudo inevitável, dos imperialismos adversos, nasce com Lenin, na verdade, o imperialismo da justiça. Mas o imperialismo, mesmo o da justiça, não tem outro fim senão a derrota ou o Império do mundo. Até lá, não há outro meio a não ser a injustiça. Desde então, a doutrina identifica-se definitivamente com a profecia. Por uma justiça longínqua, ela legitima a injustiça durante todo o tempo da história, ela se torna essa mistificação que Lenin detestava mais do que tudo no mundo. Ela faz com que se aceite a injustiça, o crime e a mentira, pela promessa do milagre. Uma produção maior e um poder maior, trabalho ininterrupto, sofrimento interminável, guerra permanente — e chegará o momento em que a servidão generalizada no Império total se transformará milagrosamente em seu oposto: o lazer livre, numa república universal. A mistificação pseudorrevolucionária tem agora sua fórmula: é preciso matar toda liberdade para conquistar o Império, e o Império um dia será a liberdade. O caminho da unidade passa então pela totalidade.

Totalidade e Julgamento

A totalidade, com efeito, não é mais que o antigo sonho de unidade comum aos crentes e aos revoltados, mas projetado horizontalmente sobre uma terra privada de Deus. Renunciar a todo valor é o mesmo que renunciar à revolta para aceitar o Império e a escravidão. A crítica dos valores formais não podia evitar a noção de liberdade. Uma vez reconhecida a impossibilidade de dar origem, unicamente pelas forças da revolta, ao indivíduo livre com o qual sonhavam os românticos, a liberdade foi também incorporada ao movimento da história. Tornou-se uma liberdade em luta que, para existir, deve criar-se. Identificada com o dinamismo da história, ela só poderá desfrutar de si mesma quando a história se detiver, na Cidade universal. Até lá, cada uma de suas vitórias suscitará uma contestação que a tornará vã. A nação alemã liberta-se de seus opressores aliados, mas ao preço da liberdade de cada alemão. Os indivíduos no regime totalitário não estão livres, embora o homem coletivo esteja libertado. No fim, quando o Império emancipar a espécie inteira, a liberdade reinará sobre rebanhos de escravos, que pelo menos estarão livres em relação a Deus e, em geral, a toda transcendência. Explica-se o milagre dialético, a transformação da quantidade em qualidade: toma-se a decisão de chamar a servidão total de liberdade. Como aliás em todos os exemplos citados por Hegel e por Marx, não há nenhuma transformação objetiva, mas sim mudança subjetiva de denominação. Não há milagre. Se a única esperança do niilismo reside no fato de que milhões de escravos possam um dia constituir uma humanidade emancipada para sempre, a história não passa de um sonho desesperado. O pensamento histórico devia livrar o homem do jugo divino; mas essa liberação exige dele a submissão mais absoluta ao devir. Corre-se então para a permanência do partido, como antes se corria para o altar. Por isso, a época que ousa dizer-se a mais revoltada só oferece uma escolha: conformismos. A verdadeira paixão do século XX é a servidão.

Mas a liberdade total não é mais fácil de conquistar que a liberdade individual. Para assegurar o Império do homem no mundo, é preciso suprimir do mundo e do homem tudo aquilo que escapa ao império, tudo aquilo que não é do reino da quantidade: esse empreendimento é interminável.

Ele deve estender-se ao espaço, ao tempo e às pessoas, que abrangem as três dimensões da história. O Império é ao mesmo tempo guerra, obscurantismo e tirania, afirmando desesperadamente que será fraternidade, verdade e liberdade: a lógica de seus postulados obriga-o a isso. Sem dúvida, há na Rússia de hoje, e até mesmo no comunismo, uma verdade que nega a ideologia stalinista. Mas esta tem sua lógica, que é preciso isolar e expor, se se deseja que o espírito revolucionário escape finalmente à desgraça definitiva.

A cínica intervenção dos exércitos ocidentais contra a revolução soviética mostrou aos revolucionários russos, entre outras coisas, que a guerra e o nacionalismo eram realidades similares à luta de classes. Sem uma solidariedade internacional dos proletários, e que atuasse automaticamente, nenhuma revolução interna podia se julgar viável sem que se criasse uma ordem internacional. A partir desse dia, foi preciso admitir que a Cidade universal só poderia ser construída sob duas condições. Revoluções quase simultâneas em todos os grandes países ou então a liquidação, pela guerra, das nações burguesas; a revolução permanente ou a guerra permanente. O primeiro ponto de vista quase triunfou, como se sabe. Os movimentos revolucionários da Alemanha, da Itália e da França marcaram o apogeu da esperança revolucionária. Mas o esmagamento dessas revoluções e o consecutivo fortalecimento dos regimes capitalistas fizeram da guerra a realidade da revolução. A filosofia das luzes levou à Europa do toque de recolher. Pela lógica da história e da doutrina, a Cidade universal, que devia realizar-se na insurreição espontânea dos humilhados, foi pouco a pouco recoberta pelo Império, imposto pela força. Engels, com a aprovação de Marx, havia aceitado friamente essa perspectiva quando escreveu, em resposta ao Apelo aos Eslavos, de Bakunin: "A próxima guerra mundial fará com que desapareçam da superfície da terra não apenas classes e dinastias reacionárias, mas também povos inteiros reacionários. Isso também faz parte do progresso." Esse progresso, na mente de Engels, devia eliminar a Rússia dos czares. Atualmente, a nação russa inverteu o rumo do progresso. A guerra, fria e morna, é a servidão do Império mundial. Mas, ao tornar-se imperial, a revolução fica num impasse. Se não renunciar a seus princípios falsos, a fim de retornar às origens da revolta, ela significa somente a manutenção, por várias gerações, e até a decomposição espontânea do capitalismo, de uma ditadura total sobre centenas de milhões de homens; ou então, se ela quiser precipitar o advento da Cidade humana, significa a guerra atômica, que ela não deseja e finda a qual, de resto, qualquer cidade só existiria sobre escombros definitivos. A revolução mundial, pela própria lei dessa história que ela imprudentemente deificou, está condenada à polícia ou à bomba. Ao mesmo tempo, ela se vê numa contradição adicional. O sacrifício da moral e da virtude e a aceitação de todos os meios que constantemente justificou pelo fim perseguido só são aceitos, a rigor, em função de um fim cuja probabilidade é razoável. A paz armada supõe, pela manutenção indefinida da ditadura, a negação indefinida desse fim. O perigo de guerra, além disso, faz desse fim uma probabilidade desprezível. A extensão do Império ao espaço mundial é uma necessidade inevitável para a revolução do século XX. Mas essa necessidade coloca-a diante de um último dilema: forjar para si novos princípios ou renunciar à justiça e à paz cujo reino definitivo ela queria.

Enquanto espera dominar o espaço, o Império vê-se também obrigado a reinar sobre o tempo. Ao negar toda verdade estável, teve que chegar ao ponto de negar a forma mais baixa da verdade, a da história. Ele transportou a revolução, ainda impossível em escala mundial, ao passado que ele se empenha em negar. Isso também é lógico. Toda coerência, que não seja puramente econômica, do passado ao futuro humano, supõe uma constante que por sua vez poderia lembrar uma natureza humana. A coerência profunda que Marx, homem de cultura, tinha mantido entre as civilizações ameaçava extrapolar sua tese, trazendo à luz uma continuidade natural, mais ampla do que a econômica. Pouco a pouco, o comunismo russo foi levado a interromper, a introduzir uma solução de continuidade no futuro. A negação dos gênios heréticos (e quase todos o são), das contribuições da civilização, da arte — na medida, infinita, em que esta foge à história —, a renúncia às tradições vivas confinaram pouco a pouco o marxismo contemporâneo dentro de limites cada vez mais estreitos. Não lhe bastou negar ou calar aquilo que na história do mundo é inassimilável pela doutrina, nem rejeitar as descobertas da ciência moderna. Foi preciso ainda refazer a história, mesmo a mais próxima, a mais conhecida e até mesmo, por exemplo, a história do partido e da revolução. A cada ano, às vezes a cada mês, o *Pravda* se corrige, sucedem-se as edições retocadas da história oficial, Lenin é censurado, Marx deixa de ser publicado. Neste estágio, a comparação com o obscurantismo religioso nem é mais justa. A Igreja nunca chegou ao ponto de decidir sucessivamente que a manifestação divina se fazia em duas, depois em quatro ou em três, e ainda em duas pessoas. A aceleração própria de nosso tempo atinge, desse modo, a fabricação da verdade que nesse ritmo torna-se pura ilusão. Como no conto popular, em que os teares de uma cidade inteira teciam no vazio para vestir o rei, milhares de homens — como o tear da fábula — refazem todos os dias uma história vã, destruída logo ao fim do dia, esperando que a voz tranquila de uma criança proclame de repente que o rei está nu. Esta pequena voz da revolta dirá então aquilo que todo mundo já consegue ver: que uma revolução condenada, a fim de perdurar, a negar sua vocação universal ou a renunciar a si mesma para ser universal, vive sobre princípios falsos.

Enquanto isso, esses princípios continuam funcionando acima de milhões de homens. O sonho do Império, contido pelas realidades do tempo e do espaço, sacia a sua nostalgia nas pessoas. As pessoas não são hostis ao Império apenas como indivíduos: neste caso, o terror tradicional seria suficiente. Elas lhe são hostis na medida em que até o momento ninguém pôde viver só da história, sempre se lhe escapando de algum modo. O Império supõe uma negação e uma certeza: a certeza da infinita maleabilidade do homem e a negação da natureza humana. As técnicas de propaganda servem para medir essa maleabilidade, tentando fazer coincidir reflexão e reflexo condicionado. Elas permitem assinar um pacto com aquele que, durante anos, foi designado como o inimigo mortal. E mais: elas permitem reverter o efeito psicológico assim obtido, fazendo todo um povo insurgir-se, de novo, contra esse mesmo inimigo. A experiência ainda não chegou a seu termo, mas seu princípio é lógico. Se não há natureza humana, a maleabilidade do homem, na verdade, é infinita. O realismo político, neste nível, não é mais que um romantismo desenfreado, um romantismo da eficácia.

Pode-se assim explicar por que o marxismo russo rejeita, em sua totalidade, e ainda que saiba se servir dele, o mundo do irracional. O irracional tanto pode servir ao Império como pode recusá-lo. Ele foge ao cálculo, e só o cálculo deve reinar no Império. O homem não é mais que um jogo de forças que se pode considerar racionalmente. Marxistas desavisados atreveram-se a pensar que poderiam conciliar sua doutrina com a de Freud, por exemplo. Mas logo tiveram que reconsiderar. Freud é um pensador herético e "pequeno-burguês", porque revelou o inconsciente, conferindo-lhe ao menos tanta realidade quanto ao superego ou ego social. Este inconsciente pode então definir a originalidade de uma natureza humana, em oposição ao ego histórico. O homem, ao contrário, deve resumir-se ao ego social e racional, objeto de cálculo. Logo, foi preciso escravizar não apenas a vida de cada um, mas também o acontecimento mais irracional e mais isolado, cuja expectativa acompanha o homem ao longo de toda a sua vida. O Império, em seu esforço convulsivo no sentido de um reino definitivo, tende a integrar a morte.

Pode-se subjugar um homem vivo, reduzindo-o à condição histórica de coisa. Mas, se morre recusando, reafirma uma natureza humana que rejeita a ordem das coisas. É por isso que o acusado só é produzido e morto diante do mundo se consentir em dizer que sua morte será justa e de acordo com o Império das coisas. É preciso morrer desonrado ou não existir mais, nem na vida nem na morte. Neste último caso, não se morre, desaparece-se. Da mesma forma, se o condenado é castigado, o seu castigo protesta em silêncio, introduzindo uma fissura na totalidade. Mas o condenado não é castigado, ele é recolocado na totalidade, ele monta a máquina do Império. Transforma-se em engrenagem da produção, tão indispensável, de resto, que com o tempo ele não será utilizado na produção porque é culpado, mas sim julgado culpado porque a produção tem necessidade dele. O sistema russo de campos de concentração realizou efetivamente a passagem dialética do governo das pessoas à administração das coisas, mas confundindo a pessoa e a coisa.

Até mesmo o inimigo deve colaborar para a obra comum. Fora do Império não há salvação. Este Império é ou será o da amizade. Mas esta amizade é a das coisas, pois não se pode preferir o amigo ao Império. A amizade das pessoas — não há outra definição — é a solidariedade particular, até a morte, contra o que não é do reino da amizade. A amizade das coisas é a amizade em geral, a amizade com todos, que supõe, quando deve ser preservada, a denúncia de cada um. Aquele que ama a amiga ou o amigo ama-o no presente, e a revolução só quer amar um homem que ainda não surgiu. Amar, de certa maneira, é matar o homem acabado, que deve nascer pela revolução. Para que viva, um dia, ele deve ser, a partir de hoje, preferido a tudo. No reino das pessoas, os homens se ligam pela afeição; no Império das coisas, os homens se unem pela delação. A cidade que se queria fraternal torna-se um formigueiro de homens sós.

Em outro plano, só o furor irracional de uma besta consegue imaginar ser necessário torturar sadicamente homens a fim de obter o seu consentimento. Então, trata-se apenas de um homem que subjuga outro, em um imundo acasalamento de pessoas. O representante da totalidade racional contenta-se, pelo contrário, em deixar que no homem a coisa domine a pessoa. A mente mais elevada é inicialmente rebaixada à ordem da mais inferior pela técnica policial do amálgama. Depois, cinco, dez, vinte noites de insônia vencerão uma ilusória convicção e colocarão no mundo uma nova alma morta. Deste ponto de vista, a única revolução psicológica conhecida em nosso tempo, depois de Freud, foi operada pelo NKVD e pelas polícias políticas em geral. Guiadas por uma hipótese determinista, calculando os pontos fracos e o grau de elasticidade das almas, estas novas técnicas dilataram ainda mais um dos limites do homem, tentando demonstrar que nenhuma psicologia individual é original e que a medida comum do caráter é a matéria. Elas criaram literalmente a física das almas.

A partir daí, as relações humanas tradicionais foram transformadas. Essas transformações progressivas caracterizam o mundo do terror racional em que vive, em diferentes níveis, a Europa. O diálogo, relação entre as pessoas, foi substituído pela propaganda ou pela polêmica, que são dois tipos de monólogo. A abstração, própria do mundo da força e do cálculo, substituiu as verdadeiras paixões, que pertencem ao domínio da carne e do irracional. O pão substituído pelo cupom de racionamento; o amor e a amizade, subjugados à doutrina; o destino, ao plano; o castigo chamado de norma e a criação viva substituída pela produção — tudo isso descreve bastante bem esta Europa macilenta, povoada de fantasmas do poder, vitoriosos ou escravizados. "Como é desgraçada", bradava Marx, "esta sociedade que não conhece meio de defesa melhor que o carrasco!" Mas o carrasco não era ainda o carrasco filósofo e não aspirava, pelo menos, à filantropia universal.

A contradição última da maior revolução que a história conheceu não reside inteiramente no fato de aspirar à justiça através de um séquito ininterrupto de injustiças e de violências. Servidão ou mistificação é desgraça comum a todos os tempos. Sua tragédia é a tragédia do niilismo; ela confunde-se com o drama da inteligência contemporânea que, aspirando ao universal, acumula as mutilações do homem. A totalidade não é a unidade. O estado de sítio, mesmo estendido aos limites do mundo, não é a reconciliação. A reivindicação da Cidade universal não se mantém nesta revolução senão rejeitando dois terços do mundo e o prodigioso legado dos séculos, negando, em favor da história, a natureza e a beleza, suprimindo no homem sua força de paixão, de dúvida, de felicidade, de invenção singular, numa palavra, sua grandeza. Os princípios que os homens se atribuem acabam tomando o lugar de suas intenções mais nobres. Por força de contestações, incessantes lutas, polêmicas, excomunhões, perseguições sofridas e infligidas, a Cidade universal dos homens livres e fraternos deriva pouco a pouco, dando lugar ao único universo em que a história e a eficácia podem efetivamente ser erigidas como juízes supremos: o universo do julgamento.

Toda religião gira em torno das noções de inocência e de culpabilidade. Prometeu, o primeiro revoltado, recusava, contudo, o direito de punir. O próprio Zeus, e sobretudo Zeus, não é suficientemente inocente para receber tal direito. Em seu primeiro movimento, a revolta recusa, portanto, ao castigo sua legitimidade. Mas em sua última encarnação, ao fim de uma estafante viagem, o revoltado retoma o conceito religioso de castigo, colocando-o no centro de seu universo. O juiz supremo não está mais nos céus, ele é a própria história, que sanciona como divindade implacável. À sua maneira, a história não é mais que um longo castigo, já que a verdadeira recompensa só será saboreada no fim dos tempos. Aparentemente, estamos longe do marxismo e de

Hegel, muito mais longe ainda dos primeiros revoltados. Todo pensamento puramente histórico, entretanto, leva à beira desses abismos. Na medida em que Marx previa o cumprimento inevitável da cidade sem classes; na medida em que estabelecia desse modo a boa vontade da história, todo atraso na marcha liberadora devia ser imputado à má vontade humana. Marx reintroduziu no mundo descristianizado o crime e o castigo, mas apenas diante da história. O marxismo, sob um de seus aspectos, é uma doutrina de culpabilidade quanto ao homem e de inocência quanto à história. Longe do poder, sua tradução histórica era a violência revolucionária; no auge do poder, ela ameaçava tornar-se a violência legal, isto é, o terror e o julgamento.

Aliás, no universo religioso o verdadeiro juízo é adiado para mais tarde; não é necessário que o crime seja punido sem demora, a inocência consagrada. No novo universo, pelo contrário, o juízo da história deve ser pronunciado imediatamente, pois a culpa coincide com o malogro e o castigo. A história julgou Bukharin porque ela o fez morrer. Ela proclama a inocência de Stalin: ele está no auge do poder. Tito está em instância de julgamento, como o esteve Trotsky, cuja culpa só ficou clara para os filósofos do crime histórico no momento em que o martelo do assassino abateu-se sobre ele. O mesmo vale para Tito, que não sabemos, segundo nos dizem, se é culpado ou não. Foi denunciado, mas ainda não foi abatido. Quando for derrubado, sua culpa será certa. De resto, a inocência provisória de Trotsky e de Tito estava e está ligada em grande parte à geografia; eles estavam longe do braço secular. Por isso, é necessário julgar sem demora aqueles que esse braço pode alcançar. O juízo definitivo da história depende de uma infinidade de juízos que forem pronunciados daqui até lá, e que serão então confirmados ou invalidados. Prometem-se, assim, misteriosas reabilitações para o dia em que o tribunal do mundo for construído com o próprio mundo. Este, que se declarou traidor e desprezível, ingressará no Panteão dos homens. O outro ficará no inferno histórico. Mas quem irá julgar? O próprio homem, consumado em sua jovem divindade. Enquanto isso, aqueles que conceberam a profecia, os únicos capazes de lerem na história o sentido que antes lhe haviam atribuído, pronunciarão sentenças, mortais para o culpado, provisórias apenas para o juiz. Mas aqueles que julgam, como Rajk, podem ser julgados por sua vez. Devemos acreditar que ele não interpretava mais a história corretamente? Na verdade, sua derrota e sua morte o comprovam. Quem garante que os juízes de hoje não serão os traidores de amanhã, atirados, do alto de seu tribunal, para as masmorras de cimento em que agonizam os malditos da história? A garantia está em sua clarividência infalível. Quem pode prová-la? Seu êxito perpétuo. O mundo do julgamento é um mundo circular em que o êxito e a inocência autenticam-se mutuamente, em que todos os espelhos refletem a mesma mistificação.

Haveria assim uma graça histórica,[94] cujo poder é o único que consegue interpretar os seus desígnios, favorecendo ou excomungando o súdito do Império. Para precaver-se de seus caprichos, ele só dispõe da fé, pelo menos tal como definida nos Exercícios espirituais de Santo Inácio: "Para nunca nos perdermos, devemos sempre estar preparados para acreditar que é preto aquilo que vejo como branco, se a Igreja hierárquica assim o define." Esta fé ativa nos representantes da

---

94. A "esperteza da razão", no universo histórico, baseia-se no problema do mal.

verdade pode ser a única a salvar o súdito das misteriosas devastações da história. Ele ainda não está livre do universo do julgamento ao qual está ligado, pelo contrário, pelo sentimento histórico do medo. Mas, sem essa fé, ele corre o risco de tornar-se um criminoso objetivo, sem nunca tê-lo desejado e com as melhores intenções do mundo.

O universo do julgamento culmina, finalmente, nessa noção. Com ela, o círculo se fecha. Ao fim dessa longa insurreição em nome da inocência humana, surge, por uma perversão dos fatos, a afirmação da culpabilidade geral. Todo homem é um criminoso sem que saiba disso. O criminoso objetivo é justamente aquele que se julgava inocente. Ele considerava a sua ação subjetivamente inofensiva ou até mesmo favorável ao futuro da justiça. Mas demonstram-lhe que objetivamente ela prejudicou esse futuro. Trata-se de uma objetividade científica? Não, mas histórica. Como saber se o futuro da justiça está comprometido, por exemplo, pela denúncia leviana de uma justiça atual? A verdadeira objetividade consistiria em julgar os fatos e suas tendências de acordo com os resultados que podem ser observados cientificamente. Mas a noção de culpabilidade objetiva prova que essa curiosa objetividade se baseia unicamente em resultados e fatos aos quais só terá acesso, no mínimo, a ciência do ano 2000. Enquanto isso, ela se resume a uma subjetividade interminável imposta aos outros como objetividade: é a definição filosófica do terror. Esta objetividade não tem sentido definível, mas o poder lhe dará um conteúdo ao decretar culpado tudo aquilo que não aprova. Ele consentirá em dizer ou em deixar que se diga a filósofos que vivem fora do Império que, desta forma, ele assume um risco aos olhos da história tanto quanto o fez o culpado objetivo, mas sem sabê-lo. A matéria será julgada mais tarde, quando vítima e algoz tiverem desaparecido. Tal consolo, porém, só vale para o algoz, que justamente dele não tem necessidade. Enquanto isso, os fiéis são convidados regularmente para participarem de estranhas festas, onde, segundo rituais escrupulosos, vítimas cheias de contrição são oferecidas em sacrifício ao deus histórico.

A utilidade direta desta noção é proibir a indiferença em matéria de fé. É a evangelização obrigatória. A lei, cuja função é perseguir os suspeitos, fabrica-os. Ao fabricá-los, ela os converte. Na sociedade burguesa, por exemplo, é dado como suposto que todo cidadão aprove a lei. Na sociedade objetiva, será dado como suposto que todo cidadão a desaprove. Ou, pelo menos, ele deverá estar sempre pronto para demonstrar que não a desaprova. A culpabilidade não está mais no fato, ela reside na simples ausência de fé, o que explica a aparente contradição do sistema objetivo. No regime capitalista, o homem que se diz neutro é considerado, objetivamente, favorável ao regime. No regime de Império, o homem neutro é considerado, objetivamente, hostil ao regime. Nada há de espantoso nisso. Se o súdito do Império não acredita no Império, ele não é nada historicamente, por escolha própria; ele escolhe contra a história, ele é blasfemo. Nem mesmo a fé confessada da boca para fora é suficiente; é preciso vivê-la e agir para servi-la, estar sempre alerta para consentir a tempo no fato de que os dogmas mudam. Ao menor erro, a culpabilidade potencial torna-se por sua vez objetiva. Ao encerrar sua história a sua maneira, a revolução não se contenta em matar qualquer revolta. Ela se obriga a manter todo homem, até o mais servil, responsável pelo fato de a revolta ter existido e ainda existir sob o sol. No universo do julgamento, finalmente conquistado e acabado, um povo de culpados caminhará sem trégua rumo à inocência impossível, sob o olhar amargo dos Grandes Inquisidores. No século XX, o poder é triste.

Aqui termina o surpreendente itinerário de Prometeu. Clamando seu ódio aos deuses e seu amor pelo homem, ele dá as costas a Zeus e caminha em direção aos mortais, para levá-los a tomarem de assalto o céu. Mas os homens são fracos ou covardes; é preciso organizá-los. Eles amam o prazer e a felicidade imediata; é preciso ensiná-los a recusar o mel dos dias para que se engrandeçam. Desta forma, Prometeu torna-se por sua vez um senhor, que primeiro ensina e em seguida comanda. A luta prolonga-se, tornando-se extenuante. Os homens duvidam de que vão alcançar a cidade do sol e até mesmo de sua existência. É preciso salvá-los de si mesmos. O herói lhes diz então que ele conhece a cidade, que é o único a conhecê-la. Os que duvidam dela serão lançados no deserto, pregados a um rochedo, oferecidos como alimento aos pássaros cruéis. Os outros, a partir de agora, irão caminhar nas trevas, atrás do senhor pensativo e solitário. Prometeu, e apenas ele, tornou-se deus e reina sobre a solidão dos homens. Mas ele só conquistou a solidão e a crueldade de Zeus; ele não é mais Prometeu, é César. O verdadeiro, o eterno Prometeu tem agora a cara de uma de suas vítimas. O mesmo grito, vindo do fundo dos tempos, ressoa sempre no fundo do deserto da Cítia.

Revolta e Revolução

A revolução dos princípios mata Deus na pessoa de seu representante. A revolução do século XX mata o que resta de Deus nos próprios princípios e consagra o niilismo histórico. Quaisquer que sejam em seguida os caminhos percorridos por esse niilismo, a partir do instante em que ele quer criar no século, fora de qualquer regra moral, ele constrói o templo de César. Escolher a história, e apenas a história, é escolher o niilismo contra os ensinamentos da própria revolta. Aqueles que se lançam à história em nome do irracional, bradando que ela não tem nenhum sentido, encontram a servidão e o terror e desembocam no universo dos campos de concentração. Aqueles que nela se atiram pregando a sua racionalidade absoluta encontram servidão e terror e desembocam no universo dos campos de concentração. O fascismo quer instaurar o advento do super-homem nietzschiano. Ele logo descobre que Deus, se existe, é talvez isto ou aquilo, mas é antes de tudo o senhor da morte. Se o homem quer tornar-se Deus, ele se arroga o direito de vida ou de morte sobre os outros. Fabricante de cadáveres ou de sub-homens, ele próprio é sub-homem, e não Deus, mas servidor ignóbil da morte. A revolução racional quer por sua vez realizar o homem total de Marx. A lógica da história, a partir do momento em que é aceita totalmente, leva-a pouco a pouco, contra a sua paixão mais elevada, a mutilar o homem cada vez mais e a transformar a si mesma em crime objetivo. Não é justo identificar os fins do fascismo com os do comunismo russo. O primeiro representa a exaltação do carrasco pelo próprio carrasco. O segundo, mais dramático, a exaltação do carrasco pelas vítimas. O primeiro nunca sonhou em libertar todos os homens, mas apenas em libertar alguns e subjugar os outros. O segundo, em seu princípio mais profundo, visa libertar todos os homens escravizando todos, provisoriamente. É preciso reconhecer-lhe a grandeza da intenção. Mas é legítimo, pelo contrário, identificar os seus meios com o cinismo político que ambos buscaram na mesma fonte, o niilismo moral. Tudo se passou como se os descendentes de Stirner e de Nechaiev utilizassem os descendentes de Kaliayev e de Proudhon. Atualmente, os niilistas estão no trono. Os pensamentos que pretendem conduzir nosso mundo em nome da revolução tornaram-se na realidade ideologias de consentimento, não de revolta. Eis por que nosso tempo é a era das técnicas privadas e públicas de aniquilação.

Obedecendo ao niilismo, a revolução voltou-se efetivamente contra suas origens revoltadas. O homem que odiava a morte e o deus da morte, que não tinha mais esperança na sobrevivência pessoal, quis libertar-se na imortalidade da espécie. Mas, enquanto o grupo não dominar o mundo, enquanto a espécie não reinar, ainda é preciso morrer. O tempo urge, a persuasão exige o lazer, a amizade, uma construção sem fim: o terror continua sendo o caminho mais curto para a imortalidade. Mas essas perversões extremas clamam ao mesmo tempo pela nostalgia do valor primitivo da revolta. A revolução contemporânea, que pretende negar todo valor, já é em si mesma um juízo de valor. Através dela, o homem quer reinar. Mas por que reinar, se nada tem sentido? Por que a imortalidade, se a face da vida é horrenda? Não há pensamento absolutamente niilista, senão talvez no suicídio, assim como não há materialismo absoluto. A destruição do homem afirma ainda o homem. O terror e os campos de concentração são os meios extremos que o homem utiliza para escapar à solidão. A sede de unidade deve efetuar-se, mesmo na cova comum. Se matam homens, é porque recusam a condição mortal e querem a imortalidade para todos. Logo, de certa maneira, eles se matam. Mas provam ao mesmo tempo que não podem prescindir do homem; eles saciam uma terrível fome de fraternidade. "A criatura deve ter uma alegria e, quando não tem alegria, precisa de uma criatura." Aqueles que recusam o sofrimento de existir e de morrer querem então dominar. "A solidão é o poder", diz Sade. Para milhares de solitários hoje o poder, por significar o sofrimento do outro, confessa a necessidade do outro. O terror é a homenagem que solitários rancorosos acabam rendendo à fraternidade dos homens.

Mas se o niilismo não existe, tenta existir, e isto basta para tornar o mundo deserto. Essa loucura deu ao nosso tempo sua face repugnante. A terra do humanismo tornou-se esta Europa, terra desumana. Mas este é o nosso tempo; como renegá-lo? Se nossa história é nosso inferno, não saberíamos desviar-lhe o rosto. Tal horror não pode ser escamoteado, ele deve ser assumido para ser superado, e pelas mesmas pessoas que o vivenciaram de forma lúcida, não por quem, ao provocá-lo, se acha no direito de pronunciar o juízo. Semelhante planta só conseguiu brotar num espesso húmus de iniquidades acumuladas. No extremo de uma luta até a morte em que a loucura do século mistura indistintamente os homens, o inimigo continua sendo o inimigo fraterno. Mesmo denunciado em seus erros, ele não pode ser nem desprezado nem odiado: hoje a desgraça é a pátria comum, o único reino terrestre que cumpriu a promessa.

A nostalgia do repouso e da paz deve ser ela própria rejeitada; ela coincide com a aceitação da iniquidade. Aqueles que choram pelas sociedades felizes que encontram na história confessam o que desejam: não o alívio da miséria, mas seu silêncio. Louvado seja, ao contrário, este tempo em que a miséria clama e retarda o sono dos saciados! Maistre já falava do "sermão terrível que a revolução pregava para os reis". Ela o prega atualmente, e de modo mais urgente ainda, às elites desonradas desta época. É preciso esperar por este sermão. Em toda palavra e em todo ato, por mais criminoso que seja, jaz a promessa de um valor que precisamos buscar e revelar. Não se pode prever o futuro e é possível que o renascimento seja impossível. Embora a dialética histórica seja falsa e criminosa, o mundo, afinal, pode realizar-se no crime, seguindo uma ideia falsa. Esta espécie de resignação é simplesmente recusada: é preciso apostar no renascimento.

Aliás, nada mais nos resta senão renascer ou morrer. Se estamos no momento em que a revolta chega à sua contradição mais extrema negando-se a si própria, ela é então obrigada a perecer com o mundo que suscitou ou encontrar uma fidelidade e um novo arrebatamento. Antes de ir mais adiante, é preciso ao menos esclarecer essa contradição. Ela não é bem definida quando se diz, como os nossos existencialistas, por exemplo (também eles submetidos por ora ao historicismo e suas contradições),[95] que há progresso ao passar da revolta à revolução, e que o revoltado nada é se não é revolucionário. A contradição, na realidade, é mais restrita. O revolucionário é ao mesmo tempo revoltado ou então não é mais revolucionário, mas sim policial e funcionário que se volta contra a revolta. Mas, se ele é revoltado, acaba por se insurgir contra a revolução. De tal modo que não há progresso de uma atitude a outra, mas simultaneidade e contradição sempre crescente. Todo revolucionário acaba como opressor ou herege. No universo puramente histórico que escolheram, revolta e revolução desembocam no mesmo dilema: a polícia ou a loucura.

Neste nível, a história por si só não oferece nenhuma fecundidade. Ela não é fonte de valor, mas ainda de niilismo. Pode-se ao menos criar um valor contra a história unicamente no plano da reflexão eterna? Isso é o mesmo que ratificar a injustiça histórica e a miséria dos homens. Caluniar este mundo reconduz ao niilismo definido por Nietzsche. O pensamento que se baseia apenas na história, como aquele que se volta contra toda história, tira do homem o meio ou a razão de viver. O primeiro leva-o à extrema degradação do "por que viver"; o segundo, ao "como viver". A história necessária, não suficiente, não passa, portanto, de uma causa ocasional. Ela não é ausência de valor, nem o próprio valor, nem mesmo o material do valor. Ela é a ocasião, entre outras, em que o homem pode experimentar a existência ainda con-

---

95. O existencialismo ateu, pelo menos, tem vontade de criar uma moral. É preciso esperar esta moral. Mas a verdadeira dificuldade será criá-la sem reintroduzir na existência histórica um valor estranho à história.

fusa de um valor que lhe permite julgar a história. A própria revolta nos faz essa promessa.

A revolução absoluta supunha efetivamente a absoluta maleabilidade da natureza humana, sua redução possível ao estado de força histórica. Mas a revolta, no homem, é a recusa de ser tratado como coisa e de ser reduzido à simples história. Ela é a afirmação de uma natureza comum a todos os homens, que escapa ao mundo do poder. Certamente, a história é um dos limites do homem; neste sentido o revolucionário tem razão. Mas o homem, em sua revolta, coloca por sua vez um limite à história. Neste limite nasce a promessa de um valor. É o nascimento desse valor que a revolução cesariana combate implacavelmente hoje, porque ela representa sua verdadeira derrota e a obrigação de renunciar a seus princípios. Em 1950, e provisoriamente, o destino do mundo não está sendo decidido, como parece, na luta entre a produção burguesa e a produção revolucionária; seus fins serão os mesmos. Ela se dá entre as forças da revolta e as da revolução cesariana. A revolução triunfante deve comprovar, por suas polícias, seus tribunais e suas excomunhões, que não há natureza humana. A revolta humilhada, por suas contradições, seus sofrimentos, suas renovadas derrotas e seu orgulho incansável, deve dar a essa natureza seu conteúdo de sofrimento e de esperança.

"Eu me revolto, logo existimos", dizia o escravo. A revolta metafísica acrescentava então o "estamos sós" em que ainda vivemos atualmente. Mas se estamos sós sob o céu vazio, se, portanto, é preciso morrer para sempre, como podemos realmente existir? A revolta metafísica tentava então realizar o ser com o parecer. Em seguida, os pensamentos puramente históricos vieram dizer que ser era agir. Nós não éramos, mas por todos os meios devíamos ser. Nossa revolução é uma tentativa de conquistar um novo ser pela ação, fora de qualquer regra moral. É por isso que ela está condenada a só viver para a história, e no terror. O homem, segundo a revolução, não é nada se não obtém na história, por bem ou por mal, o consentimento unânime. Neste ponto preciso, o limite é ultrapassado, a revolta é inicialmente traída e, em seguida, logicamente assassinada, pois ela nunca deixou de afirmar, em seu movimento mais puro, a existência de um limite e o ser dividido que somos: ela não se acha na origem da negação total de todo ser. Pelo contrário, ela diz simultaneamente sim e não. Ela é a recusa de uma parte da existência em nome de outra parte que ela exalta. Quanto mais profunda é a exaltação, tanto mais implacável é a recusa. Em seguida, quando, na vertigem e na fúria, a revolta passa ao tudo ou nada, à negação de todo ser e de toda natureza humana, é neste ponto que ela se renega. Somente a negação total justifica o projeto de uma totalidade a ser conquistada. Mas a afirmação de um limite, de uma dignidade e de uma beleza comuns a todos os homens só acarreta a necessidade de estender esse valor a todos e a tudo e marchar para a unidade sem renegar suas origens. Neste sentido, a revolta, em sua autenticidade primeira, não justifica nenhum pensamento puramente histórico. A reivindicação da revolta é a unidade, a reivindicação da revolução histórica, a totalidade. A primeira parte do não apoiado em um sim, a segunda parte da negação absoluta, condenando-se a todas as servidões para fabricar um sim adiado para o fim dos tempos. Uma é criadora, a outra, niilista. A primeira está fadada a criar a fim de existir cada vez mais; a segunda é forçada a produzir para negar cada vez melhor. A revolução histórica obriga-se a agir sempre na esperança, incessantemente decepcionada, de um dia existir. Mesmo o consentimento unânime não será suficiente para criar a existência. "Obedeçam", dizia Frederico, o Grande a seus súditos. Mas, ao morrer, disse: "Estou cansado de reinar sobre escravos." Para escapar desse destino absurdo, a revolução está e estará condenada a renunciar a seus próprios princípios, ao niilismo e ao valor puramente histórico, para encontrar de novo a fonte criadora da revolta. A revolução, para ser criadora, não pode se privar de uma regra, moral ou metafísica, que equilibre o delírio histórico. Sem dúvida, ela só tem um desprezo justificado pela moral formal e mistificadora que encontra na sociedade burguesa. Mas sua loucura foi estender esse desprezo a toda reivindicação moral. Em suas próprias origens, e nos seus impulsos mais profundos, encontra-se uma regra que não é formal e que, no entanto, pode servir-lhe de guia. A revolta, na verdade, lhe diz e irá dizer-lhe cada vez mais alto que é preciso tentar agir, não para começar um dia a existir, aos olhos de um mundo reduzido ao consentimento, mas em função dessa existência obscura que já se manifesta no movimento de insurreição. Esta regra não é formal, nem está sujeita à história, como poderemos observar ao descobri-la em estado puro na criação artística. Antes, porém, consideremos apenas que ao "Eu me revolto, logo existimos", ao "Nós estamos sós" da revolta metafísica, a revolta em conflito com a história acrescenta que, em vez de matar e morrer para produzir o ser que não somos, temos que viver e deixar viver para criar o que somos.

IV

Revolta e arte

A arte é também esse movimento que exalta e nega ao mesmo tempo. "Nenhum artista tolera o real", diz Nietzsche. É verdade; mas nenhum artista pode prescindir do real. A criação é exigência de unidade e recusa do mundo. Mas ela recusa o mundo por causa daquilo que falta a ele e em nome daquilo que, às vezes, ele é. A revolta deixa-se observar aqui, fora da história, em estado puro, em sua complicação primitiva. A arte deveria, portanto, nos dar uma última perspectiva sobre o conteúdo da revolta.

Devemos assinalar, no entanto, a hostilidade que todos os reformadores revolucionários mostraram em relação à arte. Platão é ainda moderado. Ele só questiona a função mentirosa da linguagem e só exila de sua república os poetas. De resto, ele colocou a beleza acima do mundo. Mas o movimento revolucionário dos tempos modernos coincide com um processo da arte que ainda não chegou a seu termo. A Reforma elege a moral e exila a beleza. Rousseau denuncia na arte uma corrupção que a sociedade acrescentou à natureza. Saint-Just investe contra os espetáculos e, no belo programa que faz para a "festa da Razão", quer que a razão seja personificada por alguém "mais virtuoso do que belo". A Revolução francesa não deu origem a artistas, mas apenas

329

a um grande jornalista, Desmoulins, e a um escritor clandestino, Sade. O único poeta de seu tempo foi guilhotinado. O único grande prosador exila-se em Londres e defende a causa do cristianismo e da legitimidade. Pouco depois, os saint-simonistas vão exigir uma arte "socialmente útil". "A arte para o progresso" é um lugar-comum que percorreu todo o século, e que Victor Hugo retomou, sem conseguir torná-lo convincente. Só Vallès traz à maldição da arte um tom de praga que lhe dá autenticidade.

Esse tom é também o dos niilistas russos. Pisarev proclama a decadência dos valores estéticos em favor dos valores pragmáticos. "Eu preferiria ser um sapateiro russo a um Rafael russo." Para ele, um par de botas é mais útil do que Shakespeare. O niilista Nekrassov, grande e comovente poeta, afirma, entretanto, que prefere um pedaço de queijo a toda a obra de Pushkin. Finalmente, conhecemos a excomunhão da arte pronunciada por Tolstói. A Rússia revolucionária acabou dando as costas às esculturas em mármore de Vênus e de Apolo, ainda douradas pelo sol da Itália, que Pedro, o Grande, trouxera para seu jardim de verão, em São Petersburgo. Às vezes, a miséria desvia o rosto das dolorosas imagens da felicidade.

A ideologia alemã não é menos severa em suas acusações. Segundo os intérpretes revolucionários da *Fenomenologia*, não haverá arte na sociedade reconciliada. A beleza será vivida, não unicamente imaginada. O real, inteiramente racional, aplacará sozinho todas as sedes. A crítica da consciência formal e dos valores de evasão estende-se naturalmente à arte. A arte não é de todos os tempos, ela é determinada, pelo contrário, por sua época, expressando, dirá Marx, os valores privilegiados da classe dominante. Só há, portanto, uma única arte revolucionária, que é justamente a arte posta a serviço da revolução. Além disso, criando a beleza, fora da história, a arte contraria o único esforço racional: a transformação da própria história em beleza absoluta. O sapateiro russo, a partir do momento em que fica consciente de seu papel revolucionário, é o verdadeiro criador da beleza definitiva. Rafael só criou uma beleza passageira, que será incompreensível para o novo homem.

Marx se pergunta, é bem verdade, como a beleza grega ainda pode ser bela para nós. Ele mesmo responde que essa beleza expressa a infância ingênua do mundo e que, em meio a nossas lutas de adultos, sentimos saudades dessa infância. Mas de que forma as obras-primas do Renascimento italiano, de que forma Rembrandt, de que forma a arte chinesa podem ser ainda belas para nós? Que importa! O julgamento da arte está definitivamente comprometido e prossegue hoje com a cumplicidade constrangida de artistas e de intelectuais dedicados à calúnia de sua arte e de sua inteligência. Notemos efetivamente que, nessa luta entre Shakespeare e o sapateiro, não é o sapateiro quem maldiz Shakespeare ou a beleza, mas, ao contrário, aquele que continua a ler Shakespeare e não resolve fazer botas, que, aliás, ele nunca conseguiria fazer. Os artistas de nosso tempo se parecem com os fidalgos arrependidos da Rússia do século XIX: sua consciência pesada os desculpa. Mas a última coisa que um artista pode sentir, diante de sua arte, é o arrependimento. Pretender adiar também a beleza até o fim dos tempos é ir além da simples e necessária humildade, privando enquanto isso todo mundo, inclusive o sapateiro, desse pão adicional de que ele próprio se beneficiou.

Essa loucura ascética, contudo, tem razões que nos interessam. Elas traduzem no plano estético a luta, já descrita, entre a revolução e a revolta. Em toda revolta se descobrem a exigência metafísica da unidade, a impossibilidade de apoderar-se dela e a fabricação de um universo de substituição. A revolta, de tal ponto de vista, é fabricante de universos. Isto também define a arte. A bem dizer, a exigência da revolta é em parte uma exigência estética. Todos os pensamentos revoltados, como vimos, manifestam-se numa retórica ou num universo fechado. A retórica das muralhas em Lucrécio, os conventos e castelos trancafiados de Sade, a ilha ou o rochedo romântico, os cimos solitários de Nietzsche, o oceano elementar de Lautréamont, os parapeitos de Rimbaud, os castelos aterrorizantes dos surrealistas que renascem, fustigados por uma tempestade de flores, a prisão, a nação entrincheirada, o campo de concentração e o império dos escravos livres ilustram, à sua maneira, a mesma necessidade de coerência e de unidade. Nestes mundos fechados, o homem pode afinal reinar e conhecer.

Este é também o movimento de todas as artes. O artista refaz o mundo por sua conta. As sinfonias da natureza não conhecem pauta. O mundo nunca fica calado: o seu próprio silêncio repete eternamente as mesmas notas, segundo vibrações que nos escapam. Quanto às que percebemos, elas nos trazem sons, raramente um acorde, nunca uma melodia. No entanto, existe a música, na qual as sinfonias são acabadas, na qual a melodia dá sua forma a sons que em si mesmos não a têm, na qual uma disposição privilegiada das notas extrai, finalmente, da desordem natural uma unidade satisfatória para o espírito e para o coração.

"Cada vez mais acredito", escreve Van Gogh, "que Deus não pode ser julgado neste mundo. É um estudo mal-acabado dele." Todo artista tenta refazer esse estudo, dando-lhe o estilo que lhe falta. A maior e mais ambiciosa de todas as artes, a escultura, empenha-se em fixar nas três dimensões a figura fugaz do homem, em restaurar a unidade do grande estilo à desordem dos gestos. A escultura não rejeita a semelhança, da qual, aliás, ela tem necessidade. Mas não a busca inicialmente. O que procura, em suas épocas de grandeza, é o gesto, o semblante ou o olhar vazio que irão resumir todos os gestos e todos os olhares do mundo. Seu propósito não é imitar, mas estilizar e capturar em uma expressão significativa o êxtase passageiro dos corpos ou o redemoinho infinito das atitudes. Somente então ela erige, no frontão das cidades tumultuadas, o modelo, o tipo, a perfeição imóvel que irá mitigar, por um momento, a interminável febre dos homens. O amante frustrado pelo amor poderá finalmente contemplar as cariátides gregas para apoderar-se daquilo que, no corpo e no rosto da mulher, sobrevive à degradação.

O princípio da pintura acha-se também numa escolha. "O próprio gênio", escreve Delacroix, "refletindo sobre a sua arte, não é mais que o dom de generalizar e de escolher." O pintor isola seu tema, primeira forma de unificá-lo. As paisagens fogem, desaparecem da memória ou destroem-se umas às outras. Por isso, o paisagista ou o pintor de naturezas-mortas isola no espaço e no tempo aquilo que normalmente muda com a luz, perde-se numa perspectiva infinita ou desaparece sob o impacto de outros valores. O primeiro ato do paisagista é emoldurar sua tela. Ele tanto elimina quanto elege. Do mesmo modo, a pintura temática isola tanto no tempo quanto no espaço a ação que normalmente se perde em outra ação. O pintor procede então a uma fixação. Os grandes criadores são aqueles que, como Piero della Francesca, dão a impressão de que essa fixação acaba de ser feita, que o projetor acaba de parar. Todos os seus personagens dão a impressão de que, pelo milagre da arte, continuam vivos, deixando, entretanto, de serem mortais. Muito tempo após sua morte, o filósofo de Rembrandt continua a meditar, entre a sombra e a luz, sobre a mesma questão.

"Vã é a pintura que nos agrada pela semelhança com objetos que não conseguiriam nos agradar." Delacroix, que cita a célebre observação de Pascal, escreve apropriadamente "estranha", em vez de "vã". Esses objetos não conseguiriam nos agradar, pois não os vemos: eles são encerrados e negados num perpétuo devir. Quem olhava para as mãos do carrasco durante a flagelação ou para as oliveiras no caminho da Cruz? Mas ei-los representados, cativos no movimento incessante da Paixão, e a dor do Cristo, capturada nessas imagens de violência e de beleza, ressoa cotidianamente nas salas frias dos museus. O estilo de um pintor reside nessa conjunção da natureza com a história, nessa presença imposta ao que continuamente devém. A arte realiza, sem esforço aparente, a reconciliação sonhada por Hegel do singular com o universal. Será essa a razão pela qual as épocas sedentas de unidade, como a nossa, se voltam para as artes primitivas, em que a estilização é mais intensa e a unidade mais provocante? Encontra-se sempre maior estilização no início e no fim das épocas artísticas; ela explica a força de negação e de transposição que provocou em toda a pintura moderna um arroubo desordenado na direção do ser e da unidade. O lamento admirável de Van Gogh é o grito orgulhoso e desesperado de todos os artistas. "Tanto na vida quanto na pintura, posso efetivamente privar-me de Deus. Mas não consigo, eu, sofredor que sou, me privar de algo que é maior do que eu, que é a minha vida, o poder de criar."

Mas a revolta do artista contra o real, e ela torna-se suspeita para a revolução totalitária, contém a mesma afirmação que a revolta espontânea do oprimido. O espírito revolucionário, nascido da negação total, sentiu instintivamente que havia também na arte, além da recusa, um consentimento; que a contemplação arriscava-se a equilibrar a ação, a beleza, a injustiça, e que, em certos casos, a beleza era em si mesma uma injustiça sem recurso. Da mesma forma, nenhuma arte pode viver da recusa total. Assim como todo pensamento, a começar pelo da não significação, significa, não há igualmente arte do não sentido. O homem pode permitir-se a denúncia da injustiça total do mundo e reivindicar uma justiça total que ele será o único a criar. Mas ele não pode afirmar a feiura total do mundo. Para criar a beleza, ele deve ao mesmo tempo recusar o real e exaltar alguns de seus aspectos. A arte contesta o real, mas não se esquiva dele. Nietzsche podia recusar qualquer transcendência, moral ou divina, dizendo que essa transcendência constituía uma calúnia ao mundo e à vida. Mas talvez haja uma transcendência viva, prometida pela beleza, que pode fazer com que esse mundo moral e limitado seja amado e preferido a qualquer outro. A arte nos conduzirá dessa maneira às origens da revolta, na medida em que tenta dar forma a um valor que se refugia no devir perpétuo, mas que o artista pressente e quer arrebatar à história. Ficaremos mais bem persuadidos disso se passarmos a refletir sobre arte que se propõe, precisamente, a entrar no devir para provê-lo do estilo que lhe falta: o romance.

Romance e Revolta

É possível separar a literatura de consentimento, que coincide em geral com os séculos antigos e os séculos clássicos, da literatura de dissidência, que começa com os tempos modernos. Observa-se então a escassez do romance na primeira. Quando ele existe, salvo raras exceções, não diz respeito à história mas à fantasia (Teágenes e Caricleia, ou Astraia). São novelas, não romances. Na segunda, ao contrário, desenvolve-se realmente o romance, um gênero que não parou de enriquecer-se e ampliar até nossos dias, paralelamente ao movimento crítico e revolucionário. O romance nasce ao mesmo tempo que o espírito de revolta, e traduz, no plano estético, a mesma ambição.

"História fingida, escrita em prosa", diz Littré sobre o romance. É só isso? Um crítico católico[96] escreveu, entretanto: "A arte, qualquer que seja o seu objetivo, faz sempre uma concorrência culpada a Deus." É mais correto efetivamente falar de uma concorrência a Deus, a propósito do romance, do que de uma concorrência ao estado civil. Thibaudet expressava uma ideia semelhante, quando dizia a propósito de Balzac: "A comédia humana é a Imitação de Deus pai." O esforço da grande literatura parece ser criar universos fechados ou tipos acabados. O Ocidente, em suas grandes criações, não se limita a reproduzir a vida cotidiana. Ele se propõe, sem cessar, grandes imagens que o excitam e lança-se à sua procura.

Afinal, escrever ou ler um romance são ações insólitas. Construir uma história através de um novo arranjo de fatos

---

96. Stanislas Fumet.

verdadeiros não tem nada de inevitável nem de necessário. Se até mesmo a explicação banal — pelo prazer do criador e do leitor — fosse verdadeira, deveríamos nos perguntar qual necessidade faz a maior parte dos homens sentir prazer e se interessar por histórias inventadas. A crítica revolucionária condena o romance puro como a evasão de uma imaginação ociosa. Por sua vez, a linguagem comum chama de "romanescas" o relato mentiroso do jornalista inábil. Há alguns lustros, era comum dizer, inaceitavelmente, que as moças eram "romances". Entendia-se com isso que essas criaturas ideais não levavam em conta as realidades da existência. De modo geral, sempre se considerou que o romanesco se separava da vida, e que a embelezava ao mesmo tempo que a traía. A maneira mais simples e banal de encarar a expressão romanesca consiste, portanto, em ver nisso um exercício de evasão. O senso comum une-se à crítica revolucionária.

Mas do que se procura fugir pelo romance? De uma realidade julgada por demais esmagadora? As pessoas felizes também leem romances, e é um fato constatado que o extremo sofrimento tira o gosto pela leitura. Por outro lado, o universo romanesco tem certamente menos peso e presença do que este outro universo, onde seres de carne e osso nos assediam sem parar. Por que mistério, entretanto, Adolphe nos parece um personagem bem mais familiar que Benjamin Constant, e o conde Mosca que nossos moralistas profissionais? Balzac concluiu um dia uma longa conversa sobre a política e o destino do mundo, dizendo: "E, agora, falemos de coisas sérias", referindo-se a seus romances. O gosto pela evasão não basta para explicar a gravidade indiscutível do mundo romanesco, nossa obstinação em levar realmente a sério os incontáveis mitos que o gênio romanesco nos propõe há dois séculos. A atividade romanesca supõe certamente uma espécie de recusa do real, mas esta recusa não é uma simples fuga. Deve-se ver nisso o movimento de retirada da bela alma que, segundo Hegel, cria para si própria, em sua ilusão, um mundo factício em que só a moral reina? O romance edificante, contudo, acha-se bastante longe da grande literatura; e o melhor dos romances água com açúcar, *Paulo e Virgínia*, obra na verdade angustiante, nada oferece a título de consolo.

A contradição é a seguinte: o homem recusa o mundo como ele é, sem desejar fugir dele. Na verdade, os homens agarram-se ao mundo e, em sua imensa maioria, não querem deixá-lo. Longe de desejar realmente esquecê-lo, eles sofrem, ao contrário, por não possuí-lo suficientemente, estranhos cidadãos do mundo, exilados em sua própria pátria. A não ser nos instantes fulgurantes da plenitude, toda realidade é para eles incompleta. Seus atos lhes escapam sob a forma de outros atos, voltam para julgá-los sob aspectos inesperados e correm, como a água de Tântalo, para uma embocadura ainda desconhecida. Conhecer a embocadura, dominar o curso do rio, entender enfim a vida como destino, eis sua verdadeira nostalgia, no mais profundo de sua pátria. Mas essa visão que, pelo menos no conhecimento, os reconciliaria enfim consigo mesmos, só pode aparecer, se é que aparece, no momento fugaz da morte, em que tudo se consuma. Para existir no mundo, por uma vez, é preciso nunca mais existir.

Nasce aqui essa desgraçada inveja que tantos homens sentem da vida dos outros. Olhadas de fora, emprestam-se a essas existências uma coerência e uma unidade que elas estão longe de ter, mas que parecem evidentes ao observador. Ele só vê o contorno dessas vidas, sem tomar consciência dos detalhes que as corroem. Então, dotamos de arte tais existências. De maneira elementar, nós as romanceamos. Neste sentido, cada qual procura fazer de sua vida uma obra de arte. Desejamos que o amor dure e sabemos que ele não dura; se até mesmo, por milagre, ele tivesse que durar toda uma vida, estaria ainda incompleto. Talvez, nesta insaciável necessidade de durar, compreenderíamos melhor o sofrimento terrestre, se o soubéssemos eterno. Parece que as grandes almas, às vezes, ficam menos apavoradas com o sofrimento do que com o fato de ele não durar. Na falta de uma felicidade inesgotável, um longo sofrimento constituiria ao menos um destino. Mas não é assim, e nossas piores torturas um dia chegarão ao fim. Certa manhã, após tanto desespero, uma irreprimível vontade de viver vai nos anunciar que tudo acabou e que o sofrimento não tem mais sentido que a felicidade.

O desejo de posse não é mais que uma outra forma do desejo de durar; é ele que constitui o delírio impotente do amor. Nenhum ser, nem mesmo o mais amado, e que nos ama com maior paixão, jamais fica em nosso poder. Na terra cruel em que os amantes às vezes morrem separados e nascem sempre divididos, a posse total de um ser, a comunhão absoluta por toda uma vida é uma exigência impossível. O desejo de posse é a tal ponto insaciável que ele pode sobreviver ao próprio amor. Amar, então, é esterilizar a pessoa amada. O vergonhoso sofrimento do amante, a partir de agora solitário, não é tanto de não ser mais amado, mas de saber que o outro pode e deve amar ainda. Em última instância, todo homem devorado pelo desejo alucinado de durar e de possuir deseja aos seres que amou a esterilidade ou a morte. Esta é a verdadeira revolta. Aqueles que não exigiram, pelo menos uma vez, a virgindade absoluta dos seres e do mundo, que não tremeram de nostalgia e de impotência diante de sua impossibilidade, aqueles que, então, perpetuamente remetidos a sua nostalgia pelo absoluto, não se destruíram ao tentar amar pela metade, não podem compreender a realidade da revolta e seu furor de destruição. Mas os seres escapam sempre e nós lhes escapamos também; eles não têm contornos bem-delineados. A vida, deste ponto de vista, é sem estilo. Ela não é senão um movimento em busca de sua forma sem nunca encontrá-la. O homem, assim dilacerado, persegue em vão essa forma que lhe daria os limites entre os quais ele seria soberano. Que uma única coisa viva tenha sua forma neste mundo, e ele estará reconciliado!

Não há, enfim, quem quer que, a partir de um nível elementar de consciência, não se esgote buscando as fórmulas ou as atitudes que dariam à sua existência a unidade que lhe falta. Parecer ou fazer, o dândi ou o revolucionário exigem a unidade, para existir, e para existir neste mundo. Como nesses patéticos e miseráveis relacionamentos que sobrevivem às vezes por muito tempo, porque um dos parceiros espera encontrar a palavra, o gesto ou a situação que farão de sua aventura uma história terminada, e formulada, no tom certo, cada um cria para si e se propõe a última palavra. Não basta viver, é preciso um destino, e sem esperar pela morte. É justo, portanto, dizer que o homem tem a ideia de um mundo melhor do que este. Mas melhor não quer dizer diferente, melhor quer dizer unificado. Esta paixão que ergue o coração acima do mundo disperso, do qual, no entanto, não pode se desprender, é a paixão pela unidade. Ela não desemboca numa evasão medíocre, mas na reivindicação mais obstinada. Religião ou crime, todo esforço humano obedece, finalmente, a esse desejo irracional e pretende dar à vida a forma que ela não tem. O mesmo movimento, que pode levar à adoração do céu ou à destruição do homem, conduz da mesma forma à criação romanesca, que dele recebe, então, sua seriedade.

Que é o romance, com efeito, senão esse universo em que a ação encontra sua forma, em que as palavras finais são pronunciadas, os seres entregues aos seres, em que toda vida passa a ter a cara do destino?[97] O mundo romanesco não é mais que a correção deste nosso mundo, segundo o destino profundo do homem. Pois trata-se efetivamente do mesmo mundo. O sofrimento é o mesmo, a mentira e o amor, os mesmos. Os heróis falam a nossa linguagem, têm as nossas fraquezas e as nossas forças. Seu universo não é mais belo nem mais edificante que o nosso. Mas eles, pelo menos, perseguem até o fim o seu destino, e nunca houve heróis tão perturbadores quanto os que chegam aos extremos de sua paixão, Kirilov e Stavroguin, Mme Graslin, Julien Sorel ou o príncipe de Clèves. É aqui que perdemos sua medida, pois eles terminam aquilo que nós nunca consumamos.

Mme de La Fayette tirou a *Princesa de Clèves* da mais palpitante das experiências. Ela é sem dúvida Mme de Clèves; no entanto, não o é. Onde está a diferença? A diferença é que Mme de La Fayette não entrou para o convento e ninguém à sua volta morreu de desespero. Ninguém duvida que ela tenha ao menos conhecido os momentos dilacerantes desse amor sem igual. Mas não houve ponto final, ela sobreviveu a ele, ela

---

97. Ainda quando o romance só exprima a nostalgia, o desespero, o inacabado, não deixa de criar a forma e a salvação. Dar nome ao desespero é superá-lo. A literatura desesperada é uma contradição em termos.

prolongou-o ao deixar de vivê-lo, e finalmente ninguém, nem ela própria, teria conhecido o seu desenho, se ela não lhe tivesse dado a curva nua de uma linguagem sem defeitos. Também não há história mais romanesca e mais bela do que a de Sophie Tonska e de Casimir nas *Plêiades*, de Gobineau. Sophie, mulher sensível e bela, que faz compreender a confissão de Stendhal: "só as mulheres de grande caráter podem me fazer feliz", obriga Casimir a confessar-lhe seu amor. Habituada a ser amada, ela impacienta-se diante daquele que a vê todos os dias sem, no entanto, nunca abandonar uma calma irritante. Casimir confessa seu amor, mas num tom de arrazoado jurídico. Ele a estudou, conhece-a tanto quanto a si mesmo, está seguro de que este amor, sem o qual não consegue viver, não tem futuro. Decidiu, portanto, manifestar-lhe ao mesmo tempo esse amor e sua inutilidade, doar-lhe a sua fortuna — ela é rica, o gesto não tem maior consequência —, encarregando-a de fornecer-lhe uma modesta pensão que lhe permita instalar-se no subúrbio de uma cidade escolhida ao acaso (Vilna), e ali esperar pela morte, na pobreza. Casimir reconhece, de resto, que a ideia de receber de Sophie o necessário para viver representa uma concessão à fraqueza humana, a única que ele se permitirá, com o envio, vez por outra, de uma página em branco dentro de um envelope, no qual ele escreverá o nome de Sophie. Depois de mostrar-se indignada, em seguida, transtornada e, por fim, melancólica, Sophie irá aceitar; tudo se desenrolará como Casimir previra. Ele vai morrer, em Vilna, de sua triste paixão. O romanesco tem assim sua lógica. Uma bela história não funciona sem essa continuidade imperturbável que nunca existe nas situações vividas, mas que se encontra no devaneio, a partir da realidade. Se Gobineau tivesse ido a Vilna, teria ficado entediado e teria retornado, ou teria ficado apenas por comodismo. Mas Casimir não conhece a vontade de mudar e as manhãs de cura. Ele vai até o fim, como Heathcliff, que desejará superar a própria morte para chegar ao inferno.

Eis, portanto, um mundo imaginário, porém criado pela correção deste mundo real; um mundo no qual o sofrimento, se quiser, pode durar até a morte; no qual as paixões nunca são distraídas, no qual os seres ficam entregues à ideia fixa e estão sempre presentes uns para os outros. Nele o homem finalmente dá a si próprio a forma e o limite tranquilizador que busca em vão na sua contingência. O romance fabrica o destino sob medida. Assim é que ele faz concorrência à criação e provisoriamente vence a morte. Uma análise detalhada dos romances mais célebres mostraria, em perspectivas diferentes a cada vez, que a essência do romance reside nessa perpétua correção, sempre voltada para o mesmo sentido, que o artista efetua sobre sua própria experiência. Longe de ser moral ou puramente formal, essa correção visa primeiro à unidade e traduz por aí uma necessidade metafísica. Neste nível o romance é antes de tudo um exercício da inteligência a serviço de uma sensibilidade nostálgica ou revoltada. Poder-se-ia estudar essa busca da unidade no romance francês de análise e em Melville, Balzac, Dostoievski ou Tolstói. Mas um breve confronto entre duas tentativas que se situam nos extremos opostos do mundo romanesco, a criação proustiana e o romance americano destes últimos anos, será suficiente para os nossos propósitos.

O romance americano[98] pretende encontrar sua unidade reduzindo o homem quer ao elementar, quer às suas reações

---

98. Trata-se, naturalmente, do romance "duro" dos anos 1930 e 1940, e não do admirável florescimento do romance americano do século XIX.

e ao seu comportamento. Ele não escolhe um sentimento ou uma paixão, dos quais nos dará uma imagem privilegiada, como em nossos romances clássicos. Ele recusa a análise, a busca de uma motivação psicológica fundamental que explicaria e resumiria a conduta de um personagem. Por isso, a unidade desse romance não é mais que um vislumbre de unidade. Sua técnica consiste em descrever os homens por seu aspecto externo, nos seus gestos mais indiferentes, em reproduzir sem comentários o seu discurso, até em suas repetições,[99] consiste, afinal, em agir como se os homens fossem definidos inteiramente por seus automatismos cotidianos. Neste nível mecânico, na verdade, os homens se parecem, explicando-se, desta forma, o curioso universo em que todos os personagens parecem intercambiáveis, mesmo em suas particularidades físicas. Esta técnica só é chamada de realista por um mal-entendido. Além do fato de o realismo na arte, como veremos, ser uma noção incompreensível, fica bastante evidente que este mundo romanesco não visa à reprodução pura e simples da realidade, mas sim à sua estilização mais arbitrária. Ele nasce de uma mutilação, e de uma mutilação voluntária, efetuada sobre o real. A unidade assim obtida é uma unidade degradada, um nivelamento dos seres e do mundo. Parece que, para esses romancistas, é a vida interior que priva as ações humanas da unidade e arrebata os seres uns aos outros. Esta suspeita é em parte legítima. Mas a revolta, que está na origem dessa arte, só pode encontrar sua satisfação fabricando a unidade a partir dessa realidade interior, não ao negá-la. Negá-la totalmente

---

99. Mesmo em Faulkner, grande escritor desta geração, o monólogo interior só reproduz a superfície do pensamento.

é referir-se a um homem imaginário. O romance de terror é também um romance água com açúcar do qual tem a facilidade formal. Ele é edificante à sua maneira.[100] A vida dos corpos, reduzida a si mesma, produz, paradoxalmente, um universo abstrato e gratuito, constantemente negado por sua vez pela realidade. Este romance, depurado de vida interior, em que os homens parecem ser observados através de uma vidraça, ao atribuir-se como tema único o homem supostamente médio, acaba logicamente colocando em cena o patológico. Explica-se, dessa forma, o número considerável de "inocentes" utilizados nesse universo. O inocente é o assunto ideal de um empreendimento como este, já que só é definido, por inteiro, por seu comportamento. Ele é o símbolo deste mundo desesperado, em que autômatos infelizes vivem na coerência mais mecânica, que os romancistas americanos erigiram, diante do mundo moderno, como um protesto patético, mas estéril.

Quanto a Proust, seu esforço foi criar, a partir da realidade, contemplada com obstinação, um mundo fechado, insubstituível, que só pertencesse a ele e marcasse sua vitória sobre a transitoriedade das coisas e sobre a morte. Mas os seus meios são opostos. Consistem acima de tudo numa escolha harmoniosa, uma meticulosa coleção de momentos privilegiados que o romancista vai escolher no mais recôndito de seu passado. Imensos espaços mortos são assim rejeitados pela vida, porque nada deixaram na lembrança. Se o mundo do romance americano é o dos homens sem memória, o mundo de Proust não é em si mesmo mais que

---

100. Bernardin de Saint-Pierre e o marquês de Sade, com símbolos diferentes, são os criadores do romance de propaganda.

uma memória. Trata-se, apenas, da mais difícil e da mais exigente das memórias, a que recusa a dispersão do mundo como ele é, e que tira de um perfume redescoberto o segredo de um novo e antigo universo. Proust escolhe a vida interior e, nesta, aquilo que é mais interior do que ela própria, em lugar daquilo que no real se esquece, ou seja, o mecânico, o mundo cego. Mas dessa recusa do real ele não faz derivar a negação do real. Ele não comete o erro, simétrico ao do romance americano, de suprimir o que é mecânico. Reúne ao contrário em uma unidade superior a lembrança perdida e a sensação presente, o pé torcido e os dias felizes de outrora.

É difícil voltar aos locais da felicidade e da juventude. As moças em flor riem e tagarelam eternamente diante do mar, mas aquele que as contempla perde pouco a pouco o direito de amá-las, assim como as que ele amou perdem o poder de serem amadas. Esta é a melancolia de Proust. Ela foi suficientemente forte nele para provocar uma recusa veemente de todo o ser. Mas o gosto pelos rostos e pela luz prendia-o ao mesmo tempo a este mundo. Ele não aceitou que as férias felizes ficassem perdidas para sempre. Ele assumiu a tarefa de recriá-las de novo, demonstrando, contra a morte, que o passado seria reencontrado no final dos tempos, sob a forma de um presente imorredouro, mais verdadeiro e mais rico do que na origem. A análise psicológica do *Tempo perdido* nada mais é do que um meio poderoso. A verdadeira grandeza de Proust foi ter escrito o *Tempo reencontrado*, que reúne um mundo disperso, dando-lhe uma significação ao próprio nível do dilaceramento. Sua difícil vitória, na véspera da morte, foi ter podido extrair da transitoriedade das formas, unicamente pelos caminhos da lembrança e da inteligência, os símbolos vibrantes da unidade humana. O desafio mais seguro que uma obra deste tipo pode fazer à criação é apresentar-se como um todo, um mundo fechado e unificado. Isto define as obras sem arrependimentos.

Já se disse que o mundo de Proust era um mundo sem deus. Se isto for verdade, não é porque ele nunca fala em Deus, mas porque este mundo tem a ambição de ser uma perfeição completa e de dar à eternidade o semblante do homem. O Tempo reencontrado, pelo menos em sua ambição, é a eternidade sem deus. A obra de Proust, a esse respeito, surge como um dos empreendimentos mais ambiciosos e mais significativos do homem diante de sua condição mortal. Ele demonstrou que a arte do romance refaz a própria criação, tal como ela nos é imposta e tal como é recusada. Pelo menos sob um de seus aspectos, esta arte consiste em preferir a criatura ao criador. No entanto, com maior perspicácia, ela alia-se à beleza do mundo ou dos seres humanos contra as forças da morte e do esquecimento. É desta forma que sua revolta é criadora.

Revolta e Estilo

Pelo tratamento que o artista impõe à realidade, ele afirma sua força de recusa. Mas o que ele preserva da realidade no universo que cria revela a aceitação de pelo menos uma parte do real, que ele tira das sombras do devir para conduzi-lo à luz da criação. Em última instância, se a recusa for total, a realidade é banida no seu todo, e obtemos obras puramente formais. Se pelo contrário o artista, por motivos frequentemente estranhos à arte, decide exaltar a realidade nua e crua, temos o realismo. No primeiro caso, o movimento primitivo de criação, em que revolta e consentimento, afirmação e negação estão estreitamente ligados, é mutilado exclusivamente em benefício da recusa. Trata-se então da evasão formal de que nosso tempo deu tantos exemplos e na qual se vê a origem niilista. No segundo caso, o artista pretende dar ao mundo sua unidade retirando-lhe qualquer perspectiva privilegiada. Neste sentido, ele confessa sua necessidade de unidade, mesmo que degradada. Mas ele renuncia também à exigência primeira da criação artística. Para melhor negar a relativa liberdade da consciência criadora, ele afirma a totalidade imediata do mundo. O ato de criação nega-se a si próprio em ambos os tipos de obras. Na origem, ele recusava apenas um aspecto da realidade ao mesmo tempo em que afirmava outro. Se ele vier a rejeitar toda a realidade ou apenas afirmá-la, ele se renega a cada vez, pela negação absoluta ou pela afirmação absoluta. No plano estético, esta análise, como vemos, une-se à que havíamos esboçado no plano histórico.

Mas, da mesma forma que não há niilismo que não acabe implicando um valor, nem materialismo que, autoconcebido, não acabe se contradizendo, a arte formal e a arte realista são noções absurdas. Nenhuma arte pode recusar de modo absoluto o real. A Medusa sem dúvida é uma criatura puramente imaginária; seu rosto e as serpentes que a coroam fazem parte da natureza. O formalismo pode chegar a esvaziar-se cada vez mais de conteúdo real, mas há sempre um limite. Até mesmo a geometria pura, a que chega às vezes a pintura abstrata, exige ainda do mundo exterior sua cor e suas relações de perspectiva. O verdadeiro formalismo é silêncio. Do mesmo modo, o realismo não pode prescindir de um mínimo de interpretação e de arbítrio. A melhor das fotografias já trai o real, ela nasce de uma escolha e dá um limite àquilo que não tem limite. O artista realista e o artista formal buscam a unidade onde ela não existe, no real em estado bruto ou na criação imaginária que acredita expulsar toda e qualquer realidade. Ao contrário, a unidade em arte surge no fim da transformação que o artista impõe ao real. Ela não pode prescindir nem de uma nem da outra. Essa correção,[101] que o artista realiza com sua linguagem e por meio de uma redistribuição de elementos tirados do real, chama-se estilo e dá ao universo recriado sua unidade e seus limites. Em todo revoltado, ela visa, e o consegue no caso de alguns gênios, dar ao mundo sua lei. "Os poetas são os legisladores não reconhecidos do mundo", diz Shelley.

Por suas origens, a arte do romance não consegue deixar de ilustrar esta vocação. Ela não pode aceitar totalmente o real, nem dele afastar-se de modo absoluto. O imaginário puro não existe e, ainda que existisse num romance ideal que fosse puramente desencarnado, ele não teria significação artística, já que a primeira exigência da mente que busca a unidade é que esta unidade seja comunicável. Por outro lado, a unidade do raciocínio puro é uma falsa unidade, de vez que não se baseia no real. O romance água com açúcar (ou o romance de terror) e o romance edificante afastam-se da arte, na medida, maior ou menor, em que desobedecem a essa lei. A verdadeira criação romanesca, ao contrário, utiliza o real e só ele, com seu calor e seu sangue, suas paixões ou seus gritos. Simplesmente, ela lhe acrescenta algo que o transfigura.

---

101. Delacroix observa, e esta observação é pertinente, que é preciso corrigir "a perspectiva inflexível que (na realidade) falseia a visão dos objetos *pela força da precisão*".

Da mesma forma, aquilo que se chama comumente de romance realista quer ser a reprodução do real no que ele tem de imediato. Reproduzir os elementos do real sem nada escolher nele, mesmo que se pudesse imaginar esta empreitada, seria repetir de modo estéril a criação. O realismo deveria ser apenas o meio de expressão do gênio religioso, aquilo que a arte espanhola faz pressentir admiravelmente, ou, no outro extremo, a arte dos macacos, que se contentam com o que existe e o imitam. Na verdade, a arte nunca é realista; às vezes, sente-se tentada a sê-lo. Para ser verdadeiramente realista, uma determinada descrição não poderia ter fim. Quando, por exemplo, Stendhal descreve numa frase a entrada de Lucien Leuwen num salão, o artista realista deveria, para ser coerente, utilizar várias toneladas de frases para descrever personagens e cenários, sem, contudo, chegar a esgotar todos os detalhes. O realismo é a enumeração indefinida. Com isso, ele revela que sua verdadeira ambição é a conquista, não da unidade, mas da totalidade do mundo real. Compreendemos então que ele seja a estética oficial de uma revolução da totalidade. No entanto, essa estética já demonstrou sua impossibilidade. Os romances realistas escolhem, a despeito de si mesmos, no real, porque a escolha e a superação da realidade são a própria condição do pensamento e da expressão.[102] Escrever já é escolher. Há, portanto, um aspecto arbitrário do real, como há um aspecto arbitrário do ideal, e que faz do romance realista um romance de tese implícita. Reduzir a

---

102. Delacroix mostra isso com perspicácia: "Para que o realismo não seja uma palavra sem sentido, seria necessário que todos os homens tivessem a mesma mente, a mesma maneira de conceber as coisas."

unidade do mundo romanesco à totalidade do real só pode ser feito por meio de um juízo apriorístico, que elimina do real aquilo que não convém à doutrina. O chamado realismo socialista dedica-se, portanto, pela própria lógica de seu niilismo, a acumular as vantagens do romance edificante e da literatura de propaganda.

Se o acontecimento escraviza o criador ou se o criador pretende negar o acontecimento como um todo, a criação rebaixa-se em cada um dos casos às formas degradadas da arte niilista. Isso ocorre tanto na criação quanto na civilização: ela supõe uma tensão ininterrupta entre a forma e a matéria, o devir e a mente, a história e os valores. Se o equilíbrio se rompe, há ditadura ou anarquia, propaganda ou delírio formal. Em ambos os casos, a criação, que coincide com uma liberdade racional, é impossível. Quer ceda à vertigem da abstração e da obscuridade formal, quer recorra ao chicote do realismo mais cru ou mais ingênuo, a arte moderna, em sua quase totalidade, é uma arte de tiranos e de escravos, não de criadores.

A obra em que o conteúdo extrapola a forma, aquela em que a forma afoga o conteúdo, só trata de uma unidade enganada e enganadora. Tanto neste campo quanto nos outros, toda unidade que não é de estilo é mutilação. Qualquer que seja a perspectiva escolhida por um artista, um princípio continua comum a todos os criadores: a estilização, que supõe ao mesmo tempo o real e a mente que dá ao real sua forma. Através dela o esforço criador refaz o mundo, e sempre com uma ligeira distorção que é a marca da arte e do protesto. Quer seja o aumento microscópico que Proust traz para a experiência humana ou, pelo contrário, a absurda tenuidade que o romance americano dá a seus personagens, a realidade é de algum modo forçada. A criação e a fecundidade da revolta estão nessa distorção que representa o estilo e o tom de uma obra. A arte é uma exigência de impossível à qual se deu forma. Quando o grito mais dilacerante encontra a sua linguagem mais firme, a revolta satisfaz à sua verdadeira exigência, tirando dessa fidelidade a si mesma uma força de criação. Ainda que isso entre em conflito com os preconceitos da época, o maior estilo em arte é a expressão da mais alta revolta. Como o verdadeiro classicismo não é mais que um romantismo domado, o gênio é uma revolta que criou sua própria medida. Por isso, não há gênio, contrariamente ao que se ensina hoje, na negação e no puro desespero.

Vale dizer ao mesmo tempo que o grande estilo não é simplesmente uma virtude formal. Ele o é quando está em busca de si mesmo, à custa do real, e, neste caso, não é um grande estilo. Ele não inventa mais, mas imita — como toda arte acadêmica —, ao passo que a verdadeira criação, à sua maneira, é revolucionária. Se se mostra necessário levar a estilização ao extremo, já que ela resume a intervenção do homem e a vontade de correção que o artista confere à reprodução do real, convém, no entanto, que ela continue invisível, para que a reivindicação que dá origem à arte se traduza na tensão mais extrema. O grande estilo é a estilização invisível, isto é, encarnada. "Em arte, é preciso não temer ser exagerado", diz Flaubert. Mas acrescenta que o exagero deve ser "contínuo e proporcional a si mesmo". Quando a estilização é exagerada e consegue ser vista, a obra é pura nostalgia: a unidade que tenta conquistar é estranha ao concreto. Quando a realidade é liberada, ao contrário, em estado bruto e a estilização, insignificante, o concreto se apresenta sem unidade. A grande arte, o estilo e a verdadeira face da revolta estão entre essas duas heresias.[103]

Criação e Revolução

Em arte, a revolta se completa e perpetua na verdadeira criação, não na crítica ou no comentário. A revolução, por sua vez, só pode afirmar-se numa civilização, não no terror ou na tirania. As duas questões que nosso tempo faz a uma sociedade a partir de agora no impasse, a criação é possível? a revolução é possível?, reduzem-se a uma única, que diz respeito ao renascimento de uma civilização.

A revolução e a arte do século XX são tributárias do mesmo niilismo e vivem na mesma contradição. Ambas negam aquilo que afirmam, no entanto, em seu próprio movimento e ambas procuram uma saída impossível, através do terror. A revolução contemporânea acredita inaugurar um novo mundo quando não é mais que o resultado contraditório do mundo antigo. Finalmente, a sociedade capitalista e a sociedade revolucionária são apenas uma, na medida em que se escravizam ao mesmo meio — a produção industrial — e à mesma promessa. Uma faz sua promessa em nome de princípios formais que ela é incapaz de encarnar e que são negados pelos meios que ela emprega, a outra justifica sua profecia unicamente em nome da realidade e acaba mutilando a realidade. A sociedade da produção é apenas produtiva, não criadora.

---

103. A correção difere segundo os temas. Numa obra fiel à estética acima esboçada, o estilo variaria segundo os temas, continuando a linguagem própria do autor (o seu tom) como o lugar-comum que faz com que se manifestem as diferenças de estilo.

Por ser niilista, a arte contemporânea debate-se também entre o formalismo e o realismo. Aliás, o realismo é tão burguês — neste caso, tão obscuro — quanto socialista, ou seja, edificante. O formalismo pertence tanto à sociedade, do passado, quando é abstração gratuita, quanto à sociedade que se pretende do futuro; ele define então a propaganda. A linguagem destruída pela negação irracional perde-se no delírio verbal; subjugada pela ideologia determinista, ela se reduz a uma palavra de ordem. Entre ambas, fica a arte. Se o revoltado deve recusar ao mesmo tempo o furor do nada e a aceitação da totalidade, o artista deve escapar ao mesmo tempo do frenesi formal e da estética totalitária da realidade. O mundo de hoje é efetivamente uno, mas sua unidade é a do niilismo. A civilização só é possível se, ao renunciar ao niilismo dos princípios formais e ao niilismo sem princípios, o mundo reencontrar o caminho de uma síntese criadora. O mesmo ocorre na arte, a era do comentário perpétuo e da reportagem agoniza; ela anuncia então a era dos criadores.

Mas a arte e a sociedade, a criação e a revolução devem, para tanto, reencontrar a origem da revolta, na qual recusa e consentimento, singularidade e universal, indivíduo e história se equilibram na tensão mais crítica. A revolta não é em si mesma um elemento de civilização. Mas ela precede toda civilização. Só ela, no impasse em que vivemos, permite esperar pelo futuro com que sonhava Nietzsche: "Em vez do juiz e do repressor, o criador." Fórmula que não deve permitir a ilusão ridícula de uma cidade dirigida por artistas. Ela ilumina apenas o drama de nossa época, na qual o trabalho, inteiramente subjugado à produção, deixou de ser criador. A sociedade industrial só abrirá os caminhos para uma civilização ao devolver ao trabalhador a dignidade do criador, isto é, ao aplicar seu interesse e sua reflexão tanto ao próprio trabalho quanto ao seu produto. A civilização, de agora em diante necessária, não poderá separar, quer nas classes, quer no indivíduo, o trabalhador e o criador; assim como a criação artística não pensa em separar a forma e o conteúdo, o espírito e a história. É assim que ela reconhecerá em todos a dignidade afirmada pela revolta. Seria injusto, e aliás utópico, que Shakespeare dirigisse a sociedade dos sapateiros. Mas, seria igualmente desastroso que a sociedade dos sapateiros imaginasse prescindir de Shakespeare. Shakespeare sem o sapateiro serve de álibi à tirania. O sapateiro sem Shakespeare é absorvido pela tirania quando não contribui para ampliá-la. Toda criação nega em si mesma o mundo do senhor e do escravo. A horrenda sociedade de tiranos e escravos em que vegetamos só encontrará sua morte e sua transfiguração no nível da criação.

Mas o fato de a criação ser necessária não quer dizer que seja possível. Em arte, uma época criadora se define pela ordem de um estilo aplicado à desordem de um tempo. Ela forma e formula as paixões contemporâneas. Já não basta, portanto, para um criador, reproduzir Mme de La Fayette, numa época em que os nossos príncipes morosos não têm mais o lazer do amor. Atualmente, quando as paixões coletivas se sobrepuseram às paixões individuais, é sempre possível dominar, pela arte, o êxtase do amor. Mas o problema inevitável é também dominar as paixões coletivas e a luta histórica. O objeto da arte, para desgosto dos plagiadores, estendeu-se da psicologia à condição humana. Quando a paixão do tempo coloca em jogo o mundo inteiro, a criação quer dominar o destino inteiro. Mas, ao mesmo tempo, mantém diante da totalidade a afirmação da unidade. A criação é então simplesmente colocada em risco, primeiramente por si própria e, em seguida, pelo espírito de totalidade. Criar, hoje em dia, é criar perigosamente.

Para dominar as paixões coletivas, é preciso, na realidade, vivê-las e experimentá-las, pelo menos relativamente. Ao mesmo tempo em que as vivencia, o artista é por elas devorado. Disso decorre que nossa época é mais a da reportagem do que a da obra de arte. Falta-lhe um emprego correto do tempo. O exercício dessas paixões, finalmente, acarreta oportunidades de morte maiores do que no tempo do amor ou da ambição, já que a única maneira de viver autenticamente a paixão coletiva é dispor-se a morrer por ela e para ela. A maior oportunidade de autenticidade atualmente é a maior oportunidade de malogro para a arte. Se a criação é impossível em meio a guerras e revoluções, não teremos criadores, porque revolução e guerra são o nosso quinhão. O mito da produção indefinida traz em si a guerra, assim como a nuvem, a tempestade. As guerras devastam então o Ocidente e matam Péguy. Apenas erguida dos escombros, a máquina burguesa vê caminhar ao seu encontro a máquina revolucionária. Péguy nem mesmo teve tempo de renascer; a guerra que se avizinha matará todos aqueles que, talvez, teriam sido Péguy. Se um classicismo criador se mostrasse, entretanto, possível, deve-se reconhecer que, mesmo ilustrado em um único nome, ele seria obra de uma geração. As oportunidades de malogros, no século da destruição, só podem ser compensadas pela oportunidade do número, quer dizer, pela oportunidade de que entre cada dez artistas autênticos, um pelo menos sobreviva, assuma as primeiras palavras de seus irmãos e consiga encontrar em sua vida simultaneamente o tempo da paixão ou o tempo da criação.

Querendo ou não, o artista não pode mais ser um solitário, a não ser no triunfo melancólico que deve a todos os seus pares. A arte revoltada também acaba revelando o "Nós existimos" e, com isto, o caminho de uma feroz humildade.

Enquanto isso a revolução conquistadora, no desvario de seu niilismo, ameaça aqueles que, a seu despeito, pretendem manter a unidade na totalidade. Um dos sentidos da história atual, e mais ainda da história de amanhã, é a luta entre os artistas e os novos conquistadores, entre as testemunhas da revolução criadora e os construtores da revolução niilista. Quanto ao resultado da luta, só podemos ter ilusões razoáveis. Pelo menos, sabemos, a partir de agora, que ela deve ser realizada. Os conquistadores modernos podem matar, mas parecem não conseguir criar. Os artistas sabem criar, mas não podem realmente matar. Só como exceção se encontram assassinos entre os artistas. A longo prazo, a arte em nossas sociedades revolucionárias deveria, portanto, morrer. Mas então a revolução terá vivido. Cada vez que ela mata num homem o artista que ele teria podido ser, ela se extenua um pouco mais. Se, afinal, o mundo se curvasse à lei dos conquistadores, isso não provaria que a quantidade é soberana, e sim que este mundo é inferno. Neste inferno mesmo, o lugar da arte coincidiria ainda com o da revolta vencida, esperança cega e vazia na profundeza dos dias desesperados. Ernst Dwinger, em seu *Diário siberiano*, fala desse tenente alemão que, há anos prisioneiro em um campo no qual reinavam o frio e a fome, construíra para si, com teclas de madeira, um piano silencioso. Lá, naquele amontoado de miséria, em meio a uma multidão esfarrapada, ele compunha uma estranha música que só ele escutava. Desta forma, lançados ao inferno, misteriosas melodias e imagens cruéis da beleza esquecida nos trariam sempre, em meio ao crime e à loucura, o eco dessa insurreição harmoniosa, que comprova ao longo dos séculos a grandeza humana.

Mas o inferno só tem um tempo, a vida um dia recomeça. Talvez a história tenha um fim; nossa tarefa, no entanto, não é terminá-la, mas criá-la à imagem daquilo que doravante sabemos ser verdadeiro. A arte, pelo menos, nos ensina que o homem não se resume apenas à história, que ele encontra também uma razão de ser na ordem da natureza. Para ele, o grande Pã não está morto. Sua revolta mais instintiva, ao mesmo tempo em que afirma o valor e a dignidade comum a todos, reivindica obstinadamente, para com isto satisfazer sua fome de unidade, uma parte intacta do real cujo nome é a beleza. Pode-se recusar toda a história, aceitando, no entanto, o mundo das estrelas e do mar. Os revoltados que querem ignorar a natureza e a beleza estão condenados a banir da história que desejam construir a dignidade do trabalho e da existência. Todos os grandes reformadores tentam construir na história o que Shakespeare, Cervantes, Molière e Tolstói souberam criar: um mundo sempre pronto a satisfazer a fome de liberdade e de dignidade que existe no coração de cada homem. Sem dúvida, a beleza não faz revoluções. Mas chega um dia em que as revoluções têm necessidade dela. Sua regra, que contesta o real ao mesmo tempo em que lhe confere sua unidade, é também a da revolta. Pode-se recusar eternamente a injustiça sem deixar de saudar a natureza do homem e a beleza do mundo? Nossa resposta é sim. Esta moral, ao mesmo tempo insubmissa e fiel, é em todo o caso a única a iluminar o caminho de uma revolução verdadeiramente realista. Ao manter a beleza, preparamos o dia do renascimento em que a civilização colocará no centro de sua reflexão, longe dos princípios formais e dos valores degradados da história, essa virtude viva que fundamenta a dignidade comum do mundo e do homem, e que agora devemos definir diante de um mundo que a insulta.

V

O pensamento mediterrâneo

Revolta e Assassinato

Longe dessa fonte de vida, em todo o caso, a Europa e a revolução se agitam em uma convulsão espetacular. No século passado, o homem derruba as coerções religiosas. Apenas liberado, no entanto, ele inventa outras mais, e intoleráveis. A virtude morre, mas renasce ainda mais feroz. Ela prega a todo mundo uma ruidosa caridade e esse amor pelo longínquo que faz do humanismo contemporâneo uma derrisão. A tal ponto de fixidez, ela só pode operar devastações. Chega o dia em que ela se irrita, torna-se policial, e, para a salvação do homem, erguem-se ignóbeis fogueiras. No auge da tragédia contemporânea, entramos então na intimidade do crime. As fontes da vida e da criação parecem ter secado. O medo imobiliza uma Europa povoada de fantasmas e de máquinas. Entre duas hecatombes, instalam-se cadafalsos no fundo das masmorras. Torturadores humanistas aí celebram em silêncio seu novo culto. Que grito os perturbaria? Os próprios poetas, diante do assassinato de seu irmão, declaram orgulhosamente que estão com as mãos limpas. O mundo inteiro a partir de então, distraidamente, dá as costas a esse crime;

as vítimas acabam de atingir o extremo de sua desgraça: elas entediam. Nos tempos antigos, o sangue do assassinato provocava ao menos um horror sagrado; santificava desse modo o valor da vida. A verdadeira condenação desta época, pelo contrário, é levar-nos a pensar que ela não é suficientemente sanguinária. O sangue não está mais visível; ele não respinga de modo visível o rosto de nossos fariseus. Eis o extremo do niilismo: o assassinato cego e furioso torna-se um oásis, e o criminoso imbecil parece revigorante diante de nossos carrascos inteligentes.

Depois de ter acreditado por muito tempo que poderia lutar contra Deus aliado à humanidade inteira, o espírito europeu se dá conta também de que, se não quiser morrer, é preciso lutar contra os homens. Os revoltados que, ao se insurgirem contra a morte, queriam construir, com base na espécie humana, uma feroz imortalidade, horrorizam-se ao se verem obrigados, por sua vez, a matar. Se recuam, no entanto, é preciso que aceitem morrer; se avançam, é preciso que aceitem matar. A revolta, desviada de suas origens e cinicamente travestida, oscila, em todos os níveis, entre o sacrifício e o assassinato. Sua justiça, que ela esperava que fosse distributiva, tornou-se sumária. O reino da graça foi vencido, mas o da justiça também desmorona. A Europa morre dessa desilusão. Sua revolta defendia a causa da inocência humana, e ei-la inflexível contra a sua própria culpa. Mal se lança em busca da totalidade, e recebe, na partilha, a solidão mais desesperada. Queria entrar em comunidade, e não tem outra esperança senão reunir, um por um, ao longo dos anos, os solitários que marcham para a unidade.

Será preciso renunciar a toda revolta, quer se aceite, com suas injustiças, uma sociedade que sobrevive a si própria, quer se decida, cinicamente, servir contra os interesses do homem à marcha inexorável da história? Afinal, se a lógica de nossa reflexão devesse conduzir a um conformismo covarde, seria necessário aceitá-lo, como certas famílias às vezes aceitam desonras inevitáveis. Se devesse igualmente justificar todos os tipos de atentados contra o homem, e até mesmo sua destruição sistemática, seria preciso consentir neste suicídio. O sentimento da justiça finalmente realizaria a sua aspiração: o desaparecimento de um mundo de comerciantes e de policiais.

Mas estamos ainda em um mundo revoltado; a revolta não se tornou, pelo contrário, o álibi de novos tiranos? O "Nós existimos" contido no movimento de revolta pode, sem escândalo ou subterfúgios, conciliar-se com o assassinato? Ao atribuir à opressão um limite no qual começa a dignidade comum a todos os homens, a revolta definia um primeiro valor. Ela colocava no primeiro plano de suas referências uma cumplicidade transparente entre os homens, uma textura comum, a solidariedade dos grilhões, uma comunicação de ser humano a ser humano que torna os homens semelhantes e coligados. Ela fazia com que a mente em conflito com um mundo absurdo desse um primeiro passo. Com este progresso, ela tornava mais angustiante o problema que agora deve resolver diante do assassinato. Na condição de absurdo, o assassinato suscitava efetivamente apenas contradições lógicas; na condição de revolta, ele é dilaceramento. Pois trata-se de decidir se é possível matar alguém, seja quem for, cuja semelhança acabamos de reconhecer e cuja identidade acabamos de consagrar. Apenas superada a solidão, é preciso reencontrá-la definitivamente, legitimando o ato que tudo isola? Condenar à solidão aquele que acaba de saber que não está só não será o crime definitivo contra o homem?

Segundo a lógica, deve-se responder que assassinato e revolta são contraditórios. Basta que um único senhor seja morto para que o revoltado, de certa forma, não esteja mais autorizado a afirmar a comunidade dos homens, da qual, no entanto, ele tirava sua justificação. Se este mundo não tem um sentido superior, se o homem só tem o homem como garantia, basta que um homem retire um único ser humano da sociedade dos vivos para que ele próprio seja também dela excluído. Quando Caim mata Abel, ele foge para o deserto. E se os assassinos são multidão, a multidão vive no deserto e nesse outro tipo de solidão chamada promiscuidade.

A partir do momento em que golpeia, o revoltado divide o mundo em dois. Ele se insurgia em nome da identidade do homem com o homem e sacrifica a identidade ao consagrar, no sangue, a diferença. Só sua existência, no âmago da miséria e da opressão, estava contida nesta identidade. O mesmo movimento que visava afirmá-lo faz, portanto, com que deixe de existir. Ele pode dizer que alguns ou mesmo que quase todos estão com ele. Mas basta faltar, no mundo insubstituível da fraternidade, um único ser humano, e ei-lo logo despovoado. Se não existimos, eu não existo, assim se explicam a infinita tristeza de Kaliayev e o silêncio de Saint-Just. De nada adianta aos revoltados, decididos a passarem pela violência e pelo assassinato para preservarem a esperança de existir, substituírem o *Nós existimos* pelo *Nós existiremos*. Quando assassino e vítima tiverem desaparecido, a comunidade irá refazer-se sem eles. Tanto na história quanto na vida individual, o assassinato é uma exceção desesperada ou então não é nada. O rompimento que ele efetua na ordem das coisas é irreversível. Ele é insólito e não pode, portanto, ser utilizado, nem sistemático, como quer a atitude puramente histórica. Ele é o limite que só se pode atingir uma vez e depois do qual é preciso morrer. O revoltado só tem uma maneira de reconciliar-se com o seu ato assassino, se a isso se deixou levar: aceitar a própria morte e o sacrifício. Ele mata e morre, para que fique claro que o assassinato é impossível. Ele mostra então que prefere, na realidade, o *Nós existimos* ao *Nós existiremos*. A felicidade tranquila de Kaliayev em sua prisão, a serenidade de Saint-Just ao caminhar para o cadafalso são por sua vez explicadas. Além dessa fronteira extrema, começam a contradição e o niilismo.

O Assassinato Niilista

O crime irracional e o crime racional traem igualmente o valor revelado pelo movimento de revolta. Vejamos o primeiro. Aquele que nega tudo e autoriza-se a matar, Sade, o dândi assassino, o Único impiedoso, Karamazov, os partidários do bandido enfurecido e o surrealista que atira na multidão reivindicam, em suma, a liberdade total, a ostentação sem limites do orgulho humano. O niilismo confunde na mesma ira criador e criaturas. Ao suprimir todo princípio de esperança, ele rejeita qualquer limite e, com uma indignação cega, de cujas razões nem se dá conta, acaba julgando que é indiferente matar aquilo que já está fadado à morte.

Mas suas razões — o reconhecimento mútuo de um destino comum e a comunicação dos homens entre si — estão sempre vivas. A revolta proclamava-as, comprometendo-se a servi-las. Ao mesmo tempo, ela definia, contra o niilismo, uma regra de conduta que não tem necessidade de esperar o fim da história para explicar suas ações e que, no entanto, não é formal. Contrariamente à moral jacobina, ela fazia o papel de tudo aquilo que foge às regras e às leis. Ela abria o caminho para uma moral que, longe de obedecer a princípios abstratos, só os descobre no calor da batalha, no movimento interminável da contestação. Nada nos autoriza a dizer que esses princípios sempre existiram, é inútil declarar que existirão. Mas eles existem, e na mesma época em que nós existimos. Negam conosco, ao longo da história, a servidão, a mentira e o terror.

Nada há de comum entre um senhor e um escravo, não se pode falar e comunicar-se com um ser escravizado. Em vez desse diálogo implícito e livre pelo qual reconhecemos nossa semelhança e consagramos nosso destino, a servidão faz reinar o mais terrível dos silêncios. Se a injustiça faz mal ao revoltado, não é pelo fato de contrariar uma ideia eterna da justiça, que nós não sabemos onde situar, mas pelo fato de perpetuar a muda hostilidade que separa o opressor do oprimido. Ela mata o pouco de existência que pode vir ao mundo pela cumplicidade mútua dos homens. Da mesma forma, já que o homem, ao mentir, se isola dos outros homens, a mentira fica proscrita, assim como, num patamar inferior, o assassinato e a violência, que impõem o silêncio definitivo. A cumplicidade e a comunicação descobertas pela revolta só podem viver no diálogo livre. Cada equívoco, cada mal-entendido leva à morte; a linguagem clara, a palavra simples — só elas podem salvar dessa morte.[104] O ponto alto de todas as tragédias está na surdez dos heróis. Platão tem razão contra Moisés e Nietzsche. O diálogo à altura

---

104. Observe-se que a linguagem própria das doutrinas totalitárias é sempre uma linguagem escolástica ou administrativa.

do homem custa menos do que o evangelho das religiões totalitárias, monólogo ditado do topo de uma montanha solitária. Tanto no palco quanto na realidade, o monólogo precede a morte. Todo revoltado, só pelo movimento que o soergue diante do opressor, defende, portanto, a causa da vida, comprometendo-se a lutar contra a servidão, a mentira e o terror e afirmando, com a rapidez de um raio, que estes três flagelos fazem reinar o silêncio entre os homens, obscurecendo-os uns aos outros e impedindo que se reencontrem no único valor que pode salvá-los do niilismo, a longa cumplicidade dos homens em conflito com o seu destino.

Com a rapidez de um raio. Mas isso basta, provisoriamente, para dizer que a liberdade mais extrema, a liberdade de matar, não é compatível com as razões da revolta. A revolta não é, de forma alguma, uma reivindicação de liberdade total. Ao contrário, a revolta ataca sistematicamente a liberdade total. Ela contesta, justamente, o poder ilimitado que permite a um superior violar a fronteira proibida. Longe de reivindicar uma independência geral, o revoltado quer que se reconheça que a liberdade tem seus limites em qualquer lugar onde se encontre um ser humano, já que o limite é precisamente o poder de revolta desse ser. Nisto reside a razão profunda da intransigência revoltada. Quanto mais a revolta tem consciência de reivindicar um limite justo, mais ela é inflexível. O revoltado exige sem dúvida uma certa liberdade para si mesmo; mas em nenhum caso, se for consequente, reivindicará o direito de destruir a existência e a liberdade do outro. Ele não humilha ninguém. A liberdade que reclama, ele a reivindica para todos; a que recusa, ele a proíbe para todos. Não se trata somente de escravo contra senhor, mas também de homem contra o mundo do senhor e do escravo, algo além, graças à revolta, da relação entre domínio e escravidão na história. Aqui, o poder ilimitado não é a única lei. É em nome de outro valor que o revoltado afirma ao mesmo tempo a impossibilidade da liberdade total e reclama para si mesmo a liberdade relativa, necessária para reconhecer essa impossibilidade. Toda liberdade humana, em sua essência, é dessa forma relativa. A liberdade absoluta, ou seja, a liberdade de matar, é a única que não reclama ao mesmo tempo que a si mesma aquilo que a limita e oblitera. Ela se desvincula então de suas raízes, erra ao acaso, sombra abstrata e malévola, até que imagina encontrar um corpo na ideologia.

É possível dizer, portanto, que a revolta, quando desemboca na destruição, é ilógica. Ao reclamar a unidade da condição humana, ela é força de vida, não de morte. Sua lógica profunda não é a da destruição; é a da criação. Para que continue autêntica, seu movimento não deve deixar para trás nenhum dos termos da contradição que o sustenta. Ele deve ser fiel ao sim que contém, ao mesmo tempo que a esse *não* isolado na revolta pelas interpretações niilistas. A lógica do revoltado é querer servir a justiça a fim de não aumentar a injustiça da condição humana, esforçar-se no sentido de uma linguagem clara para não aumentar a mentira universal e apostar, diante do sofrimento humano, na felicidade. A paixão niilista, contribuindo com a injustiça e a mentira, destrói em sua fúria sua exigência antiga, privando a revolta, desta forma, de suas razões mais claras. Ela mata, frenética por sentir que este mundo está fadado à morte. A consequência da revolta, pelo contrário, é recusar a legitimação do assassinato, já que, em seu princípio, ela é protesto contra a morte.

Mas se o homem fosse capaz de, sozinho, introduzir a unidade no mundo, se pudesse fazer reinar no mundo, apenas por um decreto seu, a sinceridade, a inocência e a justiça, ele seria o próprio Deus. Do mesmo modo, se ele pudesse, não haveria mais a partir daí razões para revolta. Se há revolta, é porque a mentira, a injustiça e a violência fazem parte da condição do revoltado. Ele não pode, portanto, pretender de modo absoluto não matar nem mentir, sem renunciar à sua revolta, e aceitar de uma vez por todas o assassinato e o mal. Mas ele não pode tampouco aceitar matar e mentir, já que o movimento inverso que legitimaria o assassinato e a violência destruiria também as razões de sua insurreição. O revoltado, portanto, não pode encontrar repouso. Sabe o que é o bem, mas pratica apesar disso o mal. O valor que o mantém de pé não é uma dádiva definitiva, ele deve lutar incessantemente para mantê-lo. A existência que ele obtém desmorona se a revolta não o sustenta. Em todo o caso, se ele nem sempre consegue deixar de matar, direta ou indiretamente, ele pode empenhar a sua vibração e sua paixão para diminuir a oportunidade do assassinato à sua volta. Mergulhado nas trevas, sua única virtude será não ceder à sua obscura vertigem; acorrentado ao mal, arrastar-se obstinadamente rumo ao bem. Se chega a matar, finalmente, ele aceitará a própria morte. Fiel às suas origens, o revoltado demonstra, pelo sacrifício, que a sua verdadeira liberdade não é em relação ao assassinato, mas à sua própria morte. Ele descobre ao mesmo tempo a honra metafísica. Kaliayev vai então para a forca e aponta visivelmente, para todos os seus irmãos, o limite exato em que começa e acaba a honra dos homens.

O Assassinato Histórico

A revolta se desenrola também na história, que exige não somente opções exemplares, mas também atitudes eficazes. O assassinato racional corre o risco de ver-se justificado. A contradição revoltada se repercute então em antinomias aparentemente insolúveis cujos modelos, em política, são por um lado a oposição entre a violência e a não violência, e, por outro, a oposição entre a justiça e a liberdade. Tentemos defini-las em seu paradoxo.

O valor positivo contido no primeiro movimento de revolta supõe a renúncia à violência por princípios. Ele acarreta, consequentemente, a impossibilidade de estabilizar uma revolução. A revolta arrasta consigo, incessantemente, essa contradição. No nível da história, ela se fortalece cada vez mais. Se renuncio a fazer com que se respeite a identidade humana, abdico daquele que oprime, renuncio à revolta e retorno a um consentimento niilista. O niilismo, então, torna-se conservador. Se exijo que essa identidade seja reconhecida para existir, comprometo-me numa ação que, para ter êxito, supõe um cinismo da violência, negando essa identidade e a própria revolta. Ao ampliar ainda mais a contradição, se a unidade do mundo não vier do alto, o homem deve construí-la à sua altura, na história. A história, sem valor que a transfigure, é regida pela lei da eficácia. O materialismo histórico, o determinismo, a violência, a negação de toda liberdade que não seja voltada para a eficácia, o mundo da coragem e do silêncio são as consequências mais legítimas de uma pura filosofia da história. No mundo de hoje, só uma filosofia da eternidade pode justificar a não violência. À historicidade absoluta, ela contraporá a criação da história; à situação histórica, perguntará por sua origem. Finalmente, consagrando a injustiça, ela remeterá a Deus a responsabilidade pela justiça. Da mesma forma, as suas respostas, por sua vez, exigirão a fé. A ela se irão contrapor o mal e o paradoxo de um Deus onipotente e maléfico ou benevolente e estéril. Ficará em aberto a escolha entre a graça e a história, entre Deus ou a espada.

Qual poderia ser a atitude do revoltado? Ele não pode se esquivar do mundo e da história sem renegar o próprio princípio de sua revolta, nem escolher a vida eterna sem se resignar, em certo sentido, ao mal. Não cristão, por exemplo, ele deve ir até o extremo. Mas chegar ao extremo significa escolher a história de modo absoluto e, com ela, o assassinato do homem, se este assassinato é necessário à história: aceitar a legitimação do assassinato é ainda renegar suas origens. Se o revoltado não escolhe, ele escolhe o silêncio e a escravidão do outro. Se, num movimento de desespero, ele declara escolher ao mesmo tempo contra Deus e contra a história, ele é testemunha da liberdade pura, quer dizer, de nada. Neste nosso estágio histórico, na impossibilidade de afirmar uma razão superior que não encontra o seu limite no mal, o seu dilema aparente é o silêncio ou o assassinato. Em ambos os casos, uma rendição.

O mesmo ocorre com a justiça e a liberdade. Ambas as exigências já estão no princípio do movimento de revolta, e voltamos a encontrá-las no ímpeto revolucionário. A história das revoluções mostra, contudo, que quase sempre elas entram em conflito, como se suas exigências mútuas fossem inconciliáveis. A liberdade absoluta é o direito do mais forte de dominar. Ela mantém, portanto, os conflitos que se beneficiam da injustiça. A justiça absoluta passa pela supressão de toda contradição: ela destrói a liberdade.[105] A revolução para obter justiça, pela liberdade, acaba jogando uma contra a outra. Desta forma, em toda revolução, uma vez liquidada a casta que até então dominava, há uma etapa em que ela própria acarreta um movimento de revolta que indica seus limites e anuncia suas oportunidades de malogro. A revolução propõe-se, em primeiro lugar, satisfazer o espírito de revolta que lhe deu origem; obriga-se em seguida a negá-lo, para melhor afirmar-se a si mesma. Parece haver uma oposição irredutível entre o movimento da revolta e as aquisições da revolução.

Mas essas antinomias só existem no absoluto. Elas supõem um mundo e um pensamento sem mediações. Não há, na verdade, conciliação possível entre um deus totalmente separado da história e uma história depurada de qualquer transcendência. Seus representantes na terra são efetivamente o yogi e o comissário. Mas a diferença entre estes dois tipos de homens não é, como se diz, a diferença entre a vã pureza e a eficácia. O primeiro escolhe apenas a ineficácia da abstenção, o segundo, a ineficácia da destruição. Como ambos rejeitam o valor mediador revelado pela revolta, eles só nos oferecem, igualmente afastados do real, dois tipos de impotência, a do bem e a do mal.

---

105. Em *Entretiens sur le bon usage de la liberté* (*Considerações sobre o bom uso da liberdade*), Jean Grenier cria uma demonstração que pode assim se resumir: a liberdade absoluta é a destruição de todo valor; o valor absoluto suprime toda a liberdade. Da mesma forma, Palante diz: "Se há uma verdade una e universal, a liberdade não tem razão de ser."

Se ignorar a história quer dizer negar o real, considerar a história como um todo autossuficiente é ainda afastar-se do real. A revolução do século XX crê evitar o niilismo e ser fiel à verdadeira revolta, substituindo Deus pela história. Na verdade, ela fortalece o primeiro, e trai a segunda. A história, em seu movimento puro, não fornece por si mesma nenhum valor. É preciso então viver, segundo a eficácia imediata, calando-se ou mentindo. A violência sistemática ou o silêncio imposto, o cálculo ou a mentira concertada tornam-se regras inevitáveis. Um pensamento puramente histórico é, portanto, niilista: ele aceita totalmente o mal da história, opondo-se nisso à revolta. De nada lhe adianta afirmar, em compensação, a racionalidade absoluta da história, esta razão histórica só se completará, só terá sentido completo no fim da história. Enquanto isso, é preciso agir, e agir sem regra moral para que a regra definitiva um dia se realize. O cinismo como atitude política só é lógico em função de um pensamento absolutista, isto é, por um lado o niilismo absoluto, por outro, o racionalismo absoluto.[106] Quanto às consequências, não há diferença entre as duas atitudes. A partir do instante em que são aceitas, a terra fica deserta.

Na realidade, o absoluto puramente histórico nem mesmo é concebível. O pensamento de Jaspers, por exemplo, no que tem de essencial, ressalta a impossibilidade de o homem captar a totalidade, já que ele se encontra no inte-

---

106. Vê-se ainda, e nunca seria demais insistir, que o racionalismo absoluto não é racionalismo. A diferença entre ambos é a mesma diferença que existe entre cinismo e realismo. O primeiro empurra o segundo para fora dos limites que lhe dão um sentido e uma legitimidade. Mais brutal, ele finalmente é menos eficaz. É a violência diante da força.

rior desta totalidade. A história, como um todo, só poderia existir aos olhos de um observador exterior a ela mesma e ao mundo. Em última instância, só há história para Deus. É impossível, portanto, agir segundo os planos que abraçam a totalidade da história universal. Todo empreendimento histórico só pode ser, então, uma aventura mais ou menos razoável e fundada. Ele é, sobretudo, um risco. Como risco, não poderia justificar nenhum excesso, nenhuma posição implacável e absoluta.

Se a revolta pudesse criar uma filosofia, seria uma filosofia dos limites, da ignorância calculada e do risco. Aquele que não pode saber tudo não pode matar tudo. O revoltado, longe de fazer da história um absoluto, recusa-a, contestando-a em nome de uma ideia que ele tem de sua própria natureza. Ele recusa sua condição, e sua condição é em grande parte histórica. A injustiça, a transitoriedade e a morte manifestam-se na história. Ao rejeitá-las, rejeita-se a própria história. Sem dúvida, o revoltado não nega a história que o cerca, é nela que tenta se afirmar. Mas ele se vê diante dela como o artista diante do real, ele a rejeita sem dela escapar. Não consegue nunca criar uma história absoluta. Se, pela força dos acontecimentos, ele pode participar do crime da história, não pode legitimá-lo. Além de o crime racional não poder ser admitido no nível da revolta, ele significa a própria morte da revolta. Para tornar esta evidência mais clara, o crime racional se exerce, em primeiro lugar, sobre os revoltados cuja insurreição contesta uma história de agora em diante divinizada.

A mistificação própria ao espírito que se diz revolucionário retoma e agrava atualmente a mistificação burguesa. Ela faz com que se aceite, pela promessa de uma justiça absoluta, a injustiça perpétua, o compromisso sem limites e a indignidade. A revolta só visa ao relativo e só pode prometer uma dignidade certa combinada com uma justiça relativa. Ela toma o partido de um limite no qual se estabelece a comunidade humana. O seu universo é o universo do relativo. Em vez de dizer com Hegel e Marx que tudo é necessário, ela repete apenas que tudo é possível e que, em determinada fronteira, o possível também merece o sacrifício. Entre Deus e a história, o yogi e o comissário, ela abre um caminho difícil no qual as contradições podem ser vividas e se superar. Examinemos também as duas antinomias dadas como exemplo.

Uma ação revolucionária que quisesse ser coerente com suas origens deveria resumir-se a uma aceitação ativa do relativo. Ela seria fidelidade à condição humana. Intransigente quanto a seus meios, ela aceitaria a aproximação quanto a seus fins, e, para que a aproximação se definisse cada vez melhor, daria livre curso à palavra. Manteria desse modo a existência comum que justifica sua insurreição. Em particular, garantiria ao direito a possibilidade permanente de expressar-se. Isto define uma conduta em relação à justiça e à liberdade. Em sociedade, não há justiça sem direitos naturais ou civis que a fundamentem. Não há direito sem expressão desse direito. Se o direito se exprimir sem hesitação, é provável que mais cedo ou mais tarde a justiça por ele pleiteada venha ao mundo. Para conquistar a existência, é preciso partir do pouco de existência que descobrimos em nós, e não negá-la desde o início. Fazer com que o direito emudeça até que a justiça seja estabelecida é fazer com que ele emudeça para sempre, já que não terá mais ocasião de falar se a justiça reinar para sempre. Ainda uma vez, confia-se então a justiça àqueles que sozinhos têm a palavra, os poderosos. Há séculos, a justiça e a existência distribuídas pelos poderosos são chamadas de bel-prazer. Matar a liberdade para que reine a justiça é o mesmo que reabilitar a noção de graça sem a intercessão divina, restaurando, com uma reação vertiginosa, o corpo místico em seus elementos mais baixos. Mesmo quando a justiça não é realizada, a liberdade preserva o poder de protesto e salva a comunicação. A justiça em um mundo silencioso, a justiça escravizada e muda destrói a cumplicidade e finalmente não pode mais ser justiça. A revolução do século XX separou arbitrariamente, para fins desmedidos de conquista, duas noções inseparáveis. A liberdade absoluta zomba da justiça. A justiça absoluta nega a liberdade. Para serem profícuas, ambas as noções devem encontrar uma na outra seus limites. Nenhum homem considera a sua condição livre, se ela não é justa ao mesmo tempo, nem justa, se ela não se acha livre. A liberdade não pode ser imaginada sem o poder de manifestar claramente o que é justo e o que é injusto, de reivindicar a existência inteira em nome de uma pequena parcela de existência que se recusa a morrer. Há, finalmente, uma justiça, embora bastante diferente, em restaurar a liberdade, único valor imorredouro da história. Os homens nunca estão realmente mortos senão para a liberdade: não acreditavam então morrer inteiramente.

O mesmo raciocínio aplica-se à violência. A não violência absoluta funda negativamente a servidão e suas violências; a violência sistemática destrói positivamente a comunidade viva e a existência que dela recebemos. Para serem profícuas, essas duas noções devem encontrar os seus limites. Na história considerada como um absoluto, a violência se vê legitimada; como um risco relativo, ela é uma ruptura de comunicação. Para o revoltado, ela deve preservar seu caráter provisório de rompimento, sempre ligada, se tal não puder ser evitado, a uma responsabilidade pessoal, a um risco imediato. A violência de sistema faz parte da ordem; ela é, em certo sentido, confortável. *Führerprinzip* (princípio autoritário) ou Razão histórica, qualquer que seja a ordem que a fundamente, ela reina em um universo de coisas, não de homens. Assim como o revoltado considera o assassinato como o limite que ele deve, se a isso for levado, consagrar através da própria morte, também a violência só pode ser um limite extremo que se contrapõe a uma outra violência, como, por exemplo, no caso da insurreição. Se o excesso da injustiça faz com que ela seja inevitável, o revoltado recusa antecipadamente a violência a serviço de uma doutrina ou de uma razão de Estado. Toda crise histórica, por exemplo, termina pelas instituições. Se não temos poder sobre a própria crise, que é puro risco, nós o temos sobre as instituições, já que podemos defini-las, escolher aquelas pelas quais lutamos, inclinando, assim, nossa luta na sua direção. A ação revoltada autêntica só irá consentir em armar-se por instituições que limitem a violência, não em favor daquelas que a codifiquem. Só vale a pena morrer por uma revolução que assegure sem delonga a supressão da pena de morte; não vale a pena ser preso por ela, a não ser que ela se recuse de antemão a aplicar castigos sem término previsível. Se a violência da insurreição se desenrola no sentido dessas instituições, anunciando-as com a maior frequência possível, esta será a sua única maneira de ser verdadeiramente provisória. Quando o fim é absoluto, isto é, do ponto de vista histórico, quando se acha que ele é certo, pode-se chegar a sacrificar os outros. Se não for esse o caso, não se pode sacrificar senão a si mesmo numa luta pela dignidade comum. O fim justifica os meios? É possível. Mas quem justificará o fim? A esta questão, que o pensamento histórico deixa pendente, a revolta responde: os meios.

Que significa uma tal atitude em política? E, antes de mais nada, ela é eficaz? Devemos responder sem hesitação que atualmente ela é a única atitude eficaz. Há duas espécies de eficácia, a do tufão e a da seiva. O absolutismo histórico não é eficaz, ele é eficiente; ele tomou e conservou o poder. Uma vez munido do poder, ele destrói a única realidade criadora. A ação intransigente e limitada, oriunda da revolta, mantém esta realidade e tenta apenas ampliá-la cada vez mais. Não se disse que esta ação não pode vencer. O que se diz é que ela corre o risco de não vencer e morrer. Mal ou bem a revolução correrá esse risco ou então confessará que não é mais que um empreendimento de novos senhores, passível de ser castigada com o mesmo desprezo. Uma revolução separada da honra trai suas origens, que pertencem ao reino da honra. Em todo o caso, sua escolha limita-se à eficácia material, ao nada, ou ao risco, e à criação. Os antigos revolucionários agiam com a maior urgência e seu otimismo era completo. Hoje, porém, a clarividência e a consciência do espírito revolucionário cresceram; ele tem atrás de si 150 anos de experiência, sobre os quais pode refletir. Além disso, a revolução perdeu seu prestígio de festa. Hoje não passa de um prodigioso cálculo, que se estende ao universo. Ela sabe, ainda que não costume confessá-lo, que será mundial ou então não existirá. Suas oportunidades equilibram-se com os riscos de uma guerra universal, que, mesmo em caso de vitória, só lhe oferecerá o Império das ruínas. Ela pode então continuar fiel a seu niilismo e encarnar nos ossuários a razão última da história. Seria necessário renunciar a tudo, exceto à música silenciosa que ainda irá transfigurar os infernos terrestres. Mas o espírito revolucionário, na Europa, também pode, pela primeira e última vez, refletir sobre os seus princípios e perguntar-se qual é o desvio que o faz perder-se no terror e na guerra, reencontrando, com as razões de sua revolta, sua fidelidade.

Medida e Desmedida

Os desvios revolucionários explicam-se em primeiro lugar pela ignorância ou pelo desconhecimento sistemático desse limite que parece inseparável da natureza humana e que a revolta, justamente, revela. Os pensamentos niilistas, por desprezarem essa fronteira, acabam lançando-se num movimento uniformemente acelerado. Nada mais os detém em suas consequências e eles justificam, então, a destruição total ou a conquista indefinida. Sabemos agora, ao fim desta longa pesquisa sobre a revolta e o niilismo, que a revolução sem outros limites que não a eficácia histórica significa a servidão ilimitada. Para escapar a esse destino, o espírito revolucionário, se quiser continuar vivo, deve, portanto, voltar a retemperar-se nas fontes da revolta, inspirando-se então no único pensamento fiel a essas fontes, o pensamento dos limites. Se o limite descoberto pela revolta tudo transfigura; se todo pensamento, toda ação que ultrapassa um determinado ponto nega-se a si própria, há, efetivamente, uma medida das coisas e do homem. Em história, assim como em psicologia, a revolta é um pêndulo irregular, que oscila aleatoriamente em busca de seu ritmo profundo. Mas esse movimento pendular não é completo. Ele funciona em torno de um pivô. Ao mesmo tempo que sugere uma natureza comum aos homens, a revolta traz à luz a medida e o limite que estão no próprio princípio dessa natureza.

Atualmente toda reflexão, niilista ou positiva, às vezes sem sabê-lo, dá origem a essa medida das coisas que a própria ciência confirma. Os quanta, a relatividade até o momento, as relações de incerteza definem um mundo que só tem realidade definível na escala de grandezas médias que é a nossa.[107] As ideologias que orientam o nosso mundo nasceram no tempo das grandezas científicas absolutas. Nossos conhecimentos reais só autorizam, ao contrário, um pensamento de grandezas relativas. "A inteligência é a nossa faculdade de não levar até o fim aquilo que pensamos, para que possamos acreditar na realidade", diz Lazare Bickel. O pensamento aproximativo é o único gerador de real.[108]

As próprias forças materiais, em sua marcha cega, impõem os seus próprios limites. Por isso, é inútil querer reverter a técnica. A era da roda de tear não existe mais, e o sonho de uma civilização artesanal é vão. A máquina só não é boa em seu modo de usar atual. É preciso aceitar seus benefícios, mesmo se recusamos suas devastações. O caminhão, dirigido

---

107. A esse respeito, ver o excelente e curioso artigo de Lazare Bickel, "La physique confirme la philosophie" (A física confirma a filosofia). *Empédocles*, número 7.

108. A ciência de hoje trai suas origens e nega suas próprias conquistas ao deixar que a coloquem a serviço do terrorismo de Estado e do espírito de poder. Seu castigo e sua degradação são de só produzirem meios de destruição ou de escravização, em um mundo abstrato. Mas, quando o limite for atingido, a ciência servirá talvez à revolta individual. Esta terrível necessidade marcará a virada decisiva.

ao longo dos dias e das noites por seu motorista, não humilha o motorista, que o conhece por inteiro e o utiliza com afeto e eficácia. A desumana e verdadeira desmedida está na divisão do trabalho. Mas, de desmedida em desmedida, chega o dia em que uma máquina de cem operações, manejada por um único homem, cria um único objeto. Esse homem, numa escala diferente, terá reencontrado em parte a força de criação que ele tinha no tempo do artesanato. O produtor anônimo aproxima-se então do criador. Naturalmente, não é certo que a desmedida industrial irá seguir logo esse caminho. Mas já demonstra, por seu funcionamento, a necessidade de uma medida e desperta a reflexão própria para organizar essa medida. Ou esse valor será realizado, de toda forma, ou então a desmedida contemporânea só encontrará sua regra e sua paz na destruição universal.

Essa lei da medida estende-se igualmente a todas as antinomias do pensamento revoltado. Nem o real é inteiramente racional, nem o racional é totalmente real. Como vimos a propósito do surrealismo, o desejo de unidade não exige somente que tudo seja racional. Ele quer ainda que o irracional não seja sacrificado. Não se pode dizer que nada tem sentido porque, com isso, estamos afirmando um valor consagrado por um juízo; nem que tudo tenha um sentido, porque a palavra tudo não tem significação para nós. O irracional limita o racional, que por sua vez lhe dá sua medida. Algo, finalmente, tem sentido, algo que devemos obter da ausência de sentido. Da mesma forma, não se pode dizer que o ser exista apenas no nível da essência. Onde captar a essência, senão no nível da existência e do devir? Mas não se pode dizer que ser é apenas existir. Algo que está sempre em devir não pode existir, deve haver sempre um começo. O ser só pode se provar no devir, o devir não é nada sem o ser. O mundo não se acha numa condição de estabilidade pura, mas ele não é somente movimento. Ele é movimento e estabilidade. A dialética histórica, por exemplo, não continua indefinidamente em busca de um valor desconhecido. Ela gira em torno do limite, seu valor primeiro. Heráclito, inventor do devir, fixava, entretanto, um marco para esse processo contínuo. Esse limite era simbolizado por Nêmesis, deusa da medida, fatal para os desmedidos. Uma reflexão que quisesse levar em conta as contradições contemporâneas da revolta deveria procurar a sua inspiração nesta deusa.

As antinomias morais começam também a ser entendidas à luz desse valor mediador. A virtude não pode ser separada do real sem tornar-se princípio de mal. Não pode tampouco identificar-se de modo absoluto com o real sem negar a si própria. O valor moral revelado pela revolta está tão acima da vida e da história quanto a história e a vida estão acima desse valor moral. Na verdade, ele só assume realidade na história quando um homem dá sua vida por ele ou a ele se consagra. A civilização jacobina e burguesa supõe que os valores estejam acima da história, e sua virtude formal funda então uma repugnante mistificação. A revolução do século XX decreta que os valores estão misturados ao movimento da história, e sua razão histórica justifica uma nova mistificação. A medida, em face desse desregramento, nos ensina que é preciso uma parcela de realismo em toda moral: a virtude pura é assassina; e que é necessária uma parcela de moral a todo realismo: o cinismo é assassino. Por isso, o palavrório humanitário tem tanto fundamento quanto a provocação cínica. O homem, afinal, não é inteiramente culpado, ele não começou a história;

nem totalmente inocente, já que lhe dá continuidade. Aqueles que passam deste limite e afirmam sua inocência total acabam na loucura da culpabilidade definitiva. A revolta, ao contrário, coloca-nos no caminho de uma culpabilidade calculada. Sua única esperança, embora invencível, encarna-se, em última instância, nos assassinos inocentes.

Neste limite, o "Nós existimos" define paradoxalmente um novo individualismo. "Nós existimos" diante da história, e a história deve contar com este "Nós existimos" que, por sua vez, deve manter-se na história. Tenho necessidade dos outros que têm necessidade de mim e de cada um. Toda ação coletiva e toda sociedade supõem uma disciplina, e o indivíduo, sem essa lei, não é mais que um estranho vergando-se ao peso de uma coletividade inimiga. Mas sociedade e disciplina perdem o rumo ao negarem o "Nós existimos". Só eu, em certo sentido, suporto a dignidade comum que não consigo mais degradar nem em mim nem nos outros. Esse individualismo não é gozo, é sempre luta e, às vezes, alegria ímpar, no auge da orgulhosa compaixão.

O Pensamento Mediterrâneo

Quanto a saber se uma tal atitude encontra sua expressão política no mundo contemporâneo, é fácil evocar, e isto é apenas um exemplo, o que se chama tradicionalmente de sindicalismo revolucionário. Este próprio sindicalismo não será ineficaz? A resposta é simples: foi ele quem, em um século, melhorou prodigiosamente a condição operária, desde a jornada de dezesseis horas até a semana de quarenta horas. O Império ideológico fez o socialismo regredir e destruiu a maioria das conquistas do sindicalismo. É que o sindicalismo partia da base concreta, a profissão, que está para a ordem econômica assim como a Comuna está para a ordem política, a célula viva sobre a qual o organismo se edifica, enquanto a revolução cesariana parte da doutrina, nela introduzindo à força o real. O sindicalismo, assim como a Comuna, é a negação, em favor do real, do centralismo burocrático e abstrato.[109] A revolução do século XX pretende ao contrário apoiar-se na economia, mas é antes de tudo uma política e uma ideologia. Por função, ela não pode evitar o terror e a violência infligida ao real. Apesar de suas pretensões, ela parte do absoluto para modelar a realidade. A revolta, inversamente, apoia-se no real para encaminhar-se a um combate perpétuo rumo à verdade. A primeira tenta realizar-se de cima para baixo; a segunda, de baixo para cima. Longe de ser um romantismo, a revolta toma ao contrário o partido do verdadeiro realismo. Se quer uma revolução, ela a quer em favor da vida, não contra ela. Por isso, ela apoia-se primeiro nas realidades mais concretas, como a profissão, a aldeia, nas quais transparecem a existência, o coração vivo das coisas e dos homens. Para ela, a política deve submeter-se a essas verdades. Finalmente, quando ela faz avançar a história e alivia o sofrimento dos homens, ela o faz sem terror, ou até mesmo sem violência, nas condições políticas mais diversas.[110]

---

109. Tolain, futuro partidário da Comuna: "Os seres humanos só se emancipam no seio de grupos naturais."

110. As sociedades escandinavas de hoje, para dar apenas um único exemplo, mostram o que há de artificial e criminoso nas oposições puramente políticas. O sindicalismo mais profícuo aí se concilia com a monarquia constitucional, realizando a aproximação de uma sociedade justa. O primeiro cuidado do Estado histórico e racional foi, pelo contrário, esmagar para sempre a célula profissional e autonomia comunal.

Mas este exemplo tem um alcance maior do que parece. Precisamente no dia em que a revolução cesariana triunfou sobre o espírito sindicalista e libertário, o pensamento revolucionário perdeu, em si, um contrapeso do qual não se pode privar sem conhecer o fracasso. Esse contrapeso, esse espírito que mede a vida, é o mesmo que anima a longa tradição daquilo que se pode chamar de pensamento solar, no qual, desde os gregos, a natureza sempre se equilibrou com o devir. A história da primeira Internacional, em que o socialismo alemão luta sem trégua contra o pensamento libertário dos franceses, dos espanhóis e dos italianos, é a história das lutas entre a ideologia alemã e o espírito mediterrâneo.[111] A Comuna contra o Estado, a sociedade concreta contra a sociedade absolutista, a liberdade refletida contra a tirania racional e, finalmente, o individualismo altruísta contra a colonização das massas são, portanto, antinomias que traduzem, de uma vez por todas, o longo confronto entre a medida e a desmedida que anima a história do Ocidente desde o mundo antigo. O profundo conflito deste século talvez não se estabeleça tanto entre as ideologias alemãs da história e a política cristã, que, de certa forma, são cúmplices, quanto entre os sonhos alemães e a tradição mediterrânea, as violências da eterna adolescência e a força viril, a nostalgia, exasperada pelo conhecimento e pelos livros, e a coragem fortalecida e iluminada no curso da vida; enfim, entre a história e a natureza. Mas a ideologia alemã é nesse sentido uma herdeira. Nela se encerram vinte séculos de luta vã contra

---

111. Ver carta de Marx a Engels (20 de julho de 1870), desejando a vitória da Prússia sobre a França: "A preponderância do proletariado alemão sobre o proletariado francês seria, ao mesmo tempo, a preponderância de nossa teoria sobre a de Proudhon."

a natureza, primeiro em nome de um deus histórico e, em seguida, da história divinizada. Sem dúvida, o cristianismo só conseguiu conquistar sua catolicidade assimilando o que podia do pensamento grego. Mas, quando a Igreja dissipou sua herança mediterrânea, ela pôs o acento sobre a história em detrimento da natureza, fez triunfar o gótico sobre o romano e, ao destruir um limite em si mesma, reivindicou cada vez mais o poder temporal e o dinamismo histórico. A natureza, que deixa de ser objeto de contemplação e de admiração, não pode mais ser em seguida senão a matéria de uma ação que visa transformá-la. Essas tendências, e não as noções de mediação que teriam feito a força do cristianismo, triunfam, nos tempos modernos e em detrimento do próprio cristianismo, através de um justo retorno das coisas. Expulso Deus desse universo histórico, nasce a ideologia alemã, na qual a ação não é mais aperfeiçoamento, mas pura conquista, isto é, tirania.

Mas o absolutismo histórico, apesar de seus triunfos, nunca deixou de entrar em choque com uma exigência invencível da natureza humana, da qual o Mediterrâneo, onde a inteligência é irmã da luz que cega, guarda o segredo. Os pensamentos revoltados, os da Comuna ou os do sindicalismo revolucionário, não deixaram de proclamar essa exigência tanto diante do niilismo burguês quanto do socialismo cesariano. O pensamento autoritário, por meio de três guerras e graças à destruição física de uma elite de revoltados, pôde submergir essa tradição libertária. Mas essa pobre vitória é provisória, o combate continua sempre. A Europa sempre existiu nessa luta entre luz e sombras. Ela só se degradou ao renunciar a essa luta, eclipsando o dia pela noite. A destruição desse equilíbrio dá belos frutos hoje em dia. Privados de nossas mediações, exilados da beleza natural, achamo-nos novamente, no mundo do Antigo Testamento, espremidos entre faraós cruéis e um céu implacável.

Na desgraça comum, renasce a eterna exigência; a natureza volta a insurgir-se contra a história. Na verdade, não se trata de desprezar nada, nem de exaltar uma civilização em detrimento de outra, mas sim de dizer simplesmente que há um pensamento do qual o mundo de hoje não pode se privar por mais tempo. Há certamente no povo russo do que se dar uma força de sacrifício à Europa; na América, um necessário poder de construção. Mas a juventude do mundo encontra-se sempre em volta das mesmas praias. Lançados na ignóbil Europa onde morre, privada de beleza e de amizade, a mais orgulhosa das raças, nós, mediterrâneos, vivemos sempre da mesma luz. No coração da noite europeia, o pensamento solar, a civilização de dupla fisionomia espera sua aurora. Mas ela já ilumina os caminhos do verdadeiro domínio.

O verdadeiro domínio consiste em criar justiça a partir dos preconceitos da época, em primeiro lugar do mais profundo e mais maléfico que pretende que o homem liberado da desmedida seja reduzido a um saber estéril. É bem verdade que a desmedida pode ser uma forma de santidade, quando seu preço é a loucura de Nietzsche. Mas essa embriaguez da alma que se exibe no palco de nossa cultura será sempre a vertigem da desmedida, a loucura do impossível cuja queimadura nunca mais deixa aquele que, pelo menos uma vez, a ele se abandonou? Prometeu nunca teve essa fisionomia de ilota ou de promotor? Não, nossa civilização vegeta na complacência de almas covardes ou rancorosas, no desejo das pequenas glórias de velhos adolescentes. Lúcifer também morreu com Deus e, de suas cinzas, surge um demônio mesquinho, que nem mesmo vê mais por onde se aventura. Em 1950, a desmedida é sempre um conforto e, às vezes, uma carreira. A medida, ao contrário, é pura tensão. Sem dúvida, ela sorri, e nossos convulsionários, dedicados a complexos apocalipses, desprezam-na. Mas esse sorriso resplandece no auge de um interminável esforço: ele é uma força suplementar. Estes pequenos europeus que nos mostram uma face avarenta, se não têm mais força para sorrir, por que pretenderiam dar suas convulsões desesperadas como exemplos de superioridade?

A verdadeira loucura da desmedida morre ou cria a sua própria medida. Ela não faz os outros morrerem a fim de criar para si um álibi. No dilaceramento mais extremo, ela reencontra o seu limite, no qual, como Kaliayev, ela se sacrifica se for necessário. A medida não é o contrário da revolta. A revolta é a medida, é ela quem a exige, quem a defende e recria através da história e de seus distúrbios. A própria origem desse valor nos garante que ele só pode ser dilacerado. A medida, nascida da revolta, só pode ser vivida pela revolta. Ela é um conflito constante, perpetuamente despertado e dominado pela inteligência. Ela não vence nem a impossibilidade, nem o abismo. Ela se equilibra com eles. Não importa o que fizermos, a desmedida conservará sempre o seu lugar no coração do homem, no lugar da solidão. Carregamos todos, dentro de nós, as nossas masmorras, os nossos crimes e as nossas devastações. Mas nossa tarefa não é soltá-los pelo mundo, mas combatê-los em nós mesmos e nos outros. A revolta, a secular vontade de não ceder de que falava Barrès, ainda hoje está na base desse combate. Mãe das formas, fonte de verdadeira vida, ela nos mantém sempre de pé, no movimento selvagem e disforme da história.

Além do Niilismo

Existem, portanto, para o homem uma ação e um pensamento possíveis no nível médio que é o seu. Qualquer empreendimento mais ambicioso revela-se contraditório. O absoluto não é alcançado, nem muito menos criado através da história. A política não é a religião; do contrário, não passa de inquisição. Como a sociedade definiria um absoluto? Talvez cada qual busque, por todos, esse absoluto. Mas a sociedade e a política têm apenas o encargo de ordenar os negócios de todos para que cada qual tenha o lazer e a liberdade dessa busca comum. A história não pode mais ser erigida como objeto de culto. Ela não é mais que uma oportunidade, que deve ser tornada profícua por uma revolta vigilante.

"A obsessão pela colheita e a indiferença em relação à história", escreve admiravelmente René Char, "são as duas extremidades de meu arco." Se o tempo da história não é feito do tempo da colheita, a história não é mais que uma sombra fugaz e cruel onde o homem não encontra mais seu quinhão. Quem se entrega a essa história não se entrega a nada e, por sua vez, nada é. Mas quem se dedica ao tempo de sua vida, à casa que defende, à dignidade dos seres vivos, entrega-se à terra, dela recebendo a colheita que semeia e nutre novamente. São enfim aqueles que sabem, no momento desejado, revoltar-se também contra a história que a fazem progredir. Isso supõe uma interminável tensão e a serenidade crispada de que nos fala o mesmo poeta. Mas a verdadeira vida está presente no coração dessa dicotomia. Ela é o próprio dilaceramento, o espírito que paira acima dos vulcões de luz, a loucura pela equidade, a intransigência extenuante da medida. Para nós, o que ressoa nos confins dessa longa aventura revoltada não são fórmulas de otimismo, que não têm utilidade no extremo de nossa desgraça, mas sim palavras de coragem e de inteligência, que, junto ao mar, são até mesmo virtude.

Nenhuma sabedoria atualmente pode pretender dar mais. A revolta confronta incansavelmente o mal, do qual só lhe resta tirar um novo ímpeto. O homem pode dominar em si tudo aquilo que deve ser dominado. Deve corrigir na criação tudo aquilo que pode ser corrigido. Em seguida, as crianças continuarão a morrer sempre injustamente, mesmo na sociedade perfeita. Em seu maior esforço, o homem só pode propor-se uma diminuição aritmética do sofrimento do mundo. Mas a injustiça e o sofrimento permanecerão e, por mais limitados que sejam, não deixarão de ser um escândalo. O "por quê?" de Dimitri Karamazov continuará a ecoar; a arte e a revolta só morrerão com a morte do último homem.

Há sem dúvida um mal que os homens acumulam em seu desejo apaixonado de unidade. Mas um outro mal está na origem desse movimento desordenado. Diante desse mal, diante da morte, o homem, no mais profundo de si mesmo, clama por justiça. O cristianismo histórico só respondeu a esse protesto contra o mal pela anunciação do reino e, depois, da vida eterna, que exige a fé. Mas o sofrimento desgasta a esperança e a fé; ele continua então solitário e sem explicação. As multidões que trabalham, cansadas de sofrer e morrer, são multidões sem deus. Nosso lugar, a partir de então, é a seu lado, longe dos antigos e dos novos doutores. O cristianismo histórico adia para além da história a cura do mal e do assassinato, que, no entanto, são sofridos na história. O materialismo contemporâneo julga, da mesma forma, responder a todas as perguntas. Mas, escravo da história, ele aumenta o domínio do assassinato histórico, deixando-o ao mesmo tempo sem justificação, a não ser no futuro, que, ainda uma vez, exige a fé. Em ambos os casos, é preciso esperar, e, enquanto isso, os inocentes não deixam de morrer. Há vinte séculos, a soma total do mal não diminuiu no mundo. Nenhuma parúsia, quer divina ou revolucionária, se realizou. Uma injustiça continua imbricada em todo sofrimento, mesmo o mais merecido aos olhos dos homens. O longo silêncio de Prometeu diante das forças que o oprimem continua a gritar. Mas, nesse ínterim, Prometeu viu os homens se voltarem também contra ele, ridicularizando-o. Espremido entre o mal humano e o destino, o terror e o arbítrio, só lhe resta sua força de revolta para salvar do assassinato aquilo que ainda pode ser salvo, sem ceder ao orgulho da blasfêmia.

Compreende-se então que a revolta não pode prescindir de um estranho amor. Aqueles que não encontram descanso nem em Deus, nem na história estão condenados a viver para aqueles que, como eles, não conseguem viver: para os humilhados. O corolário do movimento mais puro da revolta é então o grito dilacerante de Karamazov: se não forem salvos todos, de que serve a salvação de um só? Dessa forma, condenados católicos, nas masmorras da Espanha, recusam hoje a comunhão, porque os padres do regime tornaram-na obrigatória em certas prisões. Também eles, únicas testemunhas da inocência crucificada, recusam a salvação, se seu preço é a injustiça e a opressão. Essa louca generosidade é a da revolta, que oferta sem hesitação sua força de amor, e recusa peremptoriamente a injustiça. Sua honra é de não calcular nada, distribuir tudo na vida presente, e aos seus irmãos vivos. Desta forma, ela é pródiga para os homens vindouros. A verdadeira generosidade em relação ao futuro consiste em dar tudo no presente.

Com isso, a revolta prova que ela é o próprio movimento da vida e que não se pode negá-la sem renunciar à vida. Seu grito mais puro, a cada vez, faz com que um ser se revolte. Portanto, ela é amor e fecundidade ou então não é nada. A revolução sem honra, a revolução do cálculo, que, ao preferir o homem abstrato ao homem de carne e osso, nega a existência tantas vezes quanto necessário, coloca o ressentimento no lugar do amor. Tão logo a revolta, esquecida de suas origens generosas, deixa-se contaminar pelo ressentimento, ela nega a vida, correndo para a destruição, fazendo sublevar-se a turba zombeteira de pequenos rebeldes, embriões de escravos, que acabam se oferecendo hoje, em todos os mercados da Europa, a qualquer servidão. Ela não é mais revolta nem revolução, mas rancor e tirania. Então, quando a revolução, em nome do poder e da história, torna-se esta mecânica assassina e desmedida, uma nova revolta é consagrada, em nome da moderação e da vida. Estamos neste extremo. No fim destas trevas, é inevitável, no entanto, uma luz, que já se adivinha — basta lutar para que ela exista. Para além do niilismo, todos nós, em meio aos escombros, preparamos um renascimento. Mas poucos sabem disso.

E já a revolta, na verdade, sem pretender tudo resolver, pode pelo menos tudo enfrentar. A partir deste instante, a luz jorra sobre o próprio movimento da história. Em torno dessa fogueira devoradora, combates de sombras agitam-se por um momento, depois desaparecem, e cegos, tocando suas pálpebras, exclamam que isto é a história. Os homens da Europa, abandonados às sombras, desviaram-se do ponto fixo e reluzente. Eles trocam o presente pelo futuro, a humanidade pela ilusão do poder, a miséria dos subúrbios por uma cidade fulgurante, a justiça cotidiana por uma verdadeira terra prometida. Perdem a esperança na liberdade das pessoas e sonham com uma estranha liberdade da espécie; recusam a morte solitária e chamam de imortalidade uma prodigiosa agonia coletiva. Não acreditam mais naquilo que existe, no mundo e no homem vivo; o segredo da Europa é que ela não ama mais a vida. Os seus cegos acreditaram de modo pueril que amar um único dia da vida equivalia a justificar séculos inteiros de opressão. Por isso, quiseram apagar a alegria do quadro do mundo, adiando-a para mais tarde. A impaciência dos limites, a recusa da vida na duplicidade e o desespero de ser homem levaram-nos, finalmente, a uma desmedida desumana. Ao negarem a justa grandeza da vida, precisaram apostar na sua própria excelência. Na falta de coisa melhor, eles se divinizaram e sua desgraça começou: estes deuses têm os olhos vazados. Kaliayev e seus irmãos do mundo inteiro recusam, pelo contrário, a divindade, já que rejeitam o poder ilimitado de matar. Eles escolhem, e nos dão como exemplo, a única regra original em nossos dias: aprender a viver e a morrer e, para ser homem, recusar-se a ser deus.

No meio-dia do pensamento, a revolta recusa a divindade para compartilhar as lutas e o destino comuns. Nós escolheremos Ítaca, a terra fiel, o pensamento audacioso e frugal, a ação lúcida, a generosidade do homem que compreende. Na luz, o mundo continua a ser nosso primeiro e último amor. Nossos irmãos respiram sob o mesmo céu que nós, a justiça está viva. Nasce então a estranha alegria que nos ajuda a viver e a morrer e que, de agora em diante, nos recusamos a adiar para mais tarde. Na terra dolorosa, ela é o joio inesgotável, o amargo alimento, o vento forte que vem dos mares, a antiga e a nova aurora. Com ela, ao longo dos combates, iremos refazer a alma deste tempo e uma Europa que nada excluirá. Nem esse fantasma, Nietzsche, que, durante doze anos após sua derrocada, o Ocidente ia evocar como a imagem arruinada de sua mais elevada consciência e de seu niilismo; nem esse profeta da justiça sem ternura, que descansa, por um erro, na quadra dos incréus no cemitério de Highgate; nem a múmia deificada do homem de ação em seu caixão de vidro; nem nada do que a inteligência e a energia da Europa forneceram incessantemente ao orgulho de uma época desprezível. Todos, na verdade, podem reviver junto aos mártires de 1905, mas com a condição de compreender que eles se corrigem uns aos outros e que, sob o sol, um limite refreia todos. Um diz ao outro que não é Deus; aqui se encerra o romantismo. Nessa hora em que cada um de nós deve retesar o arco para competir novamente e reconquistar, na e contra a história, aquilo que já possui, a magra colheita de seus campos, o breve amor desta terra, no momento em que, finalmente, nasce um homem, é preciso renunciar à época e aos seus furores adolescentes. O arco se verga, a madeira geme. No auge da tensão, alçará voo, em linha reta, uma flecha mais inflexível e mais livre.

Este livro foi composto na tipografia
Minion Pro Regular, em corpo 11,5/15,5, e impresso
em papel off-white no Sistema Digital Instant Duplex
da Divisão Gráfica da Distribuidora Record.